KB047585

그들은 왜 기러기가족을 선택했는가

말레이시아 조기유학 현장보고

이 도서의 국립중앙도서관 출판시도서목록(CIP)은 e−CIP홈페이지(http://www.nl.go.kr/ecip)와 국가자료공
동목록시스템(http://www.nl.go.kr/kolisnet)에서 이용하실 수 있습니다. (CIP제어번호 : CIP2013002909)

그들은 왜 기러기가족을 선택했는가

말레이시아 조기유학 현장보고

| 성정현·홍석준 지음 |

한울
아카데미

차례

　대학교수로 근무한 지 7년 반 만에 그동안 미루어왔던 안식년을 보내기로 결정하면서 여러 가지 고민을 했다. 국내에서 안식년을 보낸다면 문제될 것이 없겠지만 국내에서 공부한 필자로서는 해외에서 안식년을 보내는 것이 더 나을 것 같았다. 하지만 큰아이가 중학교 2학년이 되는 시점에서 과연 가족이 해외로 나가는 것이 좋은 일인지, 국내에 머무는 것이 나을지, 해외로 나간다면 어느 나라로 갈 것인지 등의 문제로 고민하지 않을 수 없었다.

　오랜 시간 고민했지만 우리는 일단 떠나기로 했다. 저학년인 둘째 아이의 공부는 별 문제가 되지 않았다. 오히려 부모가 아이에게만 집중함으로써 제대로 된 양육경험을 제공하고 사회적 기술을 익히고 또 영어를 배워올 수 있기 때문에 여러모로 이득이라 생각했다. 큰아이 역시 어디서든 한국 수학을 공부할 수 있는 여건이 되기 때문에 가서 하면 된다는 생각을 갖고 1년 동안의 중학교 공부가 크게 흔들리지는 않을 것이라고

* 이 글은 2009년 11월 태평양학술문화재단의 학술연구 지원을 받아 집필되었다(09-09).

합리화한 후 결단을 내렸다. 이제 문제는 어느 나라로 갈 것인가였다.

문화인류학자로서 말레이시아 지역을 연구하는 남편에게 말레이시아는 제2의 고향과 같은 나라다. 아이들은 왜 말레이시아냐고 투정을 부렸지만 워낙 남편의 입장이 확고해 좋은 것만 생각하기로 했다. 공동 필자인 남편이 약 2년 동안 현지조사를 하느라 말레이시아에서 살았던 경험이 있고, 말레이어가 가능하며, 15년 동안 매년 한두 번씩 말레이시아를 오갔기 때문에 그 나라 사정을 잘 안다는 장점이 있었다. 필자 역시 몇 번 다녀온 경험이 있었기 때문에 미국이나 캐나다보다는 적응하기 쉬울 것 같았다. 부모가 적응을 빨리 해야 아이도 수월하게 적응할 것이라는 판단하에 말레이시아로 결정했다. 문제는 아이들이었다. 큰아이는 한창 또래와의 관계가 중요한 청소년기인 만큼 친구와 떨어지는 것에 대한 불만과 국제학교에서 공부하는 것에 대한 두려움이 큰 듯했고, 둘째 아이 역시 새로운 공부를 하는 것이 그저 싫다는 입장이었지만 시간이 지나면서 우리는 집과 학교를 알아보기 시작했다.

당장 말레이시아로 가서 집과 학교를 돌아볼 수는 없으니 말레이시아에서 공부 중인 지인에게 부탁을 했다. 성심성의껏 알아봐준 덕에 쿠알라룸푸르의 암팡 애비뉴에 집을 구할 수 있었고, 한국인이 가장 많이 다니는 국제학교에도 등록할 수 있었다.

공항에 도착해 렌트한 집으로 가는 동안 차창으로 보이는 야자나무 열매와 스콜로 얼룩진 건물 외벽 때문에 아이들은 다소 실망하는 기색이 역력했지만 그래도 일단 집에 도착하고 나니 긴 여정이 안전하게 마무리된 것 같아 안심이 되었다. 다음 날 학교로 가 아이들 등록을 마무리하고 다시 집으로 와보니 콘도미니엄은 그야말로 한국인 세상이었다. 마치 한국의 한 지방 도시에 온 것처럼 도처에서 한국인, 한국식당, 한글을 발견할 수 있었다. 연구를 위해 그간 말레이시아에 자주 다녔는데도 이곳이 바로 한국인이 많이 선택하는 조기유학의 섬일 것이라고는 상상도 못 했다. 최근 동남아시아로 조기유학을 떠나는 가정이 많다는 기사를 보기는 했지만 이 정도일 줄이야. 그렇다면 이들이 왜 한국을 떠나 이곳으로 오는 것일까. 선진국으로의 교육 유학이면 모를까 후진국으로의 유학이라……. 이전에는 상상도 못 했던 일이 벌어지고 있었다.

한국의 고등학생이 야간자율학습에 매여 밤 10시까지 학교에 머무는 동안 오후 2시면 학교가 끝나 수영을 즐기는 이곳 말레이시아로 조기유학을 온 학생에게는 도대체 무슨 일이 벌어지는 것일까. 처음 3개월은 그저 아이들 영어에 매달려 한마디라도 더 알아듣도록 돕는 데 여념이 없었는데 한 학기가 끝나고 방학이 되자 조기유학 중인 다른 한국 아이들이 눈에 들어왔다. 기러기엄마와 자녀가 성과를 내면서 조기유학의 덕을 톡톡히 보는 가정도 있었지만 부모와 함께 오지 않은 아이들 중에는 새벽부터 홈스테이 가정에서 나와 상가를 배회하기도 하고, 술 문제로 사고를 치기도 하고, 또 가출을 하는 아이들도 있었다. 지금도 그 깜깜한 새벽 6시에 학교에 가는 것처럼 집을 나와 문도 열지 않은 상가 주변을 돌면서 오후 2시까지 시간을 보내는 아이들을 생각하면 가슴이 아프다. 그 아이들을 보면서 과연 이 시대의 어머니노릇은 어디까지가 정답일까 하는 의문을 가졌고 그 해답을 얻기 위해 아이들과 어머니를 만나 인터뷰를 하기 시작했다. 그들이 생각하는 '좋은 어머니', '좋은 어머니노릇'은 직접 그들을 통해 듣는 것이 정답일 것이라는 판단하에 한 명 한 명씩 인터뷰를 하면서 현대의 어머니에게 너무 많은 과업이 주어져 있다는 점을 파악했고 나아가 그 과업을 그들 스스로 재생산해내는 것은 아닌지, 그렇다면 그 이유는 무엇인지 알아보고 싶어졌다.

이 글은 이런 의문에 자문자답을 해가는 과정에서 조기유학 중인 청소년과 기러기엄마의 말을 인용함으로써 조기유학 생활의 실상과 경험, 부모·자녀관계에서의 어머니노릇에 대한 정의를 탐구하고 나아가 교육 문제를 둘러싼 우리 사회의 어머니노릇에 대한 합의와 문제점, 지향점을 생각해보고자 하는 의도에서 집필되었다.

2008~2010년까지 방학 때마다 말레이시아를 방문해 조기유학의 동기와 경험, 어려움, 기대 등에 관한 인터뷰를 진행했다. 이 글에서는 인터뷰 내용을 있는 그대로 인용함으로써 기러기엄마와 조기유학생 당사자의 경험과 입장을 드러내는 것뿐 아니라 그들의 경험에 학자들의 견해를 덧붙여 나름의 해석을 시도했다. 인터뷰를 진행하는 동안 중간에서 연락을 도와주고 그들과 우리를 연결해준 또 다른 어머니가 있었으며 이들을 통해 여성의 연대와 자매애를 느낄 수 있었다. 어쩌면 이는 자신의 힘을 재확인하고자 하는 어머니들의 또 다른 전략으로 해석할 수도 있다. 그러나 여기서는 사회성에 기초한 자매애로 명명하기를 희망하며 도와준 어머니들에게 감사의 마음을 전하고자 한다. 또한 동남아시아 국가로 조기유학을 떠난 기러기엄마의 어머니노릇을 위한 수고와 열정, 그리고 우리 사회의 교육 문제에 대한 우려를 함께 담고자 한 이 글을 통해 우리 사회 많은 어머니의 어머니노릇이 좀 더 행복해지기를 기대한다. 아울러 이 연구를 지원해준 태평양학술문화재단에 감사의 마음을 전한다.

2013년 4월

성정현·홍석준

제1장 조기유학, 꼭 떠나야 하는가?

1. 조기유학은 무엇이고 그 실태는 어떠한가?

한국 사회에서 수십 년, 수백 년 동안 지속된 자녀교육 문제는 20세기 이후 더욱 중요해졌고 세대 전체의 공통된 관심과 이해를 이끌어내는 매우 비중 있는 가족 과업으로 인식되기 시작했다. 이후 전 지구화(globalization)가 가속화되면서 한국 사회에서 자녀를 위한 좀 더 나은 교육체계와 교육 현실을 찾아 해외로 진출하는 사례가 예전과는 비교할 수 없을 정도로 급증했다.

과거에는 해외유학이라 하면 통상 국내에서 대학을 졸업하고 외국 대학에서 대학원과정을 이수하기 위해 출국하는 경우를 일컬었다. 하지만 최근에는 이와 같은 성인 혹은 학사나 석사 출신의 해외유학보다 아동과 청소년의 해외유학, 즉 조기유학이 더 큰 비중을 차지한다.

그렇다면 우리는 어떤 경우를 조기유학이라고 말하는가? 법적으로 유학(留學)은 "외국의 교육기관·연구기관 또는 연수기관에서 6개월 이상의 기간에 걸쳐 수학하거나 학문·기술을 연구 또는 연수하는 것"을 의미한다(「국외유학에 관한 규정」, 제2조 제1호).

유학에는 국비유학과 자비유학이 있지만 사실상 조기유학에 대한 법적 정의는 아직 미비한 실정이다. 하지만 일반적으로 조기유학은 초·중·고등학교 단계의 학생이 국내 학교에 입학 혹은 재학하지 아니하고 외국으로 나가 현지의 교육기관에서 6개월 이상의 기간에 걸쳐 수학하는 것을 뜻한다.

대통령령인 「국외유학에 관한 규정」에 따르면 자비유학은 중졸 이상만 가능하거나 혹은 초등학생·중학생인 경우 교육장이나 국제교육진흥원장의 허가를 받는 경우 또는 이민, 파견근무 등 부득이하게 가족 전체가 해외로 출국하는 경우에만 허용하는 것으로 규정되어 있다(김홍원,

2005). 따라서 대부분의 조기유학생은 이 규정에 어긋난 형태의 미인정(未認定) 조기유학일 가능성이 높다. 즉, 불법 유학인 것이다. 그렇다면 그 실태는 어떠할까?

교육과학기술부(2010)에서 조사한 '초·중등교육 유학생 현황'을 보면 2003년도에는 조기유학을 떠난 초·중·고등학생이 7,944명이었는데 2006년 도에는 3만 1,517명으로 약 4배 증가했다. 이후 제2의 경제위기가 시작된 2007년도부터 다소 감소하는 경향을 보이다가 2009년도에 이르러서는 급격한 감소현상을 나타냈다. 이와 같은 현상이 모든 지역에 적용되는 것은 아니며 2010년도에는 다시 증가세를 보였다.

먼저 지역적 측면에서 강남구청이 2009년 4월에 밝힌 '2008학년도 초등학생 유학 현황'에 따르면 2008년부터 시작된 경제위기와 고환율 때문에 불안감이 가장 고조되었던 하반기에도 '어린이 나 홀로 유학'이나 '기러기가족' 같은 순수 유학생 수는 834명으로 집계되어 상반기 416명의 2배가 넘는 것으로 나타났다(≪한국일보≫, 2009년 4월 29일자).

연도별로 보더라도 2009년도에 급감했던 조기유학생 수는 2010년도에 다시 증가해 2010년 3월~2011년 2월까지 모두 1만 8,741명으로 집계되었다. 전년도에 비해 약 3.4% 증가한 것이다. 이와 같은 통계 자료를 통해 한국 사회에서 조기유학이 주요 사회문화 현상의 하나로 자리 잡았으며 그 관심 또한 최근까지 지속되고 있음을 알 수 있다.

이와 같이 조기유학이 증가함에 따라 그 성격도 달라졌다. 보통 2000년대 이전의 조기유학생 중에는 한국에서 원하는 상급학교에 진학하기 어려운 학생이 상당수 포함되어 있었다. 따라서 이들의 조기유학에는 '도피성 유학'이라는 불명예스러운 이름이 붙곤 했었다.

하지만 2000년대 이후에는 '도약성 유학'으로 그 명칭이 달라졌다. 이것은 최근 들어 한국에서도 학업 성적이 좋은 학생이 더 좋은 교육환경

〈표 1-1〉 연도별·학교급별 출국 유학생 현황

(단위: 명)

	2004	2005	2006	2007	2008	2009	2010	계
초등학교	6,276	8,148	13,814	12,341	12,531	8,369	8,794	70,273
중학교	5,568	6,670	9,246	9,201	8,888	5,723	5,870	51,166
고등학교*	4,602	5,582	6,451	6,126	5,930	4,026	4,077	36,794
계	18,450	22,405	31,517	29,675	29,357	20,127	20,751	158,233

* 일반계와 전문계.
주 1) 파견 동행과 해외 이주로 인한 해외 출국은 제외됨.
주 2) 연도는 학년도를 의미.
자료: 교육과학기술부(2011).

과 스펙(spec) 관리를 위해 외국의 학교로 조기유학을 선택하는 경향을 보이는 현상에 붙여진 말로 조기유학의 성격이 과거와는 많이 달라졌음을 의미하는 것이다.

조기유학의 대상 국가도 달라졌다. 조기유학 1세대라 할 수 있는 1997년 이전까지는 미국과 영국, 독일, 프랑스 등 구미 국가가 주종을 이루었지만 1997년 이후 2000년대 초반까지는 캐나다·뉴질랜드·호주가 각광을 받았으며 2000년대 초반 이후에는 말레이시아·싱가포르·필리핀·베트남·중국 등이 선호 국가로 부상했다.

특히 최근 말레이시아·싱가포르·필리핀 등 동남아시아 국가로의 조기유학이 두드러지게 증가했으며2) 동남아시아 국가를 단순한 관광지가 아니라 '더 나은 교육 여건을 지닌 나라'로 인식하는 경향이 생겨났다. 심지어 영국·뉴질랜드·호주 등과 같은 나라로 조기유학을 떠났던 가정이 필리핀·말레이시아 등과 같은 동남아시아 국가로 조기유학 대상지를 옮기는 경향도 나타났다.3)

---

2) 한국 기러기가족 자녀의 싱가포르에서의 학교생활 및 이주 상황, 가족관계 등에 관한 좀 더 다양하고 상세한 정보는 Kim(2010)을 참조.
3) 이러한 현상은 말레이시아에서 직접 목격한 사례에 근거한 것이다. 이는 호주·뉴질랜드·싱가포르·중국·홍콩·인도 등지에서 먼저 조기유학을 하다가 경제위기 이후 환

〈표 1-2〉 2005학년도 국가별 출국 현황

구분	인원(명)	비율(%)
미국	12,171	34.6
일본	812	2.3
프랑스	176	0.5
독일	293	0.8
스페인	70	0.2
중국	6,340	18.0
캐나다	4,426	12.6
호주	1,674	4.8
뉴질랜드	1,413	4.0
러시아	159	0.5
영국	504	1.4
중동	170	0.5
동남아시아	4,011	11.4
남미	356	1.0
미확인	1,478	4.2
기타	1,091	3.1
계	35,144	100.0

주) 파견 동행, 해외 이주 포함.
자료: 교육과학기술부(2006).

  2005년도만 하더라도 전체 유학생 3만 5,144명 중 미국을 선택한 경우
가 34.6%, 캐나다를 선택한 경우가 12.6%였다. 그리고 아시아 국가 중
가장 많은 비중을 차지한 중국이 약 18.0%였던 반면, 베트남·필리핀·말
레이시아를 비롯한 동남아시아 국가로 조기유학을 떠난 청소년은 약
11.4% 수준에 머물렀다(〈표 1-2〉 참조). 하지만 2008년도에는 미국이
32.1%, 중국이 13.2%로 다소 감소했고 동남아시아 국가는 약 19.5%로 증
가했다(〈표 1-3〉 참조). 그리고 2010년도에는 미국이 34.2%, 동남아시아가
22.3%, 캐나다가 13.7%, 중국이 9.0%, 뉴질랜드가 5.7%의 순으로 나타남
으로써 전반적으로 동남아시아 국가로의 유학 선호 현상이 과거보다 두드
러진 경향을 보였다(≪조선일보≫, 2011년 10월 3일자).

  율이 높아지면서 동남아시아 국가 중 말레이시아를 선택해 이주한 경우에 해당된다.

〈표 1-3〉 2008학년도 국가별 출국 현황

구분	인원(명)	비율(%)
미국	13,156	32.1
일본	852	2.1
프랑스	139	0.3
독일	261	0.6
스페인	61	0.2
중국	5,415	13.2
캐나다	5,172	12.6
호주	2,046	5.0
뉴질랜드	1,636	4.0
러시아	216	0.5
영국	535	1.3
중동	339	0.8
동남아시아	7,973	19.5
남미	387	0.9
미확인	1,265	3.1
기타	1,508	3.7
계	40,961	100.0

자료: 교육과학기술부(2009).

2. 조기유학, 왜 떠나는가?[4]

1930년대의 대공황에 비유될 정도로 심각했던 2008년도의 경제위기 상황에서도 조기유학생과 기러기가족은 꾸준히 증가했으며 그 선택 국가 역시 다양해졌다. 이런 현상과 관련해 일부 학자는 다양한 관점에서 조기유학의 원인 혹은 이유를 제시했는데 그것은 크게 한국 사회의 배출요인과 현지 사회의 흡인요인으로 구분할 수 있다.

첫 번째 배출요인으로는 전 지구화 현상을 들 수 있다. 전 지구화 이후 글로벌시대에 적합한 인재로 자녀를 양육하고자 하는 부모의 욕구와 기대는 커졌다. 그러나 현실적으로 한국에서 기대만큼 외국어를 배우고 활용하기 어렵다는 인식이 작용하면서 한 살이라도 어릴 때 영어권으로의

---

4) 이 부분은 성정현·홍석준(2009b)의 내용을 일부 수정, 보완했다.

조기유학을 결정하는 경향이 나타났다. 그러나 이런 배출요인이 단지 기대와 열망에 의해서만 작용한 것은 아니다. 미국에서 조기유학 중인 청소년 22명을 대상으로 조기유학 결정 과정을 조사한 조혜영 외(2009)에 따르면 전 지구화나 교육 내외적 배출요인 이외에도 부모가 해외를 방문한 경험이나 연수 경험이 있거나 가족이나 친지가 해외에 거주할 때 실제 자녀 진로의 대안 모색 방안으로 조기유학을 생각하는 경향이 있는 것으로 나타났다. 조기유학 대상 국가의 입장에서 보면 유인요인이 될수 있지만 반대로 한국의 입장에서 보면 배출요인이 될 수도 있다. 전 지구화의 추세 속에서 교육을 위해 국가 경계를 넘어서는 일종의 초국주의(transnationalism) 경향이 조기유학의 선택의 여지를 높인 데다 해외를 방문한 경험이 있는 경우 그 가능성을 더 높일 수 있음을 지적한 것이다.

한편 초국주의라 함은 지역·국가·지리적 영역의 경계를 넘어 역사·철학·사회문화·정치 현상을 좀 더 객관적이고 다양한 시각으로 바라보는 것으로서 1980년대 이후의 전 지구화와 맥락을 같이하는 개념이다. 초국주의는 국경의 존재가 무의미해진다는 측면에서 전 지구화와 유사하지만 그 경계 뛰어넘기를 관리, 감독할 국가의 역할과 비중이 커진다는 점에서 전 지구화와 구분된다고 할 수 있다.

아리프 딜릭(Arif Dirlik)은 '초국주의란 국제(international)보다 한 단계 높고 전 지구화보다는 한 단계 낮은, 그리고 상대적으로 가치중립적인 개념으로서 경계 뛰어넘기에 대한 강조를 잃지 않으면서 동시에 국가를 되가져오는 것'이라고 말했다(≪서울신문≫, 2010년 6월 23일자). 딜릭이 정의한 초국주의의 측면에서 볼 때 한국의 조기유학은 국가의 경계를 뛰어넘는 데 필수요건인 영어 및 외국어 습득을 통해 전 지구화의 대열에 나서고자 한다는 특징을 갖는다. 또 유학생에 관한 법률에 근거를 둔다는 점에서 국가의 관리, 감독을 받기 때문에 초국주의적 경향의 한 측면을 보이는 것으로 이해할 수 있다.

두 번째 배출요인으로는 영어교육의 중요성을 강조하는 사회 분위기, 특목고 열풍, 입시교육에 대한 회의와 명문대 진학에 대한 기대 등을 들 수 있다. 이미 전 세계적으로 영어교육의 중요성이 강조되는 상황에서 국내에서도 영어교육에 대한 관심이 높아져 영어유치원, 전화 영어, 영어캠프, 영어마을 등 다양한 형태의 교육방식이 도입되었고 그 대상도 유아에서 아동, 성인에 이르기까지 확산되었다.

하지만 실제로 영어를 활용할 수 있는 장을 마련하기 어렵고, 또 학벌 위주의 사회 풍토에서 명문고·명문대로 진학하는 데 영어가 차지하는 비중이 더욱 커지면서 어려서부터 미리 영어를 해결해두고자 하는 심리가 생겨났다. 게다가 원하는 기업에 취업을 하거나 원하는 상급학교로 진학하고자 할 때 토익·토플 같은 어학실력이 필수 요소가 된 상황은 조기유학을 부추기고, 혹시 조기유학을 보내지 못하기라도 하면 조바심과 불안감을 느끼게 하는 주요 원인이 되었다. 한국 대부분의 기업에서 사람을 채용할 때 외국어능력이 뛰어난 사람에게 가산점을 부여하고 또 전 지구화의 동향으로 각 기업에서 글로벌 인재를 원하기 때문에 학부모는 자녀의 미래를 생각해서 자녀가 초·중·고교에 재학 중일 때 미리 유학을 보내기로 결정하는 것이다(전우홍, 2008).

셋째, 한국의 입시 제도를 비롯한 학교교육의 문제점, 사교육비의 부담, 학생의 스트레스 증가 등과 같은 교육적 요인 또한 배출요인으로 작용한다. 초등학교 때부터 마치 대학입학이 교육의 목적인 것처럼 인식되는 교육 현실에서 비롯되는 시험과 내신 부담 등이 배출요인으로 작용하는 것이다(조명덕, 2000; 김홍원, 2005).

이와 같은 문제는 가계의 사교육비 증가로 이어진다. 통계청에서 제시한 사교육비 조사 결과를 보면 2010년 한국 초·중·고교 학생의 1인당 월

<표 1-4> 사교육비 실태

(단위: %)

구분	2007년	2008년		2009년		2010년	
			증감률		증감률		증감률
1인당 월평균 사교육비 (만 원)	22.2	23.3	5.0	24.2	3.9	24.0	-0.8
사교육 참여율	77.0	75.1	-1.9	75.0	-0.1	73.6	-1.4
방과 후 학교 참여율	-	45.1	-	51.3	6.2	55.6	4.3
EBS 교재 구입 학생비율	15.6	16.0	0.4	17.2	1.2	20.8	3.6
사교육비 총액(억 원)	200,400	209,095	4.3	216,259	3.4	208,718	-3.5

자료: 통계청(2011).

평균 사교육비는 24만 원이며 사교육비 총액은 약 20조 9,000억 원에 이른다. 그리고 사교육 참여율은 73.6%로 매우 높게 나타났다. 하지만 이와 같은 학생 1인당 사교육비와 사교육비 총액, 사교육 참여율은 모두 전년도에 비해 감소했을 뿐 아니라 2007년 사교육비 조사 시작 이래 처음 감소로 전환된 것이다(<표 1-4> 참조).[5]

구체적으로 학교·급별 상황을 보면 2010년도 초등학생의 1인당 사교육비는 24만 5,000원, 중학생은 25만 5,000원, 일반계 고등학생은 26만 5,000원으로 상급학교로 갈수록 지출 금액이 큰 것으로 나타났다(<표 1-5> 참조).

사교육비의 지출 실태를 교과목별로 살펴보면 영어가 8만 원으로 가장 많았고 그 다음으로 수학이 6만 8,000원이었다. 학교·급별로 보면 초등학생은 영어에 8만 5,000원, 예체능에 7만 원을 지출했으며 중학생은

---

5) 학생 1인당 월평균 사교육비는 한국의 초·중·고교 학생 전체(사교육을 받지 않은 학생 포함)를 대상으로 한 평균 금액이다. 사교육에 참여한 학생의 1인당 월평균 사교육비는 전체 학생 1인당 사교육비를 사교육 참여율로 나누어 산출했다. 사교육 참여율은 조사기간 중 유료로 사교육에 참여한 학생의 전체 학생 대비 비율이며 사교육비 금액 및 증감률은 물가상승분이 포함된 명목 금액이다(통계청, 2011).

〈표 1-5〉 학교·급별 학생 1인당 월평균 사교육비 및 사교육 참여율

구분		2007년	2008년		2009년		2010년	
				증감률		증감률		증감률
사교육비(만 원)		22.2	23.3	5.0	24.2	3.9	24.0	-0.8
초등학교		22.7	24.2	6.6	24.5	1.2	24.5	0.0
중학교		23.4	24.1	3.0	26.0	7.9	25.5	-1.9
고등학교		19.7	20.6	4.6	21.7	5.3	21.8	0.5
	일반고	24.0	24.9	3.7	26.9	8.0	26.5	-1.5
참여율(%)		77.0	75.1	-1.9	75.0	-0.1	73.6	-1.4
초등학교		88.8	87.9	-0.9	87.4	-0.5	86.8	-0.6
중학교		74.6	72.5	-2.1	74.3	1.8	72.2	-2.1
고등학교		55.0	53.4	-1.6	53.8	0.4	52.8	-1.0
	일반고	62.0	60.5	-1.5	62.8	2.3	61.1	-1.7

자료: 통계청(2011).

영어와 수학에 각각 9만 1,000원과 9만 9,000원을 지출하고 고등학생은 수학에 8만 6,000원을 지출하는 것으로 나타났다. 전반적으로 사교육 참여율은 수학이 53.6%로 가장 높았고 그 다음으로 영어가 52.5%를 차지해 영어와 수학에 대한 사교육비 투자 비율이 매우 높은 것을 알 수 있다.

이런 사교육비 실태를 부모의 경제활동 상태에 따라 구분해보면 맞벌이 가구보다 홀벌이 가구의 학생 1인당 사교육비와 사교육 참여율이 상대적으로 높게 나타났다. 또 가구의 소득수준이 높을수록 학생 1인당 월평균 사교육비와 사교육 참여율이 높은 것으로 나타났다. 이를 정리해보면 아버지만 소득이 있는 홀벌이 가구에서 어머니의 자녀교육에 대한 관리와 함께 상대적으로 높은 사교육비 지출과 사교육 참여가 이루어진다고 할 수 있다(〈표 1-6〉 참조).

좀 더 구체적으로 소득수준별로 살펴보면 월평균 소득이 700만 원 이상인 계층은 1인당 사교육비가 48만 4,000원인 반면, 100만 원 미만 계층은 6만 3,000원 수준으로 계층 간 격차가 큰 것으로 나타났다. 사교육 참여율에서도 월평균 소득이 700만 원 이상인 가구는 89.1%로 나타난 반면, 100만 원 미만 가구는 36.0%로 전자의 절반에도 미치지 못해 소득

〈표 1-6〉 부모의 경제활동 상태별 사교육비 및 사교육 참여율

구분	학생 1인당 월평균 사교육비(만 원)			사교육 참여율(%)		
	2009	2010	증감률	2009	2010	증감률
홑벌이	24.6	24.1	-2.0	74.8	73.3	-1.5
아버지	26.6	26.1	-1.9	78.7	77.2	-1.5
어머니	12.2	12.3	0.8	51.1	50.1	-1.0
맞벌이	24.5	24.7	0.8	76.7	75.5	-1.2
경제활동 안 함	8.4	8.4	0.0	40.1	35.7	-4.4

자료: 통계청(2011).

〈표 1-7〉 가구 소득수준별 학생 1인당 월평균 사교육비 및 참여율

구분	학생 1인당 월평균 사교육비(만 원)			사교육 참여율(%)		
	2009	2010	증감률	2009	2010	증감률
전체	24.2	24.0	-0.8	75.0	73.6	-1.4
100만 원 미만	6.1	6.3	3.3	35.3	36.0	0.7
100~200만 원 미만	11.0	10.3	-6.4	55.1	50.7	-4.4
200~300만 원 미만	18.0	17.0	-5.6	72.9	69.8	-3.1
300~400만 원 미만	24.6	24.0	-2.4	82.6	79.8	-2.8
400~500만 원 미만	31.0	29.8	-3.9	86.5	84.5	-2.0
500~600만 원 미만	37.2	36.2	-2.7	88.9	87.1	-1.8
600~700만 원 미만	42.0	40.4	-3.8	90.1	89.6	-0.5
700만 원 이상	51.4	48.4	-5.8	91.1	89.1	-2.0

자료: 통계청(2011).

계층 간 사교육비 및 사교육 참여율의 격차가 큰 것을 알 수 있다(〈표 1-7〉 참조).

이와 같은 사실을 사교육 교과목과 관련시켜 본다면 사교육 참여율이 높은 교과목인 영어에서 좀 더 앞서가기 위해 중산층의 홑벌이 가정 중 상당수가 조기유학을 선택하고 어느 정도 경제적 현실에 적합한 동남아시아 국가가 그 대상 국가가 되었음을 미루어 짐작할 수 있다. 즉, 일정 수준 이상의 소득이 있는 홑벌이 가정에서 자녀에게 좀 더 일찍 외국어 교육을 시키기를 원한다면 조기유학을 선택할 가능성은 매우 높고 비용의 부담이 느껴지는 경우 그 대안으로 영어권 동남아시아 국가를 선택할

가능성이 높은 것이다.

　마지막으로 앞에서 밝힌 자녀교육에 대한 관심과 비용의 증가뿐 아니라 최근 나타난 소자녀화(小子女化) 현상과 자녀교육에 대한 부모의 인식 변화도 조기유학의 증가에 한몫을 차지한다고 할 수 있다. 과거에 비해 자녀 양육 및 교육에 대한 부담이 강화되고 또 실질적으로 부담감을 느끼는 부모가 많아지면서 자녀를 한 명 혹은 두 명만 출산하는 가정이 늘어났다. 실제 한국의 평균 가구원 수가 약 네 명에 미치지 못하는 것은 이런 사실을 방증하는 것이다.

　애정의 가치를 바탕으로 자녀가 성장해 경제력을 가질 때까지 자녀교육에 올인 하는 경향이 나타나면서 자녀교육에 대한 경쟁이 더욱 치열해졌다. 심지어 자녀의 입시가 가족의 과업으로 인식되면서 '자녀교육=어머니 역할(어머니)'로 대치되거나 혹은 자녀교육을 가사노동 중 하나로 인식하는 양상이 나타났다.

　사회경제적 불안감이 증가하는 가운데서도 이런 소자녀화 추세가 이어지면서 어떤 대가를 치르더라도 내 자녀는 잘 키우겠다는 부모의 욕구와 자녀를 부모와 동일시하는 인식이 강화되었으며, 이것이 또한 조기유학을 선택하도록 하는 배출요인으로 작용했다(조명덕, 2002; 최양숙, 2005; 조혜영 외, 2007). 이것은 학업 성취가 취업과 임금의 기준이 되는 우리 사회의 노동시장 구조의 문제점을 반영한 것이기도 하다(Hong, 1994).

　하지만 조기유학의 배경에 국내에서의 자녀 공부 및 학교생활 등과 관련된 배출요인만 있는 것은 아니다. 현지 사회의 흡입요인 또한 존재한다. 영어 습득을 통해 국내뿐 아니라 해외에서도 직업을 가질 수 있다는 기대, 즉 자녀의 직업 선택의 가능성을 넓혀줄 수 있다는 점이 작용하는 것이다(조혜영 외, 2007; Musa, 2003; Tan, 2006). 과거에 비해 영어교육의 중요성이 증대되었지만 그와 함께 영어교육이 보편화된 것도 사실이다.

과거에는 일부 계층만 영어 조기교육에 노출되었지만 이제는 일반 유치원에서도 영어교육을 실시하며 방과 후 교육에서도 영어교육이 이루어진다. 초등학교에서는 원어민 강사를 채용해 말하기와 듣기 수업을 진행하기도 한다.

이와 같이 영어의 중요성이 커진 만큼 교육 수혜 인구 역시 광범위해져 어쩌면 과거보다 영어에서 우위를 점하는 것이 더 어려운 일이 되었을 수도 있다. 이제는 일찍이 원어민 강사에 노출된 소수 간 경쟁이 아니라 수준은 다를지라도 영어교육을 접한 다수 중에서 우월한 지위를 점해야 하는 과제에 직면한 것이다. 이런 상황에서 좀 더 안정적이고 우월한 입지를 다지기 위해서는 뭔가 다른 비장의 카드, 즉 실제로 영어를 구사할 수 있는 능력이 필요한데 이것은 사실 현지에서 습득하는 것이 훨씬 유리하다고 할 수 있다. 이런 점이 바로 영어권 국가가 한국의 조기유학 인구를 흡수할 수 있는 강력한 요인인 것이다.

이와 함께 교육 받는 과목 수가 한국보다 적고 수업 부담이 적은 점, 그리고 다양한 문화를 접할 수 있는 점 또한 장점으로 자주 언급된다 (Hashim, 2002). 한국에서 초·중·고등학생의 수업시간은 짧게는 4교시에서부터 많게는 10교시까지 진행되며 고등학생의 경우 밤 10~11시까지 야간자율학습을 한다. 비록 자율적으로 수행하는 학습이라 할지라도 학생인권조례가 발효되기 이전인 2010년까지만 해도 야간자율학습은 다소 강제성을 띠었다. 학부모는 야간자율학습을 빼달라는 학생과 학교에 남겨두고자 하는 학교 측 사이에서 때로는 자녀의 편을 들기도 하고 때로는 학교 편을 들어 자녀가 야간자율학습에 참여하도록 독려하기도 하면서 고등학교 3년을 뒷바라지한다. 최근 들어 자율학습이 학생의 선택에 맡겨지기는 했지만 학생이 감당해야 할 과목과 학업시간은 여전히 매우 많다. 녹초가 되어 들어오는 자녀를 안쓰러운 눈으로 지켜보면서 뒷바라지를 하고 그러면서도 학업이 뒤처지지 않도록 사교육을 시켜야 하는 현실에 스스로 회의감을 느끼면서 조기유학을 결정하기도 한다. 환언하면 한국과 다른 외국의 학업 현실이 한국의 조기유학생을 유인하는 요인으로 작용하는 것이다. 게다가 글로벌시대를 살아갈 차세대가 미리 외국의 문물을 경험하고 인간관계를 형성해 직업 선택의 범위를 넓힐 수 있는 기회를 다진다는 전제가 붙는다면 조기유학을 마다할 중산층은 별로 없을 것이다.

하지만 이런 배출요인과 흡인요인에 대한 자의적 해석의 이면에 부모의 사회적 욕망이 자리 잡고 있을 가능성 또한 배재할 수 없다. 자녀의 학업을 위해 일찍이 유학을 떠나지만 그 결정의 몫은 부모에게 주어지는 경우가 많으며 여기에는 그들의 욕망이 개재될 개연성이 충분하다. 즉, 그들이 실현하지 못한 욕구를 재현하는 것에서부터 배우자 혹은 원가족(natal family)과의 관계에서 거리두기를 시도하는 것, 부모 자신이 영어에 도전하는 것, 자녀의 조기유학 과정 동안 은퇴 이민의 가능성을 타진해 보는 것 등에 이르기까지 다양한 욕망과 기대가 작용했을 가능성이 충분히 있을 수 있는 것이다. 이러한 욕망이 상대적으로 멀지 않은 타국에서 자녀교육, 특히 영어교육을 통해 재현되며 이것은 자녀의 성과에 긍정적 혹은 부정적인 영향을 미칠 수 있을 것으로 예견된다.

사회경제적 변수의 영향도 고려해볼 수 있다. 이명박 정부의 영어교육에 대한 강조와 2006년 전후의 국내 부동산의 급등, 그리고 전 지구화의 열풍과 조기유학에 대한 인식의 변화 등 다양한 요인이 자녀의 조기유학에 부정적인 인식을 가졌던 부모에게까지도 영향을 미친 것이다.

과거에는 일반적으로 조기유학에 매우 부정적인 태도를 보이는 경우가 많았다. 능숙한 영어 습득, 해외문화의 체험이라는 장점도 있지만 성공보다는 실패의 가능성이 크고 가족이 별거생활을 하는 데 따른 부정적인 인식이 뒤따르며 학교 교육에 대한 불신이 가중될 우려가 있고 영어 이외의 다른 과목을 계속할 수 없다는 이유로 조기유학을 반대하는 경우가 많았다(김홍주, 2001; 조삼섭·심성욱, 2006).

하지만 최근 들어 조기유학을 미인정 유학으로 규정했던 정부의 태도나 방침에서 변화의 조짐이 나타났다. 2010년 9월 기준 교육과학기술부의 규제 개혁 추진 상황 중 해외 자비유학의 자격 합리화 방안 마련 추진에 관한 내용을 보면 광범위한 의견 수렴의 결과에 따라 자비유학에 관한 개선 방안을 마련할 계획이며, 이런 계획의 근거로 학생의 학습권 개선 및 교육 개방 추세의 현실 반영을 들고 있다. 즉, 조기유학을 단지 막대한 교육비의 해외 유출 문제로 바라보는 것이 아니라 이제는 교육대상 당사자의 학습에 대한 권리와 전 지구화의 추세를 따라가고자 하는 선택의 문제로 인식하는 것이다.

이러한 현상은 기러기가족이 지속적으로 증가하는 추세와 일반적으로 조기유학에 부정적인 인식을 가졌다 할지라도 실제 조기유학을 고민하는 지인이나 친인척에게는 '잘 생각했다', '기회만 되면 떠나는 것이 좋지'와 같은 긍정적인 피드백을 제공함으로써 오히려 이들을 지지하는 경향에서도 알 수 있다.

조기유학의 역사가 근 20여 년이 된 최근에는 조기유학의 성과가 가시화되기 시작했다. 그동안은 사실상 조기유학의 성공 사례보다는 실패 사례에 대한 보고가 더 많은 비중을 차지해왔으며 여전히 그와 같은 사례가 많다. 그런데도 한편에서는 조기유학을 말리기보다는 오히려 권하고, 드러내고, 보내고 싶어 하는 상황이 벌어진다. 성과 보고에 대한 판단 결과와 현실의 역전 상황이 연출되는 것이다.

그렇다면 과연 그 실체는 무엇인가? 과거에는 부정적이었던 조기유학에 대한 인식이 왜 근래에 들어 달라지는 것인가? 혹은 인식이 달라지는 것이 아니라 본래 그다지 부정적이지만은 않았던 조기유학에 대한 생각이 이제야 표출되는 것이라면 왜 그러한 것일까? 자녀의 교육과 장래를 위해서라면 부부간, 부모·자녀 간에 일정 기간 별거상태로 지내는 것을 감수하고라도 조기유학을 감행하는 이유는 무엇인가? 이런 현상 속에는 어떠한 배경·동기가 숨어 있으며 그것이 한국 사회의 사회 변화에 내포하는 함의는 무엇인가?

이 글에서는 한국의 학부모가 자녀의 조기유학을 선택하고 자녀와 함께 해외에 거주하게 된 배경에는 그들이 실현하고 싶어 했거나 이루고 싶어 하는 사회적 욕망이 도저(到底)하게 자리 잡고 있을 가능성이 있다는 점에 주목하고자 한다. 그리고 그들의 이러한 사회적 욕망이 자녀의 교육, 특히 영어교육을 통해 재현되었음을 간파해 이를 한국 사회의 전반적인 변화의 연장선상에서 고찰하고자 한다.

지금까지의 조기유학에 관한 연구는 주로 조기유학을 떠난 학생의 실태, 성공 혹은 실패 사례를 조사하거나 조기유학에 대한 일반인의 인식을 조사하는 정도에 그쳤다. 하지만 조기유학은 자녀교육의 변화를 매개로 가족관계와 구조에서 엄청난 변화를 초래하는 생활사건 중 하나다. 자녀는 발달 단계에서 매우 중요한 대상인 친구와의 헤어짐을 경험하며 부모도 가족 및 부부 관계에서 상당한 어려움을 경험할 수 있다. 조기유학은 단지 경제적 지원이 뒷받침된다고 해서 자녀에게 성공과 기회를 가져다줄 수 있는 도전이 아니라 가족 전체에 실패와 위기를 가져다줄 수도 있는 위험한 선택이기도 하다. 그러므로 조기유학을 제대로 이해하기 위해서는 무엇보다 잠정적 별거와 부정적 결과의 가능성까지 감수하는 동기와 배경에 대한 이해가 필요하다.

이 글은 조기유학을 선택한 부모, 특히 어머니에게 주안점을 둔다. 필자는 한국 어머니가 자녀의 학업을 위해 자녀를 데리고 조기유학을 떠나

지만 그 결정의 몫은 부모에게 주어지는 경우가 많으며 여기에는 그들의
욕망이 개재될 개연성이 농후하다는 가설을 세웠다. 그들이 실현하지 못
한 욕구를 재현하는 것에서부터 어머니들은 배우자 혹은 원가족과의 관
계에서 거리두기를 시도하는 것, 자신이 영어에 도전하는 것, 그리고 자
녀의 조기유학 과정 동안 은퇴 이민의 가능성을 타진해보는 것 등에 이
르기까지 이들의 조기유학 동기와 과정, 그리고 결과에는 그들 나름의
다양한 욕망과 기대가 전제되어 있을 가능성이 있으며 이런 욕망은 자녀
의 성과에 긍정적 혹은 부정적인 영향을 미칠 것으로 보인다. 이것이 한
국 학부모의 조기유학에 대한 관심과 실천이 갖는 함의를 사회문화적 맥
락 속에서 파악하고자 한 주된 이유 중 하나다.

그뿐 아니라 한국 어머니가 자녀교육을 통해 자신의 사회적 욕망을 재
현하고자 하는 것은 일차적으로 전통적인 한국 어머니의 '어머니됨
(motherhood)'[6]의 변화를 가져오기 때문에 더욱 중요한 의미가 있다. 한
국 어머니의 '어머니됨'의 변화는 한국 가족의 해체, '기러기가족'과 같은
신종 가족의 출현, 한부모가족의 확산, 나아가 별거와 이혼을 거친 가족
의 재구조화로까지 이어져 한국 가족의 새로운 풍속도 또는 지형도를 만
들어내는 데 영향을 끼친다는 점에서 중요한 사회문화적 함의를 지닌다.

더욱이 이러한 현상은 현지 사회에 '한인타운'을 형성하는 인구학적
변화를 초래해 한국인 디아스포라(diaspora) 형성의 기반이 되고 이는 또
한 기러기가족의 정착과 적응 과정에서 나타나는 여러 사회 문제와 연결
되어 현지 사회에 새로운 이주자집단을 형성하는 모태가 된다. 이에 대
한 관심과 실천은 결국 한국인 디아스포라의 성격과 의미에 대한 이론

---

6) 이 용어는 일반적으로 '모성'으로 번역되지만 여기서는 모성을 포함한 다양한 어머니
의 역할과 기능까지를 포괄하는 의미로 사용되기 때문에 모성보다는 '어머니됨'이라
고 표현하는 것이 더 합당하다고 판단되어 '어머니됨'으로 표기하기로 한다.

적·실천적 관심으로 이어질 수밖에 없다. 이런 점에서 조기유학을 통한 이주 현상은 단지 자녀교육의 차원에서만이 아니라 자녀교육을 통해 부모의 열망이 어떻게 재현되고 또 이것이 한국 사회의 변화와 어떻게 연관되는지를 알 수 있다는 점에서도 매우 중요하다.

이와 같은 문제의식을 바탕으로 이 글에서는 자녀의 조기유학 배경에 부모가 실현하고 싶어 했거나 이루고 싶어 한 사회적 욕망이 도저하게 자리 잡고 있음에 주목해 그들이 자녀를 데리고 조기유학을 감행하는 이유와 그 배경, 동기, 그리고 이것이 한국 사회의 사회 변화에 내포하는 함의는 무엇인지를 알아보고자 한다.

3. 조기유학, 왜 동남아시아인가?

공교육비보다 더 많은 사교육비가 소비되는 한국에서는 2005년을 기준으로 67조 원의 교육비를 기록했다. 이렇게 되자 고가의 학원비를 절감하고 영어교육을 원활히 하기 위해 조기유학 혹은 교육 이민을 택하는 가정이 점차 늘어나기 시작했다. 이미 국내 가정 가계비의 17%를 넘어선 사교육비와 더불어 일어난 해외 조기유학 붐은 기존의 유학 선호 국가였던 미국, 캐나다, 영국, 호주, 뉴질랜드를 넘어 동남아시아 국가로까지 퍼져나갔다. 교육인적자원부는 2007년 미국 이민관세국(ICE)에서 발표한 한국 유학생이 9만 3,728명에 달하며 중국에 간 학생은 5만 7,000명, 호주에 1만 7,000명, 필리핀, 뉴질랜드, 캐나다까지 합하면 19만 명에 달한다고 밝혔다.

이 중 동남아시아 국가로의 조기유학은 무엇보다 말레이시아, 싱가포르, 필리핀, 베트남 등 영어권 국가에 해당하고 다른 선진국보다 상대적으로 물가가 저렴한 것과 연관이 있다. 특히 2008년도의 금융위기 이후 달러화 환율이 급등하면서 미국이나 캐나다보다 비용이 저렴하고 또 영어와 제2외국어까지 배울 수 있는 중국, 필리핀, 말레이시아 등이 조기유학 시장의 전초기지로 떠올랐다(≪한국일보≫, 2009년 4월 29일자).

조기유학을 위한 교육비와 생활비만 봐도 북미나 유럽의 국가와 동남아시아 국가는 상당한 차이를 보인다. 대부분 동남아시아 국가에서는 북미나 유럽 국가에서 조기유학을 할 경우 소요되는 비용의 약 2/3 정도로 조기유학을 할 수 있다. 바꾸어 말하면 이것은 그 정도의 비용을 지불할 수 있는 가정 중 일부가 동남아시아 국가로의 조기유학을 선택하기 시작했고 이들의 선택이 조기유학 대상자의 급속한 증가 현상으로 이어진 것으로 해석할 수 있다.

이를 방증하는 자료로 통계청(2008)에서 제시한 분거가족의 실태를 살펴볼 수 있다. 먼저 학력별 실태를 보면 부모의 학력이 중졸인 경우가 약 22.4%로 가장 높은 수치를 나타내는 것을 제외하면 학력이 높을수록 국내에서 분거하는 비율보다 해외에서 분거하는 비율이 높고 그 사유로는 학업이 높은 비중을 차지한다는 것을 알 수 있다. 특히 부모가 대졸 이상인 경우에는 학업으로 인한 분거가 약 64.1%에 이를 정도로 매우 높게 나타났다.

부모의 직업별 실태를 보면 전문관리직이나 사무직은 자녀의 학업 때문에 해외에서 분거하는 비율이 높은 반면 농어업의 경우 국내에서 분거하는 비율이 높은 것으로 나타났다. 가구소득별로는 소득이 높을수록 학업으로 인한 분거 비율도 높게 나타났으며 소득이 낮은 경우 국내에서 분거하는 비율이 높기는 하지만 분거 사유가 학업인 경우는 상대적으로 높지 않은 것으로 나타났다. 이를 통해 가구 소득이 낮을수록 가족의 국내 분거 원인이 직장과 기타의 문제에 있음을 확인할 수 있었다(〈표 1-8〉)

<표 1-8> 학력·소득·직업·지역별 분거 실태

(단위: %)

구분		분거 비율	국내 거주	학업 사유
총계		14.1	89.7	42.2
학력	초졸 이하	17.2	96.1	19.4
	중졸	22.4	93.4	29.3
	고졸	13.4	92.6	46.2
	대졸 이상	10.6	77.9	64.1
직업	전문관리직	-	13.1	76.5
	사무직	-	9.3	84.4
	서비스판매직	-	15.5	90.3
	농어업 종사	-	29.1	98
	기능노무직	-	14.7	93.7
가구 소득	100만 원 미만	13.9	96	17.9
	100~200만 원 미만	15.7	94.3	35.8
	200~300만 원 미만	11.5	90.9	48
	300~400만 원 미만	12.6	87.3	57.4
	400~500만 원 미만	-	14.8	89.7
	500~600만 원 미만	-	16.3	74
	600만 원 이상	-	20.6	65.5
지역	서울		7.8	74.3
	인천		8.8	85.4
	경기		10.2	78.8

자료: 통계청(2008).

참조).

소득이 높은 집단은 자녀의 학업 때문에 지방에서 서울, 수도권으로 일시적으로 이사를 하거나 혹은 임차주택을 구해 두 집을 오가는 생활을 하기도 한다. 입시 논술을 위해 단기 특강을 듣거나 혹은 방학이 되면 대치동을 비롯한 입시 일번가에서 한두 달 동안 학원 수강을 하기 위해 지방에서 올라오는 인구도 많아 인근의 오피스텔이나 하숙집이 모자란다는 기사를 통해 이를 예측해볼 수 있다.

천안에 사는 고3 수험생은 대입 논술 준비를 위해 수능이 끝난 14일 대치동 학원가를 찾았다. '족집게 논술 강의'를 듣기 위해서다. 그는 '지방학생을 위해 학원에서 숙박 가능한 곳도 소개시켜줘 편안하게 공부에 집중할 수 있게 되었다'라며 '짧은 시간이지만 투자한 돈만큼 효과는 있을 것으로 기대한다'라고 말했다.

대치동 학원가는 대학 진학을 위해 논술 준비를 하는 수험생들로 성업을 누리고 있다. 수능 시험 이후 수시전형이 시작되어 논술고사를 치르는 일부 대학으로 진학을 노리는 학생은 다시 시작된 입시전쟁에서 승리하기 위해 학원으로 발길을 돌리고 있다. 특히 서울 소재 대학 진학을 노리는 지방 수험생은 각 대학 시험 일주일 전 상경해 학원에서 소개해준 호텔, 고시원 등에 투숙하면서 짧은 시간 동안 많은 돈을 쏟고 있다…….

순천에서 올라온 A양(19)은 '그동안 수능 공부만 하느라 논술 준비를 전혀 못 했다. 또 지방에 있으면 시험에 관한 정보력이 떨어져 그만큼 남보다 뒤처지는 것 같아 결국 올라왔다'라며 '비싼 수업료와 생활비 때문에 부모님께 죄송하지만 어쩔 수 없는 선택이다'라고 말했다. ……(≪아시아투데이≫, 2009년 11월 18일자).

초점은 입시에 맞추어져 있지만 하루라도 어린 나이에 유학을 보내고자 하는 데에는 1989년 해외여행 전면 자유화가 시행된 이후 해외 관광이 증가하면서 말레이시아, 싱가포르, 필리핀, 베트남 등과 같은 동남아시아 국가를 방문한 가정이 증가했다는 점도 영향을 미쳤을 것으로 예상된다.

또한 동남아시아 국가가 조기유학 대상지로 선호되는 이유로는 일단 저렴한 물가와 비교적 안정된 치안, 덜 심한 인종차별, 북미나 오세아니아에서 공부한 아이들에 비해 귀국 후 적응하기가 상대적으로 쉽다는 것 등을 들 수 있다. 지난 2005년도에 말레이시아, 필리핀, 싱가포르 등 동남아시아 국가로 조기유학을 떠난 사람은 2000년 10.7%에서 29.4%로 3배 가까이 늘었다. 중국으로의 조기유학 비율이 포함된 것이긴 하지만

동남아시아 국가로의 조기유학 급증을 단적으로 보여주는 통계자료임에
는 틀림없다. 반면 미국은 같은 기간 8,700여 명에서 1만 2,000여 명으로
1.5배 정도 늘어났고 캐나다와 호주도 2배가량 증가하는 데 그쳤다. 전
체 조기유학 중에서 동남아시아 국가가 차지하는 비율은 11%에 달했다.

　동남아시아 국가의 외국인학교에 대한 만족도 역시 점차 높아지는 추
세다. 비싼 학비 때문에 미국이나 캐나다 등의 지역으로 조기유학을 가
지 못하는 학생에게 동남아시아 국가가 대안이 될 수 있는 것이다. 국가
별로 차이가 있기는 하지만 전반적으로 동남아시아 국가의 국제학교
(International school)는 미국식·영국식 교육체계를 완비했으며 교육 수준
도 높을 뿐 아니라 다민족으로 구성된 학생과 함께 공부할 수 있기 때문
에 교육 환경 역시 좋은 편으로 알려져 있다. 특히 전 지구화의 물결 속
에서 학교생활을 통해 문화적 다양성을 배울 수 있기 때문에 학교와 학
교 공부 자체가 다문화 체험의 현장의 일부가 된다. 교육과정뿐 아니라
학교생활 전반에 걸쳐 영어를 경험할 수 있는 기회가 폭넓게 제공되며
다양한 국적의 학생과 함께 공부하는 과정에서 문화 다양성에 대한 광범
위하고 심도 있는 경험을 쌓을 수 있다. 또한 학교생활을 통해 다국적 친
구를 폭넓게 사귈 수 있다는 점 역시 동남아시아 국가의 국제학교 교육
체계의 장점으로 작용한다.

　학비는 나라마다 차이가 있고 국제학교의 수준과 성격에 따라 다양한
층위를 이룬다. 학년에 따라 학비가 다르기 때문에 평균 액수를 논하기
는 어렵지만 한국인이 가장 많이 가는 학교의 초등학생을 기준으로 할
때 대략 1년에 한국 돈으로 약 400~500만 원 정도의 학비가 소요되는
데[7] 이는 미국이나 캐나다에 비해 상대적으로 저렴한 편이다.

---

7) 한국인 학생이 가장 많이 다니는 국제학교 초등학교 1학년(primary 1 level)의 학비
　는 2,950링깃이다. 1년에 3학기제인 점과 환율을 고려해 계산하면 'primary 1 level'

사실 조기유학 대상지로 말레이시아를 선택한 사람 대부분은 처음 조기유학 대상 국가를 선정할 때 캐나다나 호주, 뉴질랜드를 먼저 고려하다가 생활비와 학비 부담 때문에 말레이시아로 선회한 경우가 많다. 따라서 경제적인 이유로 초기에 원했던 국가로 결정하지 못했기 때문에 청소년의 입장에서는 불만족스러운 선택을 했다고 볼 수 있다. 하지만 치안이 안정되어 있고, 생활물가가 싸고, 다양한 음식을 경험할 수 있다는 이점을 통해 기러기가족은 초기의 정착 과정에서 느낀 불만을 하나둘씩 해소해나간다.

경제적인 문제 외에도 조기유학 대상지를 선택할 때 중요한 변수로 작용하는 것 중 하나는 지인, 즉 친척이나 친구, 혹은 한국에서 알고 지내던 사람 등 현지에 관계가 있는 사람이 있는가 하는 것이다. 한국 어머니와 자녀에게는 낯선 타국에서 아버지 혹은 남편도 없이 처음 시작하는 생활이니만큼 위급할 때 도와줄 수 있는 사람의 존재는 이들의 선택에 매우 중요한 요인으로 작용한다.

그러나 이것은 단지 동남아시아의 여러 국가 중 어느 나라를 선택할 것인지에 영향을 미칠 뿐, 미국과 캐나다 등지와 동남아시아 국가 중 어느 곳을 선택할 것인지에 영향을 미치는 것은 아니다. 즉, 갈 수만 있다면 미국이나 캐나다, 뉴질랜드를 선택하지만 경제적 여건 때문에 차선으로 동남아시아 국가를 고려한 후 지인의 존재 여부, 한국과의 거리 등을 고려해 결국 말레이시아를 선택하는 것이다.

이와 같이 자녀의 학업 문제와 부모의 욕망을 동시에 충족할 수 있는 대안으로서의 동남아시아 국가 조기유학은 경제적 여건과 지인의 존재 여부라는 요인에 따라 결정되는 경향이 있다.

은 약 400만 원 정도의 학비가 소요된다(추가 사교육비는 제외한 액수다).

한편 자녀의 발달 단계에 비추어볼 때 생애 진로를 결정하는 중요한 시점에서 휴가철의 여행지로만 인식되던 나라로 학업의 장을 옮기는 중대 사안과 직접적으로 연관되는 정보, 즉 말레이시아 조기유학생의 진로나 적응 과정 등에 대한 정보 수집은 간과하는 것으로 나타났다. 이와 같은 사실은 동남아시아 국가를 조기유학 대상지로 선택한 가정의 사회경제적 지위와 열망을 확인할 수 있는 근거자료가 된다고 할 수 있다.

동남아시아 국가는 미국과 영국, 호주 등을 비롯한 세계 각지의 명문 대학과 국제 교류 협정이나 양해각서(MOU)를 체결해 일단 동남아시아 국가의 국제학교에서 공부한 경력을 바탕으로 미국이나 영국, 호주 등의 명문 대학으로 트랜스퍼(transfer) 하는 것이 매우 용이한 편이다. 동남아시아 국가의 교육 수준이나 질이 미국이나 영국, 캐나다, 호주, 뉴질랜드에 비해 턱없이 뒤떨어졌을 것이라 생각하는 것은 잘못된 편견이거나 선입견이 작용한 결과다. 또한 국내 언론이나 방송에서 잘못 소개되어 오해가 증폭된 측면도 있다.

한국에서 동남아시아 국가는 아직도 후진국이나 개발도상국, 못사는 나라 등으로 알려져 있으며 심지어 열대우림 정글 속의 경제적 후진국, 더럽고 못사는 나라 등으로 인식되는 것이 사실이다. 실제로 생활해보지 못한 상태에서 이러한 오해와 편견이 일반인의 인식 속에 깊게 뿌리박혀 있는 것도 부인하기 힘든 사실이다.

하지만 동남아시아 국가의 국제학교는 교육 수준이 높을 뿐 아니라 여러 수업 방식을 실험적으로 시도한다는 점에서 다양한 교육을 경험할 수 있는 호조건을 구비했다. 물론 국가와 학교에 따라 다양한 층위가 있는 것이 사실이다. 특히 말레이시아는 그런 면에서 상위 수준에 있는 나라다. 싱가포르는 여러 장점이 있지만 물가가 상대적으로 비싼 편이기 때문에 싱가포르를 조기유학 대상지로 선택하는 사람은 제한적이다. 필리핀은 치안 문제로 선호도가 과거보다 떨어졌다. 하지만 이 역시 좀 더 정밀한 조사와 정보에 의해 수정·보완될 필요가 있다. 필리핀의 치안 불안 문제와 연결된 안전 위협과 위험 국가로서의 이미지는 한동안 지속될 것이다. 하지만 대체로 한국의 일반인이 알고 있는 것과 동남아시아 국가의 국제학교의 현실 사이에는 상당한 격차가 있으며 이러한 사실은 동남아시아 국가로의 조기유학을 선택하는 사람의 경험담을 통해 확인할 수 있다. 이런 이유 때문에 이 글은 동남아시아 국가를 조기유학 대상지로 선택한 가정과의 실제 인터뷰 내용을 활용함으로써 동남아시아 국가의 국제학교 교육체계와 교육 수준, 교육 효과 등을 '있는 그대로' 알리는 데도 기여하고자 한다.

4. 조기유학, 왜 말레이시아인가?

최근 몇 년 동안 동남아시아 국가, 특히 말레이시아는 한국인이 선호하는 새로운 조기유학 대상지로 부상했다. 말레이시아에 '한국바람이 분다'라는 표현이 등장할 만큼 말레이시아를 찾는 한국인이 증가했다.

말레이시아 코트라 관장인 황규준(2008)은 이런 현상의 원인을 조기유학 열풍, 부동산 투자 바람, 한국인 은퇴 이민자를 위한 말레이시아 정부의 말레이시아 마이세컨드홈(Malaysia My Second Home: MM2H) 프로그램[8] 추진 등의 세 가지로 제시한 바 있다.

---

8) MM2H 프로그램은 '말레이시아, 나의 제2의 고향'이라는 슬로건을 내세워 말레이시아 정부가 외국인, 특히 한국인의 은퇴 이민을 적극 장려하기 위해 실시한 이주 정착 프로그램이다. 이것은 최초 신청 초기 5년 후 그들의 기준이 만료되었을 때 사회비자(MM2H비자)를 갖는 것을 허가한다는 내용이며 이는 10년 단위로 갱신이 가능하다.

〈그림 1-1〉 말레이시아 콘도미니엄의 엘리베이터 내 안내문

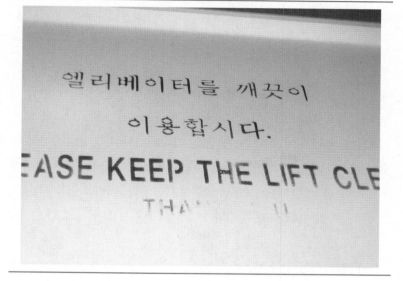

　먼저 가장 큰 이유로 지적되는 것은 '기러기가족'의 조기유학이다. 거의 매주 초·중·고등학생 자녀를 동반한 '기러기엄마' 또는 '기러기가족'이 속속 말레이시아에 도착한다. 그 때문에 교민사회도 팽창하고 그 구성원은 점점 젊어지며 이들의 자영업 형태와 업종도 점차 확대되어간다.

　1990년대 중후반부터 말레이시아는 새로운 조기유학 대상지, 조기유학 선호 국가로 부상했을 뿐 아니라 현재까지도 각광을 받고 있다. 말레이시아를 '좀 더 나은 교육 여건을 지닌 나라'라고 인식하기 시작하면서 심지어 영국, 뉴질랜드, 호주 등과 같은 나라로 조기유학을 떠났던 사람이 말레이시아로 유학지를 변경하는 경향도 나타났다. 2007년 현재 전국적으로 30개가 넘는 국제학교에 100개국 이상의 나라에서 유학 온 5만여 명의 학생이 공부하고, 이 중 한국 학생의 비율은 전체 외국인 학생의 10%를 차지한다(박종현, 2007). 말레이시아에서 국제학교에 다니는 한국

학생은 2008년 기준 이미 5,000명을 넘어선 것으로 추산된다.

이와 같이 말레이시아가 조기유학 대상지로 선호되는 주요 이유는 우선 미국이나 영국, 캐나다, 뉴질랜드 등과 같은 선진국보다 상대적으로 저렴한 학비에 다닐 수 있는 미국, 영국 및 호주 계통의 국제학교가 많기 때문이다. 일부 국제학교에 개설된 영어 특별반이라 불리는 준비반의 경우 80% 이상이 한국 학생으로 구성되어 있다(박종현, 2007: 118). 등·하교 때 모습을 보면 마치 한국 학교를 보고 있다는 착각이 들 정도로 한국 학생의 비율이 최근 급속히 증가했다. 일부 국제학교에서는 한국 학생이 너무 많아 한국인 비율을 특별히 제한하기도 한다. 이러한 현상을 좀 더 구체적으로 살펴보면 다음과 같다.

1) 말레이시아 교육체계의 특징

'진정한 아시아(Truly Asia)'라 불리는 말레이시아는 말레이시아인, 화교, 인도인 등 2,700만 명의 인구가 화합을 이루며 사는 다민족국가이자 다문화사회다. 이슬람교가 말레이시아의 공식 종교이기는 하지만 헌법의 보호하에 기독교, 힌두교, 불교 및 다른 종교도 자유롭게 숭배된다. 이런 이유로 말레이시아는 전 세계의 다민족국가 중에서 상대적으로 안정되고 평화로운 국가로 인식된다. 공부, 일 또는 사업을 하기 위해 말레이시아에 머무는 외국인도 상당수에 달한다.

말레이시아에서 교육은 중요 산업 중 하나로 인식된다. 경쟁력 있고 뛰어난 교과내용과 전문적이고 특화된 교육과정뿐 아니라 다양한 고등교육과정도 제공한다. 이것의 근본적인 토대는 영국과 호주의 유명 대학이 말레이시아 현지에 분교 캠퍼스를 세우는 경향에서 엿볼 수 있다. 미국, 캐나다, 호주, 프랑스, 독일 및 뉴질랜드의 대학은 말레이시아 교육

기관과의 파트너십을 통해 편입 프로그램인 트위닝 프로그램(twinning program)과 프랜차이즈된 외부의 학위 프로그램을 제공한다.[9]

말레이시아에서 교육은 연방 정부 책임이며 말레이시아 정부는 양질의 교육을 모두에게 제공할 책임을 진다. 국가 교육제도는 유치원에서부터 대학교까지 포괄한다. 유치원에서 중등교육까지는 교육부(MOE) 관할이며 그 이후의 교육은 고등교육부(MOHE)에서 책임을 진다. 정부는 말레이시아를 우수한 교육의 중심지로 만들기 위한 각종 계획을 고안, 시행한다.

말레이시아에서 초등교육(6년)과 중등교육(하위 중등교육 3년과 상위 중등교육 2년을 포함한 5년)을 합친 11년의 교육과정은 무료로 제공된다. 초등교육 1학년으로 입학하는 나이는 7세다. 7~12세의 어린이는 초등교육을 받을 의무가 있다. 각각 초등교육과정, 하위 중등교육과정, 상위 중등교육과정이 끝날 때 공통 시험을 치른다.

반면 중등교육과정을 마친 학생은 대학입시 준비 과정에서 1년이나 2년의 시간을 소요한다. 총 12년의 교육과정을 수료하는 것이 고등교육기관 입학 조건인 것이다.

말레이시아의 중등교육 이후의 교육과정은 3단계 교육을 특징으로 한다. 고등교육에서는 자격증, 수료증 및 학위 수여를 위한 코스를 제공한다. 일반 학위 프로그램은 3년의 시간이 걸린다. 첫 학위와 상위 학위 취득을 위한 학습계획(대학 및 전문대학의 전문 분야)은 국립 및 사립 분야에서 모두 충분히 제공되며 이는 많은 유학생의 주된 관심사 중 하나다.

---

9) 참고로 말레이시아가 자랑하는 대학 교육의 몇 가지 장점을 소개하면 다음과 같다. ① 질 높은 교육, ② 호주, 영국, 미국, 싱가포르 등과 비교할 때 상대적으로 저렴한 생활비, ③ 영국 대학에서 보증하고 인정하는 다양한 수상 기회, 국제적인 자격 승인 획득 기회, ④ 다른 민족의 종교, 문화를 배울 수 있는 기회, ⑤ 다른 나라보다 상대적으로 가까운 지리적 위치, ⑥ 친절한 말레이시아 사람, ⑦ 아름다운 자연을 만끽할 수 있는 관광 지역의 다양성, ⑧ 안전한 사회 환경.

고등교육 제공자는 크게 두 그룹으로 나뉜다. 첫째는 국립 고등교육시설(정부 재정 지원)이다. 여기에는 국립 종합대학교, 국립 단과대학교, 공예학교, 지방 대학교 및 사범 대학교가 포함된다. 둘째는 사립 고등교육기관(사립기관 재정 지원)이다. 여기에는 사립 종합대학교, 사립 단과대학교, 외국 대학교의 분교 캠퍼스 및 사립학교 등이 포함된다.

이와 같이 국립교육 제공 기관의 교육과 사립교육 제공 기관의 교육으로 대별되는 교육체계에서 국가는 초등교육과 중등교육의 95% 이상을 제공하며 고등교육의 60%를 제공한다. 나머지 부분은 사립교육 제공 기관에서 맡는다. 말레이시아의 사립교육 제공 기관은 초등교육부터 3단계 교육까지 교육 수준에 따라 크게 두 가지로 나뉜다. 하나는 유치원부, 초등부 및 중등부 교육을 제공하는 사립교육기관(PEIs)이다. 이는 사립학교와 외국 시스템 학교로 구성되어 있다. 다른 하나는 사립 고등교육기관(PHEIs)[10]으로 수료증과 자격증, 학위 취득을 위한 3단계 교육을 제공한다.[11]

---

10) 말레이시아에는 세 종류의 사립 고등교육기관이 있다. 첫째, 비대학 자격의 사립 고등교육기관(사립 중등학교, 사립 기관)과 둘째, 대학 자격의 사립 고등교육기관(사립 단과대학교, 사립 종합대학교), 셋째, 외국 대학의 분교 캠퍼스 등이 그것이다. 그들에게 수여되는 자격증의 종류는 다음과 같다. ① 사립 전문대학교에서는 자체 제작된 자격증 및 수료증이 수여되고, 외국 대학 학위 협력 프로그램과 연계해주며 학생의 전문적인 외부 시험 준비를 도와준다. ② 사립 종합대학교 및 단과대학교에서는 그들 자체의 학위를 수여한다. ③ 외국 대학의 분교 캠퍼스에서는 해외의 본 대학의 학위와 동일한 학위를 수여한다.

11) 이외의 학생에게는 사립학교와 외국 시스템 학교에서 학습할 수 있는 기회가 주어진다. 사립교육기관의 이런 분류는 말레이시아 교육과정을 제공하는 사립학교와 국외 교육과정을 제공하는 외국 시스템 학교로 구성되어 있다. 선택할 수 있는 매우 다양한 사립교육기관이 있으며 다음과 같은 학교가 포함된다. ① 말레이시아 국가 교육과정을 지지하는 사립 초등학교 및 중등학교, ② 국제 교육과정을 따르거나 영국, 호주, 미국, 일본, 대만, 독일, 사우디아라비아 등과 같은 다른 나라의 교육과

　　사립교육기관으로의 입학은 보통 개별 학교에서 시행하는 배치시험을 통해 이루어지며 사립 고등교육기관에서 학습할 수 있는 기회는 다양한 옵션과 질이 보증된 3단계 교육과정을 통해 이루어진다. 높은 수준의 교육을 추구하는 자국인 또는 외국인 학생은 개인 선호와 교과내용에 따라 학교를 선택할 때 광범위한 학습 기회와 수많은 국내 및 외국 대학 사이에서 혼란을 경험할 수 있다. 다양한 미국, 영국, 캐나다, 호주, 프랑스, 독일 및 뉴질랜드 대학이 말레이시아 교육기관과의 협력 관계를 토대로 한 자매결연 및 교환학생과 같은 제도를 제공하고 명망 있는 호주 대학, 영국 대학도 말레이시아 현지에 분교를 세우는 추세이기 때문이다. 또한 국내 사립대학도 추가 조건으로 경쟁력 있는 교육비와 고품질의 학위 과정을 제공해 점점 선택의 폭이 넓어지고 복잡해지는 추세다.

　　말레이시아의 교육체계는 아시아 태평양 지역 교육의 중심이며 사립 고등교육기관이 제공하는 교육과정의 질 또한 매우 높은 것으로 정평이 나 있다. 이러한 고등교육시설은 1996년 '대학 및 단과대학법', 1996년 '교육법', 1996년 '사립 고등교육기관법', 1996년 '국가 인가위원회법' 등과 같은 다양한 법령에 기초해서 운영된다. 영어는 교육의 매체로 활용되어 학생의 사회 진출 및 취업에 플러스 요인이 된다.

　　그렇다면 사립 전문대학의 교육 옵션에는 어떤 것이 있는지 살펴보자. 그것은 내부적으로 수료증을 수여하는 방식과 외부 전문 시험을 준비하는 학생을 위한 대비 방식, 그리고 영국·미국·호주·뉴질랜드·캐나다·독일·프랑스 대학의 학사 학위 프로그램 등으로 대별된다. 첫째, 내부 수료증 수여 방식은 사립 전문대학의 특성화된 분야로 자체 교육과정을 이수하면 내부적으로 학생에게 수여하는 것이다. 사립 전문대학에서는 1980

―――――――――――――――

　　정을 따르는 외국 시스템 학교(국제학교, 국외 거주 학교), ③ 교육부의 지침을 따르는 중국 학교(중등), ④ 다른 종류의 언어와 직업교육 학교 등이다.

년대 초부터 학생에게 학교 자체에서 학위 단계의 자격을 부여했다. 교육과정에서 사용되는 공용어는 영어다. 이와 같이 자체적으로 학교 내부에서 개발한 프로그램의 가장 큰 장점은 호주, 캐나다, 뉴질랜드, 영국, 독일, 미국 등에 위치한 외국 대학으로부터 '우선순위'의 자격으로 인정받기 때문에 그 대학에 2학년이나 졸업 학년으로 편입하고자 할 때 유리한 고지에 설 수 있다는 점이다.

두 번째로 사립 전문대학은 외부 전문 시험을 준비하는 학생을 위한 교육과정을 제공한다. 이러한 전문대학은 학생을 위한 개별 지도 지원이 있는 수업을 제공한다. 그리고 시험에 합격하면 현지 및 외국 시험장에서 열리는 외부 시험을 준비시킨다.[12)]

세 번째로 영국, 미국, 호주, 뉴질랜드, 캐나다, 독일, 프랑스 대학의 학사 학위 프로그램을 통해 학생은 말레이시아의 전문대학에서 해외 학사학위 프로그램을 이수할 수 있으며 이러한 전문대학은 해외의 대학과 기관 상호협력 체결이 되어 있다. 공통의 협력체계는 분리 학위제도·편입제도 또는 '3+0' 전체 학위제도의 해외 학위 증명으로 이어진다. 이 중 분리 학위제도에는 공동 학위 프로그램, 이수 학점 이적 프로그램, 타 대학 취득 학점 승인 프로그램 등이 해당된다.[13)] 반면 3+0 전체 학위 제도

---

12) 대학 외부에서 취득할 수 있는 다양한 자격증 중 몇 가지를 소개하면 다음과 같다. ① 전문적인 협회(ACCA-UK, CIMA-UK, ICSA-UK), ② 반직업적인 시험 집합체(IBBM, LCCIEB-UK, NCC-UK), ③ 중등교육과정 후의 교육 단계의 외부 대학 과정 프로그램(GCE 'A' Level-UK, SAM-Australia, Canadian Pre-U), ④ 외부 영어 프로그램(케임브리지 대학의 현지 시험 이사회).

13) 여기에는 편입 학위제도와 이수 학점 이적 프로그램이 있다. 전자는 학생이 학사 학위 첫 번째 또는 두 번째 해까지 현지 대학에서 수료하고 남은 과정을 외국의 자매 학교에서 수료하면 학위 자격을 수여하는 제도다. 후자는 외국 대학과의 연계로 학생이 현지 대학에서 요구하는 시간만큼 수업을 이수하면 그 학점을 그들의 선택에 따라 외국 대학의 학점으로 전환할 수 있다. 이러한 융통성 있는 제도는 미국 대

는 3+0 해외 대학 학위 프로그램14)과 학위 자격을 위한 외부 프로그램15) 등을 통해 전체 외국 학사 학위 프로그램을 전문대학에서 실행하는 것이다.

네 번째로 석사학위 및 대학원 프로그램이 있다. 전문대학은 외국 대학과의 협력을 통해 학생에게 해외 석사학위 자격 프로그램과 대학원과정 공부를 국제 교육 표준에 맞는 비교적 저렴한 가격의 수업료로 폭넓게 제공한다.

그럼 이제 말레이시아 사립 종합대학교의 교육 옵션을 살펴보자. 학생은 말레이시아 정부의 정식 허가를 받은 사립 조합대학교에서 공부를 함으로써 학사학위와 대학원 단계의 대학에서 부여하는 자격을 얻을 수 있으며 이 과정에서 영어를 사용한다. 세계적으로 인정받는 자격과 비교적싼 수업료 때문에 국내 및 외국 학생이 이런 캠퍼스를 많이 찾는다. 학문분야는 경영, 컴퓨터공학, 각종 공학 계열, 정보통신, 의학, 법학에서 어학까지 다양하다.

이 외에도 말레이시아의 교육체계는 외국 대학 분교 캠퍼스의 교육 옵

학 체계에서 가장 인기가 있다. 또한 타 대학 취득 학점 우선순위 승인 프로그램이 있는데 더 높은 지위를 갖는 해외 대학이 말레이시아의 사립 전문대학의 내부 수료 프로그램을 입증·완화함으로써 해외에서 공부하는 학생이 학위 프로그램의 두 번째 또는 세 번째 해로 바로 들어갈 수 있게 해준다. 그러므로 학사학위를 '인정해주는' 코스를 말레이시아에서 수료하고 해외 대학의 학위 프로그램의 남은 부분을 성공적으로 수료하면 학생에게는 외국인 학위 자격이 부여된다.

14) 이러한 제도하에서 몇몇의 전문대학은 말레이시아에서 전체 학위 프로그램을 지도하도록 외국 대학과 제휴 협정을 맺었다. 이 과정을 마치면 학위 자격이 수여되는 것이다. 이 새로운 교육 옵션 때문에 말레이시아는 1998년부터 교육비를 절감하려는 학생들의 인기 있는 교육 행선지가 되었다.

15) 학생은 전문대학에서 외부 프로그램에 등록을 하는데 이것은 외부 프로그램의 기말고사 시험을 준비하는 학생에게 교육 센터 기능을 한다. 이렇게 획득하는 학위는 외국 본교 학생의 학위와 동일한 자격을 갖는다.

선을 그 특징으로 한다. 말레이시아에 위치한 외국 대학의 분교 캠퍼스에서 제공하는 학사학위는 외국의 본교에서 부여하는 학위와 동일한 자격을 갖는다. 말레이시아에는 1998년 처음으로 호주의 모나쉬 대학교(Monash University)의 분교 캠퍼스가 건립되었다. 말레이시아 내의 모나쉬 대학교 분교 캠퍼스에서 공부하는 학생은 1학기 이상을 해외의 본 캠퍼스에서 아무 제한 없이 공부할 수 있다(졸업 학년 제외). 분교 캠퍼스에 등록된 학생은 자동적으로 본 캠퍼스에도 등록이 된다. 분교 캠퍼스에서 학사학위 자격을 공부하는 비용은 외국 본 캠퍼스에서 공부하는 비용보다 훨씬 저렴하다. 이런 점에서 말레이시아는 국제적 수준의 다양한 교육 기회를 제공한다고 할 수 있다.

이러한 말레이시아 교육체계의 특징과 장점은 말레이시아가 한국인의 새로운 조기유학 대상지로 부상한 주된 원인 중 하나다. 하지만 이러한 장점뿐 아니라 말레이시아의 저렴한 학비 또한 말레이시아를 유학 대상지로 선택하는 주된 이유 중 하나다. 한국 유학생을 포함해 세계 각지의 많은 유학생이 말레이시아에서 3단계 교육을 진행하는 데 관심을 갖는 가장 큰 이유는 비교적 학비가 저렴하기 때문이다.[16)]

말레이시아에서 공부하는 데 들어가는 기숙사 비용 등의 숙박비는 적정 수준인 것으로 평가된다. 위치와 기호에 따라서 조금 차이는 있지만 평균 한 달 싱글룸(2인실)에서 한 명이 지불해야 하는 금액은 250~450링깃(약 9만~17만 원) 정도다. 일반적으로 식비, 교통비, 세탁비 및 기타 필수로 지출해야 하는 금액을 합치면 600~700링깃(약 23만 원 내외) 정도

---

16) 각 단계별로 교육에 필요한 예상 학비에 대한 집계 자료는 말레이시아의 유학 관련 사이트(www.studymalaysia.com)를 참조하면 된다. 여기서 제시하는 수치는 예상 액이라는 점에 주의해야 하며 해당 교육시설에 직접 연락해 확인하는 것이 좋다. 이 자료의 당시 환율은 예상 환율로 1달러=3.70링깃 기준으로 작성되었다.

되는데, 즉 1년 생활하는 데 소요되는 총금액은 평균적으로 1만 1,000~1만 4,000링깃(약 420만~530만 원) 정도다.

또한 말레이시아에 출입하기 위한 이민 조건이 까다롭지 않다는 점도 한국 유학생과 학부모가 말레이시아를 유학 대상지로 선택하는 주된 원인 중 하나다. 말레이시아에서 유학을 하기 위해 필요한 이민 조건은 간단하고 자유로운 편이다.[17]

2) 말레이시아의 강점: '만만한 영어권 후진국', 중국어, 생활환경

최종적으로 말레이시아를 조기유학 대상지로 선택하기까지 가정에서는 여러 가지 경로를 활용해 정보를 수집한다. 지인과 남편 직장 동료, 말레이시아에 거주하는 사람을 통한 정보, 신문과 인터넷을 통한 학비나

---

17) 참고로 이민국에서 유학생에게 요구하는 조건은 다음과 같다. 우선, 학생의 자격을 부여하는 데 필요한 조건이 있는데 다음과 같은 것이 포함된다. ① 국립 또는 사립 상위 교육기관에서 풀타임으로 공부한 경험이 있는지 여부(영어 코스가 포함되어 있어야 함), ② 수업료와 생활비, 항공료를 지불할 수 있는 재정적인 능력이 되는지의 여부, ③ 좋은 건강상태와 좋은 성격의 소유자인지의 여부, ④ 공부의 목적만을 가지는지의 여부다. 그리고 학생 여권을 만들기 위한 지원 절차가 있는데 이는 모두 말레이시아 교육기관을 통해서 이루어진다. 중국(PRC)에서 온 학생을 제외하면 학생 비자를 발급받고 여권을 확인하는 것은 말레이시아에 있는 각국 대사관 이민 부서에서 이루어진다. 중국에서 오는 학생은 비자를 중국에 있는 말레이시아 대사관이나 말레이시아 의회에서 받을 수 있다. 그 외에 학생과 같이 지낼 가족 구성원에 대한 지원 절차가 있는데, ① 학생의 부모님, ② 중동에서 온 학생의 배우자, 자녀와 부모님, ③ 대학원과정인 학생의 배우자 및 자녀에 해당되는 가족은 이민국의 허가하에 학생의 유학 기간 전체 동안 학생과 같이 말레이시아에 머물 수 있다. 이러한 장점 이외에도 말레이시아에서는 파트타임으로 일하면서 유학하는 것이 가능하다. 말레이시아 정부의 이민 규정에 따라 말레이시아의 전임 유학생은 파트타임으로 일할 수 있다. 방학 기간 또는 7일 이상 지속되는 공휴일에는 일주일에 최대 20시간씩 파트타임으로 일하는 것이 가능하다.

물가, 거주지 등에 관한 정보 등 말레이시아에 대한 정보를 수집하고 고민한다. 그러나 정보 수집의 방향은 주로 생활비, 학비, 지인의 거주 여부와 그들의 생활경험 등에 치우쳐 있다. 한 달에 생활비가 어느 정도 드는지, 학비는 얼마인지, 그 외 부대비용이나 학원비는 얼마나 생각해야 하는지, 급한 사항이 생길 때 연락할 사람은 있는지가 주된 관심사다.

따라서 대부분 가족이 머물 말레이시아의 사회문화적 특징은 무엇인지, 관습이나 전통은 어떠하며 무엇을 조심해야 하는지 등의 정보를 파악하지 않고 출국 길에 오른다. 말레이시아를 '후진국', '더러운 나라', '물가가 싼 나라' 정도로만 인식하고 출국하는 정도다.

말레이시아라고 하면 열대우림 기후, 스콜 정도만 기억할 뿐 영어를 사용하는 나라인지조차 잘 알지 못하다가 조기유학을 고려하면서 영어권 국가라는 것을 알게 되는 사람도 적지 않을 정도다. 따라서 이들이 말레이시아를 생각하면 정글, 후진국, 열대식물을 떠올리는 것은 어쩌면 자연스러운 일일 것이다.

이와 같이 일반적으로 한국과의 역사가 길게 이어져온 미국이나 캐나다 등에 관해서는 피상적인 정보라도 가지고 있지만 동남아시아 국가는 단지 관광국, 여행지로만 인식하는 정도에 그친다. 따라서 생활지와 교육지로 선택할 때에는 상세한 정보를 수집하는 것이 선행되어야 한다. 게다가 현재 한국은 부모의 해외근무로 인한 이주 이외의 조기유학을 불법으로 규정하기 때문에 중학교 이상의 미인정 유학에 해당하는 청소년은 한국의 학교로 되돌아가려고 해도 정규학교에 재입학하기가 어려운 편이다. 이처럼 관련 정보가 매우 빈약한 상태인데도 정규학교의 학업을 중도에 포기하고 조기유학을 감행하는 것은 일종의 '가보고 결정하자'식으로 볼 수 있다. 이는 언어 문제로 인한 초기 적응뿐 아니라 청소년의 진로 문제에 이르기까지 심각한 혼란과 갈등을 초래할 가능성을 내포한다고 해도 과언이 아니다. 청소년의 미래와 연관해서는 일종의 모험이라고도 할 수 있다.

이와 같은 조기유학 결정 과정에서의 문제는 단기간에 조기유학을 결정하고 이주한다는 점이다. 대부분 말레에시아에서는 한국의 방학 기간인 7~8월에 학교에 등록하고 거주지를 확정해야 하기 때문에 한국 청소년은 다니던 학기조차 마무리하지 못하고 수일 내에 출국을 하기도 하는데 이 과정은 주로 부모가 주도한다. 부모가 조기유학을 권유하고, 인터넷이나 신문, 혹은 지인이나 유학원을 통해 관련 정보를 수집하는 과정에서 실상 당사자인 청소년의 의견은 거의 반영되지 않는다고 할 수 있다. 조기유학을 결정하고 거주지와 학교를 알아보기 위해 조기유학 대상지를 방문할 때에도 부모가 먼저 사전답사를 하고 이후 어머니가 자녀와 함께 출국해 자녀를 등록된 학교에 입학시키고 동반비자를 발급받는다.

이렇게 긴급하게 결정되는 과정 이면에는 청소년 당사자의 학업에 대한 부담감도 영향을 미친다. 청소년은 학교 성적에 따른 차별에 대한 인식, 그리고 새로운 나라에서 다시 시작하고 싶다는 기대감과 친구와의 이별로 인한 상실감 등이 복합적으로 작용하지만 무엇보다 결정 당시에는 시험을 피하고 싶은 욕구도 작용하는 것이다. 그러나 이와 같이 앞에 닥친 시험을 피하고자 하는 동기까지 작용해 급하게 이루어지는 조기유학 결정은 선행 연구에서 무엇보다 언어와 문화에 대한 충분한 준비를 강조하는 것에 비추어볼 때 일종의 모험과도 같은 것이다. 청소년의 진로 발달에 대한 인식이 부족한 상태에서 언어 습득을 위한 준비 기간은 고사하고 조기유학 대상지로 선택된 나라의 교육체계나 진로 탐색을 위한 여건과 같은 정보도 없이 순식간에 이주가 이루어지는 것은 오히려 청소년에게 미래에 대한 부담이 될 수 있으며 결국에는 심각한 정체성 갈등과 진로 고민으로 이어질 수 있는 가능성이 있기 때문이다.

   한편 말레이시아 전 인구의 약 25%를 차지하는 화교와 함께 생활하면
서 영어와 중국어를 동시에 배울 수 있다는 점은 저학년의 조기유학생에
게 매력적인 유인요인이 될 수 있다. 말레이시아의 국어는 말레이어
(Bahasa Melayu)이지만 영어가 공용어로 사용되고 중국어(Mandarin), 타
밀어(Tamil)도 널리 사용되며 특히 중국어는 언제든지, 어느 곳에서나 쉽
게 들을 수 있을 정도다. 이것은 그만큼 말레이시아에 중국인이 많이 거
주하고 있음을 의미하는 것이다. 이런 인구학적 요소가 말레이시아 조기
유학의 또 다른 유인요인으로 작용하고 조기유학을 통해 중국어까지 습
득하고자 하는 열망으로 이어지는 것이다.

   다음의 사례는 암팡 한인타운에서 가장 널리 알려진 국제학교 중 하나
인 세이폴 국제학교(Sayfol International School: SIS)가 현지 한국 신문에
지속적으로 게재하는 광고 내용의 일부다(≪한나프레스≫, 2008년 3월 4일
자). 광고에서는 말레이시아가 두 가지 언어를 배울 수 있다는 장점이 있
고, 특히 세이폴 국제학교는 방과 후 학교를 이용해 중국어수평고시(HSK)
를 치를 수 있도록 체계적인 교육을 실시한다는 점을 강조한다. 아울러
세이폴 국제학교의 교통 여건을 소개하고 생활 여건의 편이성을 강조하
면서 입학을 독려한다.

   말레이시아는 영어와 중국어를 동시에 배울 수 있는 나라입니다. 국제
   학교 중 유일하게 세이폴에는 매일 방과 후 중국어 반이 있습니다. 10년
   뒤 중국어는 영어보다 더 중요한 필수언어가 될 뿐 아니라 한국 대학교의
   특별전형을 준비하는 학생에게는 매우 유리한 과목입니다. 세이폴 국제
   학교에서는 말레이시아에서 유일하게 매일 방과 후 1시간씩 중국어를 가
   르칩니다. 수강료는 한 달에 200링깃입니다. 레벨 테스트를 거쳐서 5개
   반으로 나눠 배정합니다. 중급반 이상이 되면 중국어의 토플이라고 할 수

있는 HSK에 응시할 수 있습니다. 한국 대학에 갈 때 HSK 증서는 매우 유리한 외국어 인증서입니다. 서두르지 말고 차근차근 몇 년을 배운다면 영어와 중국어 두 언어를 마스터할 수 있습니다. 교통편은 ① 암팡행(암팡 애비뉴, 화이나코트, 티아라 두타, 스리암팡, 티아라 암팡), ② 세리마야행(폴로, 세리마야)이 있으며 월 50링깃(편도)입니다. 담임선생님이나 중국어 선생님(012-573-2614)에게 연락하시기 바랍니다.

세이폴 국제학교 중국어 담당(Ms Tan) 드림

다음은 말레이시아 암팡에서 중국어 학원(Mandarin Journey: MJ)을 운영하는 레이첼(Rachel) 원장과의 인터뷰 내용 중 일부다. "개인 과외를 하던 중 한국 수강생의 수요가 많아 학원을 열었다"라는 인터뷰 내용을 통해 중국어에 대한 한국인의 관심이 얼마나 높은지를 알 수 있다. 하지만 정작 조기유학 중인 청소년 중에서 중국어에 관심을 두고 체계적인 공부를 시작하는 경우는 그다지 많지 않다. 초기에는 영어에 급급해 중국어까지 신경을 쓰지 못하기 때문에 사실 이런 상황은 몇몇 영어에 능통한 청소년에게나 해당되는 실정이다.

약 10년 전에 한 한국 학생을 소개 받으면서 중국어 과외 선생님이 되었지요. 시간이 지날수록 학생 수가 점점 늘어나 총 25명을 가르쳐야 할 지경에 이르렀어요. 너무 바빴고 피곤했습니다. 그래서 모두 그만 두었습니다. 그러자 가르치던 학생이 학원을 오픈하라는 것이었어요. 저는 사업을 할 생각은 전혀 없었어요. 그러나 학생이 끈질기게 자신이 기도해줄 테니 학원을 열라고 하는 거예요. 그래서 기독교인인 저도 기도를 했지요. 만일 중국어 학원을 오픈하는 것을 원하시면 한 달 내에 라이선스가 나오게 해달라고요. 일반적으로 약 1년이 걸리곤 하니 이것은 거의 불가능한 일이었거든요. 그러나 놀랍게도 한 달 만에 라이선스가 나왔어요. 장소를 위해 기도하다 내부 수리도 전혀 할 필요가 없는 이곳을 얻어 학원을 열었어요. 처음에는 제가 가르치던 25명의 한국 학생으로 시작했는데 학생 수가 점점 늘어났고 교사도 채용했지요 …… (≪한나프레스≫, 2008년 3월 4일자).

마지막으로 한국인이 유독 관심을 두는 생활환경 중 하나인 주거 여건을 들 수 있다. 말레이시아는 한국보다 저렴한 비용으로 세컨드 홈을 만들 수 있는 나라 중 하나다. 베트남, 캄보디아 등 동남아시아 부동산 개발 시장이 들썩이면서 건설업체나 투자자뿐 아니라 일반인도 해외 부동산에 관심을 두기 시작했고 특히 고령화로 인한 노후의 주거복지 문제와 은퇴 이민이 이슈가 되면서 말레이시아의 MM2H 프로그램에도 관심을 갖기 시작한 것이다.

조기유학 가정의 경우 물론 이런 부동산 열풍에 휩쓸려 유학을 선택한 것은 아니다. 그러나 유학을 준비하면서, 혹은 유학을 시작하고 얼마 지나지 않아 부동산을 구입하면서 잠정적으로 이 열풍에 가담하게 된 가정도 있다. 이들 중에는 준공을 앞둔 새로운 콘도미니엄을 2~3채씩 사두는 경우도 있다.

파라다이스에서의 노후생활. 말레이시아의 MM2H 프로그램은 안락한 은퇴생활을 위한 탁월한 선택입니다. 말레이시아는 정치적·경제적으로 안정된 가장 안전한 아시아 국가 중 하나입니다. 좀 더 격조 높은 생활을 영위하기 위한 매혹적인 환경과 황홀한 음식뿐 아니라 각양각색의 다양한 문화까지도 즐기실 수 있습니다. 10년 장기 체류비자와 마음에 꼭 드는 집이나 차량을 구입할 때 받는 세금 면제 등은 수많은 혜택 중 일부일 뿐이죠. 수천 명의 은퇴자가 이미 현지의 친절한 이웃, 교민과 함께 행복한 생활을 하고 있습니다. 아직 발견하지 못한 수많은 경험을 해보세요. 말레이시아에서의 은퇴 생활은 여러분의 인생에서 가장 화려하고 아름다운 추억을 안겨드릴 것입니다(≪한나프레스≫, 2008년 4월 1일자).

또한 말레이시아 조기유학은 미국, 캐나다 등의 조기유학 가정과 마찬가지로 부부 분거를 특징으로 하지만 지리적인 면에서는 한국과 상대적으로 가까운 '영어권'이기 때문에 주말이나 연휴에 가족이 만날 수 있다는 장점이 있다. 이처럼 가족 간의 왕래와 상호작용 면에서 이점이 있는 지리적 근접성이 선택에 영향을 미치는 것이다.

한 가지 요인을 덧붙이자면 동남아시아 국가 중 말레이시아는 싱가포르와 더불어 치안이 매우 안정되어 있는 나라로 정평이 나 있다. 그뿐 아니라 이슬람교를 신봉하는 말레이시아인이 총인구의 다수를 차지해 세속적인 문화로부터 일정 정도 거리가 있는 '깨끗하고 건전한' 사회라는 인식 역시 많은 한국인이 말레이시아를 조기유학 대상지로 선호하는 주요 이유에 속한다.

이와 같이 말레이시아는 선진국에 비해 상대적으로 저렴한 생활비 및 학비, 그리고 영어와 중국어를 동시에 습득할 수 있다는 언어 문화적 환경의 장점, 지리적으로 한국과 상대적으로 가까운 '영어권'에 속한 나라라는 점, 치안이 상대적으로 안정되어 있고, 인종차별이 덜하고, 한국인이 상대적으로 우위에 설 수 있다는 장점 등이 작용해 새로운 조기유학 대상지로 부상했다.

예전에는 흔히 망글리시(Manglish)[18]라 일컫는 말레이시아 영어의 발음 문제, 말레이시아 자체에 대한 한국인의 인식 부재 또는 부족, 말레이시아의 후진국 이미지 등 때문에 한국인이 말레이시아행을 꺼린 적이 있었던 것도 사실이다.

하지만 요즈음은 많은 한국인이 말레이시아를 조기유학 대상지로 삼아 방문한다. 2000년대 이후 친지나 지인의 소개 또는 회사 동료의 권유, 인터넷 정보, 말레이시아와의 개인적 인연 등의 이유로 말레이시아가 아시아 내에서는 상대적으로 좋은 조건을 갖춘 조기유학 대상지로 선호되기 시작한 것이다.

---

18) '말레이시아 잉글리시'를 줄여서 만들어낸 용어로 말레이어식의 영어를 일컫는다.

제2장 조기유학의 동기

1. 자녀의 학업 관련 동기

2. 부모 관련 동기

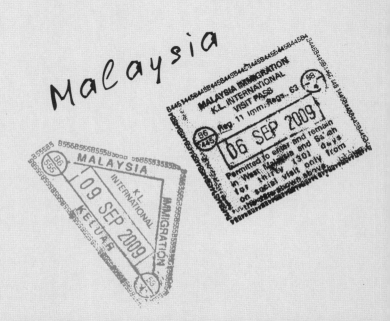

1. 자녀의 학업 관련 동기[1)]

과거에는 '조기유학'이라 하면 먼저 '도피성 유학'을 떠올렸다. 국내에서 학업 성적이 기대에 미치지 못하거나 혹은 대학 진학에 어려움이 있는 자녀를 외국 고등학교에 입학시켜 조기유학을 하도록 한 후 다시 국내 대학으로 진학하도록 하거나 혹은 외국 대학으로 진학하게 하는 통로로 활용되는 경향이 있었기 때문이다. 또 어린 나이에 해외에서 공부함으로써 능숙하게 영어를 습득하고 해외문화를 체험할 수 있다는 장점이 있지만 실패할 가능성이 더 크고, 가족이 별거생활을 하는 데 따른 부정적인 문제가 뒤따를 수 있다는 이유로 조기유학에 부정적인 시각이 나타나기도 했다(김홍주, 2001; 조삼섭·심성욱, 2006).

하지만 최근 조기유학에 대한 인식이 바뀌면서 그 평가도 달라졌다. 21세기에 접어들면서 나타난 전 지구화 열풍의 영향으로 시대에 적합한 경쟁력 있는 인재를 양성한다는 의미에서 일종의 '도약성 유학'으로 명명되는 현상이 나타난 것이다. ≪주간조선≫이 2000년 인터넷상에서 30대와 40대를 대상으로 설문조사를 한 결과 전체 응답자의 95%가 자녀를 조기유학 보내고 싶다고 응답한 것은 이와 같은 현상을 방증하는 것이기도 하다(한준상 외, 2002).

조기유학을 선택하는 대상층도 달라졌다. 국내에서 학업 성적이 기대에 미치지 못하거나 혹은 학교생활에 부적응한 아동·청소년보다는 학업 성취도가 높은 학생이 다른 학생보다 좀 더 빠르게, 그리고 좀 더 일찍 외국어를 습득해 경쟁력을 높이기 위한 방편으로 조기유학을 활용하기 때문이다. 이와 함께 조기유학을 시작하는 연령이 낮아지는 특징도 나타

---

1) 이 부분은 성정현·홍석준(2009c)의 내용을 일부 수정, 보완한 것이다.

났다. 중고등학생이 아니라 초등학생, 심지어는 학령기 이전에 해당하는 유치원생이 조기유학을 떠나는 현상이 나타나는 것이다. 이 중 유치원생의 조기유학은 형이나 누나가 조기유학을 결정하면서 어머니와 함께 떠나온 경우가 대부분이다. 하지만 이 아이들도 한국에서 영어유치원에 다닌 경험이 있고, 이를 바탕으로 말레이시아에서는 좀 더 고학년에 등록해 초등학생의 신분을 받기도 한다. 즉, 한국 나이로 6~7살 정도의 아이가 말레이시아에서는 초등학교 1~2학년에 재학함으로써 일찌감치 초등학생의 조기유학 대열에 참여해 성적 경쟁을 하는 것이다.

이와 같은 저연령화 그리고 학업 성취도가 높은 학생의 '탈한국화' 현상은 최근의 조기유학을 특징짓는 인구학적 특성 중 하나라 할 수 있다. 그렇다면 동남아시아 국가, 특히 말레이시아로 조기유학을 떠난 사람은 과연 어떠할까? 최근의 조기유학 현상과 더불어 '도약성 유학'이라 평가할 수 있을까? 만약 그렇다면 그 근거는 무엇일까? 그들의 조기유학의 진정한 동기는 무엇이며 '도약'이 함의하는 바는 과연 무엇인가?

1) 학업 성취, 그리고 새로운 출발[2]

청소년과 어머니 혹은 아버지가 생각하는 조기유학의 동기 혹은 목적은 단연 학업이다. 학업에 대한 고민과 조기유학에 대한 기대 사이에는 다소 차이가 있지만 부모와 자녀 모두 한국에서의 학업 성적에 만족하지 못하는 것이 주된 동기로 작용한다. 한국에서는 열심히 해도 명문대에 진학한다는 보장이 없고 또 중학생인데도 하교 후에 밤 8~10시까지 학원에 남아 있거나 새벽 1~2시 이전에는 잠을 자지 못하는 교육 현실에 대

---

2) 인터뷰 참가자에 대한 상세 설명은 208쪽 부록 2 〈표 1〉을 참고.

한 회의감이 들면서 부모는 자녀에게 조기유학을 권유하고 청소년 또한
그러한 이유로 유학을 선택하는 것이다.

한국에서는 시험이 너무 어렵고 공부를 너무 못하니까 아빠가 어떻게
좀 해보자고 해서 오게 되었어요(청소년 B).

한국은 성적 위주잖아요. 성적에 따라서 차별도 심하고, 공부 못하면 성공
못 할 것이라고 생각하고, 자리도 성적순으로 정하잖아요. 그렇지만 여기는
편해요. 어차피 선생님이 무시하면 우리도 무시하면 되니까(청소년 A).

이와 같이 부모와 자녀가 학업이라는 공통 관심사 때문에 가족관계,
친구관계를 뒤로 하고 생활의 근거지를 옮기는 현상은 우리 사회에서 자
녀의 학업과 학벌이 연령과 계층, 지역을 불문하고 최대의 관심사로 자
리 잡았음을 재확인시켜주는 것이라 할 수 있다. 즉, 학력을 통한 사회적
자본(social capital)의 축적 및 계층 유지와 계층 상승을 꾀하려는 경향이
크다는 사실이 확인되는 것이다.

여기서 확인할 수 있는 새로운 사실은 조기유학을 권하고 심지어 부모
중 한 명이 자녀와 함께 조기유학을 떠나줄 것을 원했던 주체가 어머니
가 아니라 아버지라는 점이다. 과거에는 주로 아버지는 자녀의 조기유학
을 반대하고 어머니는 반대를 무릅쓰고 조기유학을 감행하는 존재로 인
식되었다. 이때 아버지는 한국에 남아 기러기아빠로서 생활비와 학비를
조달하는 소극적인 입장이었지만 최근에는 그 역할이 달라졌다.

처음에 아버지가 먼저 유학을 가는 것이 어떠냐고 했어요. 처음에는 친
구도 없고 가족도 떨어져야 하고 해서 싫었는데 아빠가 거기 가서도 친구

를 사귀지 못할 이유가 없으니까 한번 가보라고 했어요(청소년 A).

조기유학은 남편이 제안했어요. 10년 정도 직장에 다녔는데 그 정도 일
했으니 아이들 공부도 시키고 자기계발도 할 겸 나가보라고 회유를 했죠.
자녀에 대한 기대도 있고, 주변에서 나가는 사람이 하도 많아지니까 위기
의식도 느끼고 해서 나왔어요(R).

청소년 A는 아버지가 부진한 성적 때문에 한국에서 원하는 대학에 갈
수 없으니 필리핀으로 유학을 가보라고 권유했고, R의 남편은 직장에서
필리핀, 중국 등으로 자녀를 조기유학 보낸 동료의 이야기를 듣고 R에게
자녀를 데리고 2~3년 떠나볼 것을 권유했다. 사실 이 경우는 권유라기보
다는 종용에 가깝다고도 할 수 있다. 남편은 직장에서 기러기아빠인 동
료를 직접 만나 자녀의 영어 실력이 향상되었다는 이야기를 들으면서 자
녀교육에 조바심을 내거나 기대를 갖는 경우가 많아졌다. 이런 현상은
생업전선에서 일하는 아버지가 외국어의 필요성과 학벌의 중요성을 더
욱 절실히 느꼈음을 의미하는 것이다.
다음의 A, C, F의 사례는 남편이 자녀의 조기유학을 더는 외화 유출과
연관된 부끄러운 사안으로 보지 않고 그 정도 능력은 되는 아버지이자
남편이라는 존재감을 내세울 수 있는 사건으로 인식하고 있음을 보여준
다. 직장 동료나 이웃 가정에서 자녀의 조기유학에 관한 정보를 자주 접
하면서 본인도 조기유학을 보낼 수 있는 능력 있는 아버지나 가장의 범
주에 들어가기를 희망하는 것이다. '나도 보낼 수 있고 실제로 나도 보냈
다'라는 의식이 강하게 작용한다고 볼 수 있다. 즉, 안에서는 이웃과 주변
의 조기유학을 통한 디아스포라 현상이, 밖에서는 아버지의 직장에서 나
타나는 현상이 조기유학을 자극하는 것이다.

이와 같이 자녀의 조기유학에 대한 아버지의 권유와 결정은 아버지로
서 자녀에게 기회를 주고 싶고, 또 본인보다 좀 더 나은 위치에서 경쟁하
게 하고 싶은 열망이 우선적으로 작용한 것이라고 할 수 있다. 이런 동기
와 기대로 아내에게 암암리에 남들처럼 자녀의 교육 매니저(educational
manager)로 나서줄 것을 요구하고 이것이 어머니가 갖고 있던 열망과 어
우러지면서 가족의 분거생활이 시작되는 것이다(홍석준·성정현, 2009).

남편이 '누구의 누가 가고, 나가면 좋다더라, 말레이시아가 은퇴 이민으
로 좋다더라'라고 해서. 본인이야 자식 조기유학 보내니까 자존심도 있고
좋고 하니까. 자랑하고 살기 좋다라 하죠. 애들 아빠는 꿈이 커요, 애들 공
부나 숙제는 하나도 안 봐주면서(A).

청소년 B는 평소에 퇴직 후 동남아시아에서 살고 싶다는 희망을 가졌
던 아버지가 퇴직하면서 떠나보자고 결정했고, 청소년 E 역시 아버지가
본인의 퇴직이 가까워오자 형이 유학 중이었던 말레이시아에서 자녀가
유학하는 동안 일자리나 사업 기회를 알아볼 생각으로 조기유학을 결정
했다. 어머니 K는 남편의 퇴직을 2~3년 앞둔 상황에서 자녀가 먼저 2~3
년간 유학한 후 대학에 갈 즈음에 남편이 말레이시아에서 사업을 할 계
획을 가지고 있다. 이와 같이 아버지가 조기유학을 권한 경우는 자녀의
학업과 퇴직 이후 사업지로서 말레이시아를 생각하는 경우가 많았다. 이
와 같은 현상을 아버지의 연령이 40대 중반인 점에 비추어보면 퇴직연령
이 과거보다 앞당겨지면서 종신직장이라는 개념이 이미 사라진 반면 경
제활동 및 기대수명의 기간은 길어져 중장년층의 경제활동에 대한 비전
이 모호해진 점이 심각한 사회 문제로 대두되었음을 시사하는 것이라 할
수 있다.

이러한 현상의 이면에는 과거보다 교육 받은 세대인 아버지의 자녀교육 참여에의 증가도 자리 잡고 있다. 이것은 표면적으로는 어머니가 자녀와 함께 조기유학을 떠나고 아버지는 한국에서 돈을 벌어 외국으로 보내는 외로운 기러기 신세인 것처럼 인식되는 것과는 매우 다른 양상이다. 생업전선에서 일하는 아버지가 외국어의 필요성과 학벌의 중요성을 더욱 절실히 느끼면서 스스로 분거가족을 선택하는 것이다. 김양희·장온정(2004)은 이러한 현상을 아버지 본인의 교육 욕구가 좌절되었던 경험과 남보다 더 많은 고생과 노력을 해야 했던 경험의 반작용으로 자녀에게 좀 더 '나은' 교육 환경을 제공해주고자 하는 열망이 반영된 것으로 해석한다. 이는 미국 등지로 조기유학을 떠나는 가정보다 동남아시아 국가를 조기유학 대상지로 선택한 경우에 더욱 두드러질 것으로 짐작된다.

한편 청소년이 조기유학을 떠나면서 얻고자 했던 것, 혹은 그들의 조기유학 동기는 새로운 출발이었다. 청소년 A는 한국에서 성적 때문에 선생님에게 차별을 받았던 경험을 말했다. 성적 때문에 자리 배치도 달라지고 때로는 선생님께 부당한 대우를 받은 적도 있었던 부정적 경험이 있었다.

이런 경험이 있는 청소년 A에게 말레이시아에서의 조기유학은 한국에서의 성적과 차별대우, 부정적 경험을 모두 잊고 그야말로 '다시 시작하는 출발점이자 계기를 제공해주는 것'이었다. 한국에서의 중학교 성적이 이곳에서의 성적으로 이어져 평가되는 것도 아니고, 누구나 영어를 잘하지 못하는 상황에서 시작하기 때문에 여기서만 잘하면 모든 것이 가능할 것 같은 새로운 기회인 것이다.

청소년 E도 외국에서 공부하게 된 지금이 부모의 사회경제적 지위와는 무관하게 같은 출발선에 서서 학생끼리만 경쟁할 수 있는 기회라고 인식했다. 여기에서만큼은 모두 외국인이고 영어를 잘 못하기는 매한가지이기 때문에 한국에서처럼 부모의 경제적 지위 때문에 차별을 받거나 부잣집 아이만 사교육을 더 많이 받아 성적 차이가 나는 것을 경험하지는 않을 것 같아 한국보다는 공평한 선에서 출발할 수 있는 이점이 있을 것 같았다고 했다. 부모의 경제적 지위를 떠나 본인만 열심히 하면 한국에서보다 좀 더 나은 기회를 얻을 수 있을 것이라고 생각한 것이다.

이것은 말레이시아에서 조기유학 중인 청소년이 한국에서 성적 때문에 차별대우를 받은 적이 있으며 이런 차별은 본인이 극복하기 어려운 부모의 경제적 지위의 영향을 받는다고 인식한다는 것을 의미한다. 이미 청소년은 부모의 사회경제적 지위가 자녀 세대의 교육적 성취에 영향을 미치는 주요 변수로 자리 잡았음을 간파한 것이다.

> 한국은 부모가 학원에 많이 보내줘야 하는데 여기는 그렇지 않아서 좋아요. 스스로 하는 애와 안 하는 애가 구분이 되니까 공정한 경쟁이 되는 것 같아요(청소년 E).

이와 같이 청소년은 조기유학을 단순히 학업 부진을 해결하는 대안교육의 문제로만 보는 것이 아니라 학업 성취에 영향을 미치는 부모의 사회경제적 지위에 따른 학습 기회나 자원 획득의 차별성으로부터 벗어날 수 있는 기회로 인식한다. 청소년의 이와 같은 인식은 실제로 여러 연구 결과에서도 지적되었다. 교육 기회가 확대되면서 전반적인 교육 수준이 향상되어 가족의 사회경제적 배경이 교육에 미치는 영향은 감소했지만 자녀의 학업 성취에 미치는 영향은 증가했고 이것은 결국 이후의 사회적 지위 획득과 삶의 질에 중요한 영향을 미치기 때문에 실질적으로 교육적 불평등은 감소하지 않았다는 것이다(윤현선, 2006). 이런 현상은 계층에 따른 교육적 관심 및 전략에서도 반영된다. 중산층은 학력 취득에 대한 관심이 높고 자녀의 학업을 위해 다양한 전략을 끊임없이 개발하고 재생산하지만 저소득층은 학력 취득과 성공에 대한 인식이 낮기 때문에 자녀의 학업을 독립적으로 생각하는 경향이 있어 결국 청소년이 교육적 불평등을 경험할 수밖에 없기 때문이다(신명호, 2004). 이런 측면에서 청소년에게도 한국보다 교육열이나 학업 성취에 대한 인식이 낮은 말레이시아에서의 조기유학은 부모의 사회경제적 지위의 영향을 덜 받는, 그야말로 상대적으로 공정한 경쟁을 할 수 있는 기회이자 경험이라는 측면에서 마다할 필요가 없는 선택이 될 수 있는 것이다.

2) 영어, 중국어에 대한 열망

조기유학을 통해 학업 성취도를 높이고 한국보다 공정한 출발선에서 선의의 경쟁을 해보고 싶다는 부모와 청소년의 열망은 말레이시아에서 곧 영어에 대한 열망으로 나타난다. 부모와 청소년 모두 한국으로 돌아오든 혹은 외국에서 생활하든 적어도 또래의 한국인보다는 좀 더 나은 위치에 서고 싶다는 열망을 영어 습득을 통해 실현할 수 있을 것으로 기대한다.

> 다른 과목은 비슷한데 결국 영어에서 판가름 난다고 생각해서 이곳에 왔어요. 한국에서 다른 아이보다 우위에 있으려고 이곳에 왔는데 막상 와 보니 다 잘난 사람이고 해서 쉽지 않다는 생각이 들긴 해요(청소년 G).

한국 어머니는 자신의 세대를 '영어 콤플렉스' 세대라고 칭한다. 이들이 말하는 영어 콤플렉스는 청소년의 아버지이자 어머니의 배우자인 남편이 영어 실력에 따라 진급과 급여에서 차이를 경험했던 주관적 경험을 반영한다.

연령대가 40대 중후반인 부모는 일반적으로 초등학교 의무교육의 시대를 살았던 세대다. 당시는 초등학교를 졸업해도 모두가 중학교로 진학할 수 없었고 또 고등학교로 진학할 때에는 가정형편에 따라 인문계와 상고로 진로가 구분되고 인문계 고등학교에서도 한 반에서 약 30% 정도만 대학에 진학할 수 있었다.

따라서 이들은 1980년대에 고등교육을 받고 1990년대와 2000년대에 사회생활을 경험하면서 학력·학벌로 인한 프리미엄의 효과를 철저히 경험한 세대다. 이 프리미엄의 혜택을 충분히 누리지 못한 계층의 경험은 제도권 교육의 이수 단계에 따른 차별인 학력 차별, 나아가 학벌 차별이라는 이름으로 농축되어 아직도 우리 사회를 지배한다. 최근에는 대학의 야간 취업자 특별전형, 독학사 학위 취득제도 등 간접적으로 학사학위 취득의 기회를 확대하기 위한 조치가 생겨나면서 출신 학교가 간판주의, 서열의식, 파벌의식의 온상이 되는 이른바 학벌 차별이 더욱 심화되는 현상도 나타났다. 이것은 결국 명문대 선호 현상을 부추기는 결과를 가져올 수 있다(김동훈, 2004).

조기유학생의 부모 세대 중에는 비슷한 시기에 비슷한 실력으로 입사했지만 영어를 잘한다는 이유로 해외지사를 드나들거나 주요 업무를 담당했던 동료에 대한 기억 등 직장생활의 쓰디쓴 경험이 반영된 콤플렉스를 내재한 사람이 적지 않다.

영어에 대한 콤플렉스가 있는 것 같아요. 영어를 잘했다면 더 잘될 수 있었을 텐데 하는 생각을 해요. 어릴 때부터 영어 잘하는 사람을 보면 부럽고 외국 사람을 친구로 삼아보고 싶다는 생각을 했었어요. 그 사람은 어떻게 사는지도 보고 싶고(D).

남편이 외국인과 사업을 많이 하는데 영어가 딸리니까 애들이라도 제대로 배우게 하고 싶어 해서 나오게 되었어요. 아빠가 애들한테 영어가 안 되니까 답답하고 해야 되지 않겠느냐고 설득했어요(C).

나는 영어에 대한 생각이 없는데 신랑은 영문과 나와서 해외에서 살면서도 영어는 끝이 없다고 꼭 목숨 거는 사람 같아요. 다른 엄마도 그 좋은 직장 놔두고 영어에 목숨 거는 것이 정말 이상해요(J).

C, D, J는 남편이 사회생활을 하면서 영어 때문에 불이익을 경험함으로써 자녀에게는 영어 학습의 기회를 열어줘야겠다는 생각을 해 '기러기 엄마'가 된 경우다. 이와 같은 사실을 통해 자녀와 아내에게 조기유학을 권하는 남편의 마음속에도 자녀의 학업 성취에 대한 기대와 본인이 영어 때문에 경험한 불편함을 대물림하고 싶지 않은 열망이 깔려 있음을 알 수 있다.

이러한 현상은 한국에서 영어가 외국어 이상의 의미를 갖기 때문이다. 대학입시는 물론이거니와 유수의 공기업과 대기업에서 직원을 채용할 때 토익·텝스와 같은 영어 성적을 요구하고, '영어점수'와 '영어실력'이 학교와 직장에서 개인을 평가하는 중요한 잣대가 되기 때문에 한국은 어린아이부터 어른에 이르기까지 영어열풍에 휩싸여 있다는 것이다. 이런 의미에서 영어는 "이데올로기적 도구"(Park & Ableman, 2004)이며 그 자체로 독자적인 가치를 지닌 '물신'이기도 하다. 환언하면 이것은 영어가 누군가에게는 기회가 되지만 누군가에게는 장애가 될 수도 있음을 의미하는 것이다. 즉, 영어 학습을 위한 자원과 기회를 충족시켜줄 사회문화적 자본이 뒷받침될 때 미국, 캐나다, 뉴질랜드 등지로 떠나지 못했던 가정은 말레이시아 조기유학을 결정함으로써 이런 기회를 만든 것이라 할 수 있다.

한편 중국의 급속한 경제성장과 오리엔탈리즘은 영어 콤플렉스로 조
기유학을 갈망하던 중년 부모의 관심이 중국어라는 새로운 언어로까지
확대되도록 하는 계기를 제공했다. 부모는 영어뿐 아니라 중국어까지 잘
한다면 그야말로 자녀의 일자리 걱정은 한시름 놓을 수 있다고 생각하기
때문이다.

이런 상황에서 말레이시아는 영어와 더불어 최근 그 중요성이 커진 중
국어까지 습득할 수 있는 지역이라는 점에서 더욱 매력적인 곳으로 인식
된다. 전체 인구 중 중국인의 비율이 약 1/3에 이르러 영어와 중국어를
자연스럽게 활용하는 말레이시아의 생활과 환경이 1970~1980년대 당시
교과목 중 하나로 한자를 배운 조기유학생 부모에게는 더욱 매력적인 조
기유학 대상지로 인식되는 것이다.

　　한국 사람만 영어를 못하는 것 같아요. 나도 영어를 가르쳤는데 말을 잘
　　못하는 것이 한이 되어서, 남편은 왜 영어에 목 매냐고 하지만 영어와 중
　　국어를 자연스럽게 하는 중국 아이들을 보면 부럽고 그래요(M).

　　처음에는 하와이 해변도시를 생각했어요. 공부는 안 해도 되지만 언어
　　는 중국어까지 하면 굶어죽지는 않겠지 하고 생각했는데, 아닌 것 같아요.
　　처음에는 한국에서 핫바리 대학(명문 대학이 아닌 낮은 수준의 대학을 비
　　하하는 말)에 가는 것보다 여기 와서 외국 대학 보내는 것이 나으니까 나
　　왔는데 …… (A; 괄호는 필자).

〈그림 2-1〉은 말레이시아의 한인타운 상가에 붙은 중국어 개인지도에
관한 안내문이다. 이런 홍보벽은 한인타운 내 한인 상가 어디에서나 볼
수 있다. 집 임대에 관한 정보에서부터 생활 집기의 교환이나 매매뿐 아

〈그림 2-1〉 중국어 튜이션 안내문이 붙은 홍보벽

니라 영어와 중국어 개인지도에 이르기까지 다양한 정보를 담은 안내문은 기러기엄마가 얼마나 중국어 교육을 원하는지를 보여주는 것이기도 하다. 이렇듯 영어에 대한 열망은 자녀의 경쟁력 확보라는 미명하에 중국어, 말레이어 등 또 다른 외국어에 대한 관심과 열망으로 끊임없이 재생산된다.

3) 글로벌형 인재로의 자녀 양육

전 지구화, 세계화, 글로벌라이제이션 등의 다양한 표현이 어느덧 마치 코앞에 닥친 현상을 의미하듯 익숙해졌다. 최근의 전 지구화 흐름에서 교육 역시 그 추세를 따른다. 즉, 한국 교육을 출발지로 국가 간 경계를 넘어서는 외국 교육 시스템의 진입지를 경유하는 일련의 초국적 흐름을 일컫는 초국적 교육열(transnational passion)이 보편적 교육현상 중 하나로 수용될 수밖에 없는 단계에 이르렀다. 이를 국가의 이중 낭비, 부모의 과도한 사교육비 부담, 학력 세탁을 향한 전 지구적 흐름이라고 비판하는 견해도 있지만(김소희, 2010), 한편에서는 IT기술과 교통망의 발달로 전 세계의 소식을 빠른 시간 안에 공유하고 또 산업과 기술의 유통 역시 매우 빨라져 이런 사회적 변화를 미리 예견하고 대비해야만 성공적인 삶을 살아갈 수 있을 것이라는 인식도 있다. 이런 현상은 젊은 어머니에게 자녀를 키우는 데 매우 중요한 과제와 지향점을 부여해주었다. 어쩌면 기러기엄마는 이런 현상에 좀 더 빠르고 실행력 있게 대비하는 방법으로 조기유학을 선택했을지도 모를 일이다.

'기러기엄마'는 영어에 대한 열망이 외국 대학 혹은 명문 대학으로의 진학뿐 아니라 직업 선택의 장이나 기회를 넓혀줄 수 있을 것이라고 인식한다. 한국에서 대학을 진학하든 혹은 외국 대학으로 진학하든 영어 한 과목만 완수해놓으면 다른 교과목에 좀 더 많은 시간을 할애할 수 있다고 생각한다. 여기에는 글로벌시대가 도래했다는 인식도 작용한다. 한국의 부모는 자녀가 경쟁이 심한 한국 사회에서 안정된 직업을 가지려고 애를 쓰기보다는 좀 더 넓은 사회에서 더 다양한 선택의 기회를 갖기를 희망한다. 예컨대 외국 기업에 취업해서 한국 지사로 진출하는 것과 같은 방식을 원하는 것이다.

이제는 국가에 연연하는 세계관이 아니라 아이의 삶을 글로벌하게 생각해야 할 것 같아요. 국적을 바꾸는 것도 큰 문제는 아니라고 생각해요. 이번 일을 통해서 시야가 넓어지는 계기가 될 것 같아요. 영어가 일차적 목적이고 세계관을 넓히는 것은 이차적인 목적이죠(G).

아이가 국제적인 수준에서 활동을 하면서 살아갔으면 해요. 그런 면에서 호주로 대학을 보낼 생각을 하고 있어요. 애들이 대학을 졸업하고 나면 외국에서 직장생활 하다가 한국으로 진출해서 좋은 직장 갖고 살았으면 하는 기대를 갖고 있어요(H).

글로벌 인재를 키우기 위해서 왔고 여기서 언어가 흡수되는 것을 느껴요. 엄마들이 최고수는 하버드를 원하고 한국에서도 민사고, 못 가도 외고라고 하는데 한국에서는 학원 보내면서 초 단위로 밀어붙이는 데도 우리 수준밖에 안 되는 것 같아요……. 여기는 우리 같은 중산층도 올 수 있고 한편으로 다양한 경험을 할 수 있으니까. 인종의 백화점이라고 할 수 있고, 다양한 삶을 보여줄 수 있는 것도 광장한 경험이죠(Q).

'기러기엄마' 중에는 자녀가 자신이 살았던 사회와는 확연히 다른 좀 더 넓고 다양한 사회를 살아갈 것이라고 믿는 경우가 있다. 이들은 조기유학을 결정할 때에는 막연히 전 지구화나 글로벌시대를 운운했지만 실제 외국에 나와서 살아보고 또 자녀를 국제학교에 보내 여러 나라의 청소년과 함께 학교생활을 하는 모습을 보니 한국에서만 성적으로 속을 끓이는 것은 오히려 편협할 수도 있다고 생각했다. 하지만 이런 인식은 자녀를 글로벌시대에 적합한 인재로 키우기 위한 또 다른 사교육의 동기로 작용한다는 점에서 딜레마라 아니할 수 없다.

막상 여기 와보니 글로벌시대에 우리가 너무 늦은 것 같다는 생각을 하게 되요. 그러니까 여기까지 와서도 과외를 하지 않을 수가 없는 거예요(L).

그러나 전 지구화의 흐름에 부응하고 또 이를 이끌 수 있는 인재로 자녀를 양육하고자 하는 열망이 말레이시아에서 조기유학 중인 어머니 모두에게 그다지 일관성 있게 나타나지는 않는 듯하다. 다문화사회의 대표적인 국가 중 하나인 말레이시아에서 영어와 중국어를 익히고자 하는 장기 프로젝트에 정작 말레이시아 자체를 알아보고자 하는 인식은 거의 없다. 말레이시아는 영어를 익히고 국제학교에 다녔다는 경력을 만들어주는 곳이며 나아가 중국어까지 익힐 수 있다는 점에서 금상첨화이기는 하지만 정작 말레이시아를 알고 싶지는 않다는 생각이 저변에 깔려 있는 듯하다. 이런 인식은 경제적 여건만 허락한다면 이곳으로 오지 않았을 것이라는 아쉬움과 일맥상통하는 것이다. 만약 본래 선호했던 국가로 조기유학을 떠났다면 그곳의 사회문화적 특징과 역사 등을 자세히 알아봐 그 나라 전문가가 되어 자녀를 양육하겠지만 그들에게 말레이시아는 그럴 만큼 매력적이지 않은 것 같다.

전 지구화의 흐름에 걸맞은 인재로 자녀를 양육하고자 하는 계획을 외국인이 넘쳐나는 말레이시아에서의 현지 생활을 통해 실현해가기보다는 오로지 다양한 사교육을 통해 경험을 넓히고자 하는 일종의 '토종 한국식 교육방식'을 고수한다는 점에서 아이러니하다고 할 수 있다. 이런 의미에서 조기유학은 전 지구화에 걸맞은 진정한 의미의 초국적 교육이라기보다는 아직도 탈주(escape)이자 교육 노마니즘이며 한국 교육의 공동화 현상을 가져오는 데 '제 논에 물대기'라는 인식(김신일, 2005; 김소희, 2010)을 면하기 어려운 면도 있다고 하겠다.

4) 저학년부터 스펙 관리 시작

자녀의 조기유학을 결정하는 시기는 주로 자녀의 학령기 진입 시기와 대학과 연계되기 시작하는 중학교 2학년 때다. 전자는 보통 7~8세에 조기유학을 결정해 길게는 한국 나이로 초등학교 3~4학년까지 해외에 머문다. 한국의 초등교육에서 학업이 어려워지는 시기가 보통 4~5학년이기 때문에 그 이전에 영어 실력을 기대 수준까지 끌어올리고 조기유학 중에 어느 정도 한국 공부를 함께 병행해주면 귀국 이후에 국제중학교나 혹은 외국어고등학교로 진학할 수 있다고 생각하기 때문이다. 이런 목적이 있는 어머니는 조기유학을 준비할 때 3년 특례 요건이나 인천 송도 국제학교 개교 시기를 미리 알아보고 조기유학을 결정하기도 한다.

여기는 자유롭게 공부시키려고 온 것이 아니라 애한테 날개를 달아주려고 온 거예요. 초등학교는 국제학교에서 다니게 하는 것이 좋은 경험이 되고, 아이 프로필도 무시하지 못하니까 어린 시절을 말레이시아에서 보낸 것은 스펙이고, 한국에서 우월감을 갖게 하죠. 한국 가면 지금도 얘는 외국에서 온 애가 돼요(H).

학령기 이전부터 외국에서 조기유학을 하고, 방학이 되면 한국으로 돌아가 학원에서 한국 공부를 함으로써 자녀가 얻을 수 있는 프리미엄은 '외국에서 공부하다 온 아이'에 대한 주변의 관심이다. 오랜만에 친인척을 만나 어린 나이에 영어를 말하는 자녀에게 쏟아지는 관심과 기대, 그리고 그 속에서 자녀가 느낄 수 있는 우월감과 특별함은 그 자녀에게 '남과 다른 아이'라는 인식을 갖게 하고 부모에게는 자녀가 어디서든 리더십을 갖출 수 있다는 자신감을 심어준다. 그리고 이러한 경험은 학업 성적이 뛰어나고 영어를 잘하는 아이로 양육하고자 하는 부모의 욕구 이면에 숨은 또 다른 목표로 자리 잡는다. 이러한 인식의 배경에는 자녀를 통한 부모의 과시 욕구가 숨어 있는 것으로 보인다. 문제는 이런 과시 욕구, 즉 욕망이 어디에서 혹은 무엇으로부터 비롯되는 가다. 자녀의 교육

을 위해서라면 가정 경제가 휘청거리고 부모 허리가 부러져도, 되든 안
되든 끝까지 한번 밀어붙여보고자 하는 이런 의지의 근원은 무엇인가?
혹자는 교육에 모두 한이 맺혀 있기 때문이라고 설명한다. 여전히 교육
만이 살길이기 때문에 갈 때까지 가보고, 공부를 못해도 남들처럼 학원
보내고 해외로 나가면 다 된다는 식인 것이다(≪오마이뉴스≫, 2009년 8월
14일자). 그러나 여기서 멈추지는 않는 듯하다. 이런 현상의 이면에는 자
녀교육에 대한 열망을 불러일으킨 또 다른 원인, 즉 학력 차별에서 비롯
된 학력 콤플렉스와 최소한 현 상태는 유지하고자 하는 열망이 자리 잡
고 있을지도 모를 일이다.

2. 부모 관련 동기

1) 슈퍼우먼을 요구하는 한국 사회로부터의 탈출구

'종전의 가족과 친족관계'로부터 해방

글로벌시대를 살아갈 자녀에게 영어 습득의 기회를 넓혀줘 그 시대에
적합한 세대로서 누구보다 앞서가게 하고 싶은 부모의 열망에서 비롯된
조기유학의 동기 이면에는 조기유학 청소년의 어머니의 또 다른 기대와
열망이 내재되어 있다. 그것은 바로 '기존의 사회적 관계로부터의 해방'
이다.

'기러기엄마' 중에는 자녀의 학업 문제보다는 시부모와의 관계, 부부
관계로부터 일종의 탈출구가 필요했던 사람이 상당수 존재한다. 이들은
다양한 이유로 자녀의 조기유학이라는 탈출구를 통해 잠시 기존의 사회
적 관계와 거리를 두고 가족과도 분거를 함으로써 쉼을 얻고자 한다.

시부모와의 불편한 관계, 부부관계의 소원함, 이혼, 그리고 이 모든 것이 한국을 떠나 한동안 대면하지 않아야지만 해결될 것 같은 갈급함이 있었던 것이다. 그런 가운데 동남아시아 국가로 조기유학을 떠나는 가정이 늘어나는 현상을 보면서 자녀의 학업에 대한 열망을 충족함과 동시에 자신을 둘러싼 복잡하고 다양한 관계로부터 벗어날 수 있는 출구를 가질 수 있다는 희망을 갖는 것이다.

여자는 일이 많고 아직도 좋으나 마찬가지에요. 이제는 그게 싫어서 남편 혼자 살아보라는 심정으로 왔어요. 시집으로부터도 벗어나고 싶고, 장사도 잘 안되고 해서 왔어요(I).

결혼해서 시댁과 함께 살았는데 문제가 많았어요. 장남이라 바라는 것도 많았고 주말에도 쉬지 못하고 가봐야 하고. 시어머니가 송곳 같아서 몸은 하나인데 해야 할 일은 많고, 요즘은 안부 전화만 해도 되고 누가 와도 얼굴 안 비쳐도 되고 하는 점이 좋아요. 예전에는 못 가보면 힘들고 가면 내 시간이 없고 그랬는데. 이제 그런 것에서 해방감을 느껴요(B).

저는 애들 공부보다는 우선 부부간에 떨어져 있는 시간이 필요하다고 생각해서 오게 되었어요. 시댁과의 갈등도 있고, 휴식이 필요했어요. 그래서 친정엄마한테 일 년만 보조해달라고 해서 애들 데리고 왔어요(M).

조기유학을 전면에 내세워 시집과 남편을 뒤로 하고 한국을 떠나고 싶었다는 F는 자신의 역할과 지위를 '종(從)'으로 표현했다. 21세기에도 여전히 시집과의 관계, 남편과의 관계에서 주종(主從) 관계에 구속되고, 그러한 불합리를 관계를 통해 해결하기보다는 누군가 한 명이 그 자리를 떠나야만 해결할 수 있다고 판단한 것이다. 이와 같은 가부장적인 가족 문제는 I에게서도 나타난다.

시댁과의 동거, 지역 간 문화적 차이, 장남과 맏며느리 역할에 대한 주관적 경험과 인식이 누적되면서 대학교육과 직장생활을 경험한 I는 이 모든 것과 거리를 두고 싶은 열망을 가졌다. 시댁과의 동거를 통한 '하나 됨'으로 기러기엄마가 확인한 것은 '하나의 가족(one family)'이기보다는 그 속에 내재된 가족 구성원의 생활방식의 차이, 그로 인한 정서적 거리감, 맏이에 대한 인내의 요구, 현실을 외면한 체면치레 등이었다. 이런 갈등이 결국 시댁과의 일치 혹은 불일치를 반복적으로 경험하게 만들고, 나아가 지속적으로 긴장과 스트레스 상태에 놓이면서 이들은 거리두기를 꿈꾸기 시작한 것이다. 즉, 이러한 긴장 상태가 지속되면서 장년기에 접어든 어머니는 기존에 축적된 상호관계를 바탕으로 해결점을 찾기보다는 가시적·물리적 이별을 통한 '거리두기'의 방식으로 조기유학을 선택했다고 할 수 있다.

본 인터뷰에 참가한 기러기엄마 중 50대인 F 이외에는 대부분의 어머니가 30대 후반부터 40대 초반의 연령이다. 이 시기는 대부분 가족이 자녀의 학업 문제에 많은 관심을 갖고, 교육 매니저로서의 어머니 역할에 대한 기대도 높아지는 때다. 또한 자녀 세대를 양육하고 교육시키느라 노후 준비가 덜 된 대부분의 조부모 세대를 위한 의료비나 생활비 등의 실질적 부담감을 체감하면서 이들에 대한 관심과 돌봄의 비중이 커지는 시기이기도 하다. 이른바 전형적인 샌드위치 세대로서 그 역할과 책무에 부담감을 느끼는데, 이런 부담감을 며느리인 기러기엄마는 대부분 본인이 다 감당해야 한다고 인식한다. 이 시기의 남성은 생산성이 정점에 이르는 시기인 반면 여성은 대부분 가족 문제를 지향하는 정도가 커지기 때문이다.

하지만 전통적인 관계의 특성을 많이 보유한 조부모 세대와 고학력으로서 풍요로움을 누리고 소자녀 세대로 살아온 30대 후반의 여성은 한국 사회의 전형적인 가족관계에 대한 부담감을 감내하는 데 스스로 의문을 제기하기도 한다.

> 대부분 아이들을 앞세운 주된 이유는 시댁 때문이에요. 10명 중 5명은 시댁과 등졌다 하고 안 만난다고는 못 하니까, 애들 공부를 명분으로 삼아서 오는 거죠. 적당히 영어 시키고, 적당히 시댁 안 만나고, 적당히 여유 즐기고 하는 게 우선이죠. 어떤 사람은 '나는 시댁이 없는 데면 아프리카든 어디서든 살 수 있어'라고 말하니까(A).

'기러기엄마' 중 결혼 이후에도 직장생활을 계속 유지해온 경우는 가족 관계에서 비롯되는 갈등과 어려움 이외에 직장생활을 병행해야 하는 부담감을 고스란히 안고 있다. 그러던 중 자녀가 성장하면서 전업주부만큼 자녀의 학업을 챙겨주지 못한다고 느끼는 데서 오는 부담감을 좀 더 현실적으로 느끼는 때가 오면서 그 대안으로 조기유학을 선택한 경우도 있다.

A와 B는 맞벌이를 하면서 직장과 가정을 양립하는 데 따르는 부담감을 점점 심각하게 느끼기 시작했고 자녀가 성장하면서 학업 문제로 고민이 깊어갔지만 남편이 전혀 도와주지 않아 불만을 느꼈고, 또 시댁에 대한 부담감 때문에 조기유학을 결정한 사례다. 이들은 한국 사회의 인간관계가 복잡하고 부담이 된다고 인식하며 특히 맞벌이를 하지만 남편의 도움도 없어 더욱 힘들다고 한다. 게다가 퇴근 이후에도 시댁에서 부르면 가야 하고 손님이 찾아와도 가서 인사를 해야 하는 며느리로서의 의무감과 부담감 때문에 조기유학을 결정했다. 이것은 시댁과의 관계가 조

기유학의 원인 중 하나라는 기존의 연구결과를 뒷받침하는 것이다.

여기는 뭘 해도 다른 사람 신경 안 쓰고 한국말 해도 듣는 사람 없고, 친
구나 가족관계에 집착하지 않아도 되고. (한국에서는) 친정이나 시댁이나
남편 사업에 맞춰야 하는 점이 컸고, 의무감으로 해야 했고 그렇게 하는
게 힘들었는데 여긴 그렇지 않아도 되니까 자유롭죠(D; 괄호는 필자).

어쨌든 사람들이 나를 부러워하는 것은 한국 인간관계를 끊을 수 있다
는 거죠(A).

인터뷰에 참가한 어머니들은 한국에서 생활하는 데 가족관계 이외의
사회적 관계도 복잡하고 부담스럽다고 평가했다. 시부모 문제를 둘러싼
형제 간의 갈등과 많은 경조사, 체면치레 등이 '복잡함'으로 인식되는 것
이다.

한국은 지금 많이 바쁠 때인데, 여기는 그렇지 않죠. 한국은 경조사비가
있는데 여기는 안 들어가고, 누가 이사해도 음식 만들어서 같이 먹는 정도
라 생활비도 단순해지고. 그래서 부대비용도 세이브가 되고(D).

산업사회, 현대사회, 정보사회를 넘어 관계의 사회를 살아가는 현시대
에서 사회적 관계는 인적 자원이자 능력이며, 힘이다. 갈등의 원천이기
도 하지만 지지원이기도 하기 때문에 사회적 관계망을 늘리고 관리하는
것은 현대인이 건강하게 생활하는 데 필수적이다. 그런데도 기존의 다양
한 사회적 관계를 이와 같은 '복잡함'으로 뭉뚱그리는 것은 한국 사회의
다양하고 복잡한 인간관계에 대한 기존 인식의 변화를 반영한 것으로 해

석할 수 있다. 또 친인척관계를 비롯한 비공식적 관계망과 이웃사촌이라는 말이 생겨날 정도의 혈연·지연·학연 등의 관계, 이른바 연고주의(緣故主義)의 복합적인 인간관계를 중시하는 사회 분위기에 대한 일종의 대응이자 소극적인 저항을 표출하는 것으로 이해할 수 있다.

우리 사회는 농경사회의 잔재 혹은 유산으로 혈연·지연·학연 등의 연고를 중시하고 이에 기초한 인간관계를 중요하게 평가하는 경향이 있다. 즉, 혈연·인척관계·동창·동학·동향 등과 같이 연고주의에 사회적 가치를 부여하고 이를 위해 시간과 비용을 지불해야 하며 그에 따른 책임과 의무를 다해야 한다는 도덕적 규범이 강력하게 작용하는 사회 분위기를 인정하고 수용하는 것이다. 이런 상황에서 '기러기엄마'의 복잡함에 대한 인식과 평가는 종전과는 사뭇 다른 것이며 아울러 이들은 조기유학의 경험을 통해 이러한 '복잡한' 인간관계에서 해방되거나 혹은 탈출할 수 있는 기회를 만들어낸 것이다.

한국의 어머니는 한 사람의 아내임과 동시에 한 집안의 며느리이기도 하다. 특히 며느리에 대한 집안의 요구와 기대는 정도의 차이는 있지만 집안을 위한 특정의 의무와 책임의 수행으로 나타나기 마련이다. 특별한 경우가 아니면 각종 경조사에 얼굴을 비쳐야 한다. 찾아가지 못하는 경우라면 부조라도 해야 한다. 남편과 자녀 이외에 신경 써야 할 일이 말 그대로 '복잡함'으로 통칭되는 인간관계의 틀 속에 존재한다. 이를 한국 어머니가 한국에 사는 동안 회피하거나 저항하기란 말처럼 쉽지 않다.

하지만 위의 사례에서 알 수 있듯이 말레이시아에서는 집안이 요구하는 의무와 책임, 요구, 기대 등에서 일정 정도 벗어나면서 합당한 변명이나 핑계가 가능하다. '집안'의 자녀를 제대로 교육시키기 위해 타지에서 홀로 자녀를 돌보는 데 따르는 책임과 부담감을 감수하면서까지 조기유학을 왔다는 사실 자체만으로도 면제가 되거나 열외가 될 수 있는 것이다. 이들은 한국에서라면 신경 써야 할 각종 경조사, 명절, 제사 등의 의무 규정 이행으로부터 자유로울 수 있다. 게다가 친구·동료·선후배·동문 등과의 모임에서도 자유롭다. 본인이 원하지 않으면 개인사를 밝히지 않아도 되고 따라서 일단 연고주의에 연루될 가능성이 적으며 집안에서는 '자녀교육 때문에 외국에 있다'라는 이유로 시댁과 며느리로서의 관계에서 벗어나거나 집안일을 외면하더라도 양해가 되고 용서가 된다. 기러기 엄마는 그들의 권역 밖에 있기 때문이다.

따라서 시댁과 친정, 그리고 각종 경조사로부터 해방되어 자신과 자기 자녀만을 위한 시간과 공간을 확보하는 것이 가능해졌다. 한국 어머니는 기존 인간관계의 '복잡함'에서 벗어나 자신만의 시간과 공간을 향유하면서 '자유로움'이라는 문화적 자원을 자기 고유의 독자적인 방식으로 활용할 수 있는 기회를 얻은 것이다.

물론 사람에 따라 그리고 그들이 처한 상황에 따라 이에 대한 대응방식은 상이할 수밖에 없다. 그래도 이들은 나름 이러한 상황을 적절히 활용한다. 때로는 소극적으로, 때로는 적극적으로 이에 '대응' 또는 '저항'하는 전략을 개발해 적용하는 것이다.

일하는 어머니로서 경험하는 죄책감 해소

대부분 자녀의 조기유학으로 기러기 생활을 하는 한국 어머니는 당연히 전업주부일 것이라고 가정한다. 그러나 인터뷰 참가자 15명 중 6명이 결혼 이후에도 지속적으로 일을 해왔던 것으로 나타났다.

이 중에서 3명은 자영업에 속하지만 나머지 3명은 조직에 소속되어 출퇴근을 해야 하는 정규직이었는데도 모두 하던 일을 그만두고 조기유학을 선택했다. 이것은 전업주부만이 조기유학을 선택할 것이라는 예상을 깨뜨리는 예외적인 경우에 속한다. 그렇다면 이들은 왜 이 시점에 직장을 그만두고 조기유학을 선택했을까?

일반적으로 자녀를 키우면서 직장생활을 하는 여성이 가장 힘들어 하는 시기는 자녀가 미취학 상태일 때다. 즉, 영·유아기나 학령기 이전 혹은 학령기 초기가 자녀의 양육에서 가장 힘든 시기이기 때문이다. 이때 경제활동을 하는 어머니의 경우 공보육이나 사적 지지 자원이 없으면 직장을 그만두는 방향으로 결정을 내린다. 이것이 고등교육을 받은 여성의 비중이 매우 높아졌는데도 여성의 취업이 여전히 M자 곡선을 유지하는 이유다.

일하는 어머니는 가정으로 돌아와도 여전히 돌봄에 대한 전적인 역할을 감당하기 때문에 남편보다 하루 평균 2~3시간 정도 더 많이 일하며 생활한다. 여성은 과거처럼 취업 후 몇 년 되지 않아 "출산과 육아라는 최소 3~4년짜리 프로젝트가 집중적으로 진행되는 동안 '여기서 밀리면 끝장'이라는 각오로 사투를 벌이기도 하지만"(≪조선일보≫, 2006년 1월 12일자) 자녀가 학교에 들어가면 끝내 사표를 내고 마는 경우가 많다. 자녀의 학령기를 전후로 직업 활동의 중단을 맞이하는 것이다. 최근에는 이런 문제가 '소자녀관'에 직접적 영향을 미쳐 소리 없는 항변이라고도 표현되는 저출산 문제의 원인으로 작용한다. 여성은 '가부장적 시대 중심의 결혼문화에 대한 우려, 가사 분담으로 인한 이중 부담의 어려움, 경제적 기반 마련, 맞벌이로서 자녀 양육을 위한 시간적 어려움, 일의 우선성, 아이를 적게 낳아 잘 키우는 것에 대한 선호, 아이를 맡길 곳이 없어서' 등의 이유 때문에 출산을 기피하는 것이다(손승영, 2005).

그런데 인터뷰에서는 이 시기를 지난 어머니가, 그것도 약 10여 년의 직장생활을 버텨낸 어머니가 직장을 그만두고 조기유학을 선택한 것으로 나타났다. 과연 그 이유는 무엇인가? 이들은 자신이 직장을 그만두고 조기유학을 선택한 것은 직장을 다니면서 집안일을 병행하는 것, 특히 자녀교육을 시키는 데 한계가 왔기 때문이라고 진술한다. 맞벌이를 하지만 남편이 집에 돌아와 가사노동이나 자녀 양육 및 교육에 참여하는 정도는 매우 낮아 별반 도움이 되지 못하는 반면 경제활동을 하는 여성에 대한 요구는 홑벌이 가정과 다를 것이 없기 때문에 막대한 노동량과 심적 부담, 남편에 대한 불만이 분거의 요소로 작용한 것이다.

> 아빠(남편을 말함)는 한참 일할 나이고, 하나도 도와주지 않고 남자랍시고 직장생활 한다고 변화가 하나도 없고, 그래서 나는 일도 하고 집안일도 해야 해서 모든 게 다 힘드니까 이제라도 나가겠다고 해서 싸우고. 또 나도 이제 공부하겠다고 해서 싸우고 그랬어요. 남편은 이런 나를 말리느라 정신없었고(B; 괄호는 필자).

여기에다 자녀의 학년이 올라가지만 학업을 충분히 지원해주지 못하는 것에 대한 불안감도 작용했다. 직장을 다니는 엄마라서 전업주부만큼 충분히 지원해주지 못한다는 인식이 자녀의 낮은 학업 성적에 대한 미안함, 죄책감과 연계된 것이다. 특히 B는 본인의 자녀와 비슷한 연령대의 학생의 학업을 지원하는 학습지 회사에서 오랜 기간 근무했다. B는 직장에서 우수한 학생을 지도하지만 집에서는 자녀의 학업 때문에 걱정하고 충분히 지도해주지 못하는 현실에 회의감을 느끼면서 유학을 결정했다.

이와 같이 직장을 다닌 어머니의 경우 자녀가 한 명일 때는 감당이 되지만 두 명 이상이 되거나 어린 자녀가 부적응 행동을 보일 때에는 일과 가정을 양립하는 데 실질적인 어려움을 많이 느낀 것으로 나타났다. 이와 같은 사실은 고학력 기혼여성의 취업에 장애가 되는 일·가정 양립 지원책의 문제점을 고스란히 반영한 것이다. 이것은 조기유학의 현실을 단지 교육의 문제로만 간주하는 종전의 시각이나 관점에서 벗어나 가족관계를 포함한 가족복지 전체의 통합적 차원에서 재검토해볼 필요성이 있음을 시사한다.

일을 했으니까 밤 8~9시에 봐준다고 해도 늘 미안했고 그랬죠. 그런데 여기는 엄마들이 일하기 싫어 오는 것 같아요. 반은 시댁이지만, 40%는 일 안 하려고 들어오죠. 피아노 강사, 영어 선생 등 한국에서 혼자 벌어서는 안 되고, 또 일을 하면 애들을 잘 못 봐주고, 그래서 일하고 싶지 않아 오는 엄마들 …… 미안하고 하니까(A).

애들 공부 생각해서 유학을 생각했어요. 5살 때부터 영어유치원 보내고, 학교 가서도 주 5일반 학원 보냈는데도 뭔가 부족하고 이게 한계구나 싶어서 애들 때문에 직장을 그만둬야겠다고 생각하고 인터넷을 뒤지기 시작했죠. 직장 엄마들은 항상 마음속에 짐이 있어요. 남의 자식 가르치느라 내 자식 못 가르친다는 짐이 크죠. 엄마가 뭐하는 건가 하는 죄책감이 들고, '올인' 하지 못하고 그러다가 둘째가 초등학교 들어갈 때 불만이 커졌어요. 귀교 후 애가 사라지고 친구 집에서 놀다오고 그래서 혼란스러워서 직장을 그만두기로 했죠(B).

한편 본 인터뷰 참가자 중에는 자녀가 많지 않기 때문에 모든 것을 다 해주고 싶어서 자녀가 학교에 들어갈 때 즈음 10여 년간 다니던 직장을 그만두고 자녀교육에만 전념하려고 조기유학을 계획한 경우도 있었다. 아들이든 딸이든 상관없이 자녀의 잠재력을 발견하고 또 역량을 키워 자녀가 뻗어나갈 수 있는 길을 다양하게 열어주고자 한 것이다. 여기에는 '소자녀관'과 남아선호사상의 변화가 반영되어 있다. 과거처럼 자녀를 많이 낳을 것도 아닌 바에는 한두 명의 자녀에게 '올인' 하겠다는 인식이 깔려 있다. 최근에는 심지어 '딸바보'라는 신조어가 만들어졌을 정도이니 교육 받은 부모 세대로서, 또 학벌 차별과 학력 차별을 직간접적으로 경험했고 여전히 그 중심에 있는 중산층으로서 이런 선택은 어쩌면 당연한 것인지도 모른다. 심지어 자녀 세대로부터 부양을 기대하지 않는 세대에게는 더욱 그러할 것이다. 이런 의미에서 이들이 영어를 다양한 장래를 준비할 수 있는 출발점이자 초석이면서 의미 있는 무기로 인식하는 것은 어쩌면 당연하다고도 할 수 있다.

아무것도 해준 것 없이 하나밖에 없는 아이를 7살 반까지 할머니 손에서 키웠으니까 내 아이에게 뭐든 해줘야겠다고 생각해서 이렇게 나왔어요. 영어를 해야 어디로든 뻗어나갈 수 있을 테니까요. 그것을 절실하게 느꼈어요. '올인' 하고 모든 일과를 아이한테 맞춰서 보내다보니까 말레이시아가 어떤 나라인지는 눈에 들어오지도 않았지만 성과가 나타나기 시작한 요즘에는 말레이시아를 선택한 것이 괜찮은 선택이었다는 생각이 들어요(D).

직장생활을 하기 때문에 전업주부보다 더 많은 노동을 하면서도 가족과 자녀에게 미안해하고 죄의식을 느끼거나 자녀에게 모든 것을 해주어야 한다고 인식하는 것은 자녀교육과 관련된 최근의 어머니 역할에 대한 인식 변화의 영향이 크다. 과거처럼 '공부는 자기가 알아서 해야 한다'라는 말을 믿는 세대가 아니라, 자녀의 학업 성취를 위해서는 '조부모의 경제력과 어머니의 정보력, 그리고 아버지의 무관심 또는 묵인이 무엇보다도 중요하다'라는 말이 공공연히 나돌 정도인 현재의 교육 현실에서 정보력이 취약한 어머니로서는 무엇을 하든 가족, 자녀 앞에서 늘 미안하고 특히 자녀의 학업 성취도가 낮을 때에는 죄책감마저 들기 마련이다.
또한 어머니가 자녀 양육에 전적인 책임을 져야 하는 상황에서 자녀의 학업 성취도가 낮으면 그에 대한 사회적 비난도 이어진다. 좋은 어머니에 대한 문화적 기대와 기준이 어머니, 특히 일하는 어머니로 하여금 항상 최선을 다하지 못했다는 죄책감을 느끼게 하는 것이다(이재경, 2004).

바쁜 남편, 달라진 가족 구조

기러기엄마는 중·장년기에 접어든 연령대다. 남편의 사회경제적 활동은 한창 왕성한 시기인 반면, 아내는 자녀 양육의 시기를 넘어 자녀교육에 집중하는 시기에 들어서면서 이에 대한 상당한 요구와 압박을 느낀다. 맞벌이 여부를 떠나 아버지는 왕성한 사회경제적 활동 때문에 가정생활에 소홀해지고 가족관계에 시간적·정신적으로 투자하기 어려워진 반면, 어머니는 자녀교육에 대한 더 많은 정보에 대응하고 관련된 스트레스를 경험하는 시기다. 이런 복합적인 문제가 때로는 부부간의 갈등과 불화를 초래하고 부모·자녀관계를 소원하게 만드는 원인이 되기도 하며 조기유학의 원인을 제공하기도 한다.

> 가족 문제로 온 엄마들이 있어요. 가정불화 엄마 리스트도 있어요. 이 정도면 한국에서도 잘 살 수 있는데 부부 사이가 안 좋거나 가정이 어려워져서 해외로 나와야 하는 경우도 말레이시아를 선택해서 오는 것 같아요(J).

남편은 자녀의 조기유학을 반대했지만 B는 시댁에 대한 부담감과 함께 점점 바빠지는 남편 때문에 조기유학을 결정했다. 자녀교육에 대한 부담이 증가하면서 그 부담이 고스란히 맞벌이를 하는 자신에게 주어지는 것도 불만이었지만 한국에서 사는 것과 외국에서 사는 것 모두 가족이 함께 지낼 시간이 부족하다는 점에서는 별반 다르지 않을 것이라고 생각했다.

L 역시 해외에서 주로 근무하는 남편의 직업적 특성상 한국에 살아도 남편이 몇 달에 한 번 집에 들러 아이들과 만나기 때문에 해외에 사는 것과 별반 다를 것이 없다고 판단했다. 또 다른 가정에서 볼 때 평상시에는 없다가 몇 달 지내고 가는 남편 때문에 자신을 특별하다고 생각하는 점과 자신의 상황을 설명해야 하는 점이 불편해 해외에서 머무는 것이 더 낫다고 생각했다.

N은 이혼 후 자녀와 함께 한부모가족으로 생활해오던 중 사교육비와 자녀의 고생, 가족 구조의 특성 등을 고려해 조기유학을 선택했다.

이런 개별적인 가족의 특성이 한국 사회에 머물기보다는 차라리 자녀의 영어교육을 겸할 수 있는 조기유학을 선택하도록 하는 배경으로 작용했다는 점은 한국 사회의 급속한 변화와 탈한국 현상 간의 관계를 되짚어볼 필요성을 제기한다. 즉, 홀벌이를 하든 맞벌이를 하든 가족이 함께 지낼 시간적 여유가 부족하고 아버지는 아버지됨을 보여줄 여력이 없으며 어머니이자 아내는 과거에 비해 교육 수준과 경제활동 수준이 높아졌는데도 여전히 가족관계에서 연대와 협력, 그리고 순응과 조화의 매개자 역할에서 벗어나지 못하는 것이다. 또 부부와 자녀로 구성된 전형적인 핵가족상을 보여주지 않는 가정에 대한 낯선 인식이 여전한 것은 전 지구화·다문화를 거론하는 우리 시대의 인식과는 괴리감이 있는 모습이다. 과거에는 이런 다중적 역할과 외적 환경에 부담을 느껴도 탈한국을 꿈꾸지 못했다. 하지만 이제는 전 지구화의 열풍으로 배우자가 없어도 자녀를 데리고 탈한국을 시도하고 버텨낼 수 있는 여건이 마련되었기 때문에 사실 기회만 된다면 누구라도 감행해볼 만하다고 할 수 있다.

2) '공부 한'과 부모에게 새로운 지위를 부여해주는 자녀의 학업

최근 10여 년간 이혼, 청소년 미혼모, 국제결혼이 증가하면서 우리 사회는 다양성이나 기존 틀의 변화에 조금은 긴장을 풀어헤친 듯하다. 이런 현상은 차별에 대한 논의가 과거보다는 성숙해져가는 현상으로도 확인할 수 있다. 하지만 전형적인 학력 차별을 경험한 세대인 부모는 여전히 그 인식과 기억을 가지고 그 잔재 속에서 살아갈 뿐 아니라 최근에는 고학력층이 증가하면서 한층 더 강도 높아진 구별 짓기(distinction)라 할 수 있는 학벌 차별까지 더해져 학생뿐 아니라 부모에게도 공부 문제는 쉽사리 풀리지 않는 과제가 되어버렸다. 즉, '대학만 나오면 되겠지'가 아니라 '적어도 어느 대학까지는 나와야'가 대세가 되어버린 것이다.

학력 차별에 대한 인식과 경험이 있는 부모 중에는 자녀에게 조기유학이라는 통로와 기회를 열어줌으로써 그들에게만큼은 학력과 학벌로 인한 차별을 대물림하지 않으려는 경향이 나타난다. 이것은 소수의 자녀를 낳아 '올인' 하려는 경향과 맞물려 여유만 되면 국내에서의 다양한 경험뿐 아니라 해외에서의 수학경험까지 제공하겠다는 의지와 선택으로 표현되기도 한다. 즉, 자녀의 조기유학 속에는 부모의 공부에 대한 한이 내재되어 있는 것이다.

인터뷰 참가자는 본인뿐 아니라 배우자까지도 학벌, 특히 영어 때문에 애를 먹었던 경험이 있었다. 그리고 이들은 높은 학력과 명문대를 선호하는 사회 풍토가 바뀔 것 같지 않고 자녀가 부모 세대만큼 살기도 힘들 것이라고 생각한다. 이런 가운데 주변에서 자신과 비슷한 여건의 지인이 자녀를 외국으로 보내는 것을 보면서 조급하고 불안해지기까지 한다면 영어와 중국어를 동시에 배울 수 있는 말레이시아로의 조기유학은 그야말로 자녀를 해외에서 공부시키는 부모라는 평가와 영어로 말할 줄 아는 자녀라는 평가를 동시에 이끌어낼 수 있는 완벽한 기회임에 분명하다.

　　엄마들이 한이 있어요. 자기가 공부를 잘했다는데, 나도 잘했는데, 뭔
학교인지도 모르고 다 잘했다고들 하니까. 어느 대학 나왔냐고 물으면 너
는 어디냐 하니까 묻기도 그렇고. 영문과라는데 발음이 별로고, 미대 나왔
는데(대학까지 나왔으면서) 고지서도 못 보냐고 하고, 나 같은 고졸은 입
도 뻥긋 못 해요(A; 괄호는 필자).

　　한국에서는 못해도 스카이(sky: 서울대, 연세대, 고려대의 이니셜을 따
서 부르는 약어) 대학을 생각해요. 아빠가 스카이가 아니라서 더 그런 것
같아요. 학력을 무시한다 무시한다 해도 막상 살다보면 그게 아니니까(D;
괄호는 필자).

　그렇다면 자녀교육을 통해 부모는 어떻게 한을 풀 수 있을까? 자녀가
공부를 잘한다고 해서 어머니의 학력이 높아지는 것도 아닌데 어머니가
자녀의 학업을 통해 공부 한을 푸는 방식은 어떻게 가능한가? 그것은 부
모, 특히 어머니와 자녀를 동일시하는 우리 사회의 가족문화와 결혼 후
본인으로서의 정체성보다는 '누구의 아내 혹은 어머니'로 살아가는 현상
이 지배적인 문화, 자녀를 통한 일종의 대리만족 문화에서 그 답을 찾을
수 있을 것이다.
　소자녀화가 더욱 뚜렷해지면서 부모가 자녀를 자신의 분신으로 인식
하는 경향도 강해지는 듯하다. 부부관계보다는 부모·자녀관계가 핵심이
며 이런 현상은 자녀가 독립적인 주체로 성장하는 것을 방해하고 지나친
과잉보호와 관심, 관여로 나타나기도 한다. 특히 자녀의 학업관리에 대
한 어머니의 역할은 더욱 두드러졌다.

헬리콥터맘(Helicopter Mom)은 이와 같은 현상을 풍자한 하나의 예다. 여기서 헬리콥터맘은 자녀의 입시와 취업을 일일이 챙기고 나아가 자녀의 결혼까지 챙기려드는 어머니를 뜻한다. 자녀가 초등학생일 때에는 숙제와 친구를 챙기고 중고등학생일 때는 입시를 챙기며 대학을 졸업할 때는 취업을 챙기고, 성인이 된 이후에는 결혼 상대자까지 챙긴다. 학점과 스펙을 중요하게 여기는 사회 분위기 때문에 부모는 자녀가 어릴 때부터 자녀의 스펙을 관리하는 것이다.

이런 문화에서의 어머니는 단순히 평범한 어머니가 아니다. 음악·미술·발레·뮤지컬 등의 다양한 문화에 자녀를 노출시켜 문화 자본(cultural capital)을 축적하도록 하며 어려서부터 좋은 학습 태도를 갖도록 사회화하고, 또 기회만 되면 조기유학을 경험하게 해 계층에 따른 차별화를 시도한다. 이를 통해 어머니는 공부 잘하는 아이의 어머니라는 새로운 역할과 지위를 획득하기 위해 자녀교육에 '올인' 함으로써 일종의 대리만족을 느끼고 쉴 새 없이 자녀교육에 몰두하면서 불안을 떨쳐버리고자 하는 욕망을 실현하고 싶은 것이다.

곽금주 심리학 교수는 '사회경제적 여건이 전반적으로 상승하면서 아이에 대한 부모의 기대치도 크게 높아졌으며 큰돈을 들여서라도 자신이 이루지 못한 것을 아이를 통해 보상받고자 하는 심리가 팽배해 있다'라고 말한다. '특히 현재 초·중·고등학생의 어머니 세대는 고등교육을 받았음에도 사회에서 제 능력을 충분히 평가받지 못한 데 대한 열패감도 크며 이런 부분이 아이에 대한 과도한 집착으로 이어지는 것으로 보인다'라고 분석한다(≪한겨레≫, 2008년 5월 27일자).

3) 떠날 수 있는 계기 마련

특정 지역, 일부 계층에서만 발생했던 조기유학을 통한 '탈한국' 현상
이 수도권과 대도시 지방 거주자에게도 나타난 데에는 한국 사회 전반에
걸친 사회경제적 변화의 영향이 크다. 일례로 자녀에게 새로운 교육 기
회를 부여하고 싶어 하고 영어에 대한 열망과 관계로부터의 해방, 은퇴
이후의 새로운 출발에 대한 열망이 있던 부모에게 2006년을 전후한 부동
산 열풍 혹은 부동산 버블로 인한 집값 상승은 자산의 증가와 조기유학
의 기회를 열어준 것으로 이해할 수 있다.

> 한국에서 집값이 갑자기 올라서 많은 사람이 부자가 되었잖아요. 용인
> 이나 광명 같은 곳. 애들이 일상적으로 말(영어)을 해야 하니까 그 돈을 애
> 들한테 쓰는 거죠. 한국에서 사교육 시킬 돈이면 여기에서는 애들이 말을
> 할 수 있으니까(N; 괄호는 필자).

말레이시아에서 조기유학 중인 어머니의 한국 거주지를 조사한 결과
많은 비율을 차지했던 서울과 경기, 지방 대도시 지역은 그동안 부동산
열풍의 핵심 지역이었던 곳이다. 최근에는 제2의 경제위기로 부동산 거
품이 사라졌다고는 하지만 이것은 고가격이었을 때를 기준으로 한 것이
고, 2006년도에 조기유학을 떠난 가정은 이미 부동산으로 인한 경제적
자산의 증가를 경험한 사람이며 이들 중 일부는 그 증가분을 자녀의 교
육 기회로 대치하는 선택을 했을 가능성이 있다.

게다가 배우자가 해외에서 근무하거나 장기 출장이 잦거나 혹은 이혼
이나 기타 사유로 한부모가족이 된 경우는 주변에서 경험하는 부정적이
고 불편한 사회적 인식을 피해 조기유학을 선택하기도 한다. 조기유학

대상지에서는 모두 일시적인 한부모가족이고, 특별히 친밀한 관계를 형성하지 않는다면 군이 배우자를 구체적으로 설명할 필요도 없기 때문에 부정적인 인식이나 오해 때문에 불편함을 경험할 이유도 없다. 이런 동남아시아 국가로의 조기유학은 기러기엄마 당사자뿐 아니라 자녀까지도 한부모가족에 대한 사회적 편견을 경험하지 않으면서 동시에 외국의 교육을 경험할 수 있는 긍정적인 대안이 될 수도 있다.

> 여기는 모두 기러기가족이잖아요. 그런 게 우리가 살기에 좋은 조건인 것 같아요. 한국에서는 남편도 없고 그런 것이 상처가 되고 하는데 여기서는 다 기러기가족이니까 티가 안 나서 좋고 그래요(L).

> 10년 정도 부모님 모시고 살면서 결혼생활을 했어요. 그러다가 자유롭게 살고 싶어서 이혼을 했고 후회는 하지 않아요. 그렇지만 한국에서 아이들 데리고 있기에는 성적도 그렇고(N).

> 여기 엄마들은 남편하고 별로 오래 있어 보지 못한 엄마들이 많아요. 한국에서는 남편이 늘 바쁘니까 못 보고 생활할 때가 많고 그러니까 여기 살아도 달라질 것이 없는 거예요. 남편이 없어도 상관없고(B).

말레이시아 조기유학은 사실 한국에서 이미 가족관계에 변화가 일기 시작한 것에 대한 대응 또는 회피의 성격과도 관계가 있다. 별거 또는 이혼의 상처를 치유하기 위한 방편이나 수단으로 조기유학을 결정하거나 남편의 바쁜 일상생활과 무관심, 가족관계의 변화 등에 대한 대응책으로서 조기유학을 선택한 경우는 사회적 편견으로부터의 해방이라는 측면으로 해석할 수 있다.

　　말레이시아에서는 한부모가족이라는 이유로 겪는 불편함이나 이혼에
대한 사회적 낙인으로부터 상대적으로 자유로울 수 있기 때문에 이들의
조기유학 결정은 한국 사회의 사회적 편견으로부터의 해방이나 탈출구
의 성격을 지니기도 한다. 이들의 선택은 자녀의 교육 또는 미래를 위한
투자의 성격을 지닐 뿐 아니라 자기 발견을 위한 기회의 모색이라는 측
면으로도 볼 수 있다. 이처럼 한국 어머니의 조기유학 결정은 한국 사회
의 부정적 편견이나 선입관으로부터 벗어날 수 있는 호기를 제공한다는
점에서 나름의 의미를 지닌다고 할 수 있다.

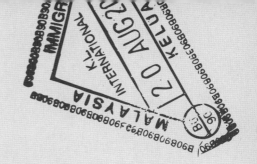

제3장 조기유학 가정의 어머니노릇

1. 어머니 역할에 대한 기대의 변화와 의미*

가뜩이나 자녀교육으로 노후까지 흔들린다는 보고가 나오는 상황에서 영어 몰입 교육(English Immersion Program)과 같은 정부의 교육정책은 부모의 사교육에 따른 경제적 부담뿐 아니라 '부모노릇'과 관련된 스트레스 또한 가중시킬 것이라는 점에서 우려를 낳는다.[1]

부모가 된다는 것, 특히 어머니가 된다는 것은 이제 그 자체에 대한 두려움에만 그치는 것이 아니라 어머니가 됨으로써 성취할 수 있는 열망, 어머니가 되는 기회비용으로 감수해야 할 불이익과 어려움, 어머니가 된 이후부터 겪어야 하는 '완전한 아이'에 대한 부당한 기대와 죄책감에 이르기까지 더 포괄적이고 복잡해졌다.

어머니가 된다는 것의 의미가 달라져가는 것이다. 안전으로부터 자녀를 보호하고 건강하게 양육하는 데 모든 관심과 에너지를 쏟았던, 모두가 가난하고 어려울 때와 달리 이제는 점점 생물학적 모성과 이성적 모성이 구분되어간다. 어머니가 된다는 것은 단지 생물학적으로 낳는 것이 아니라 좋은 어머니 되기, 아이를 낳을 자격이 있는가에 대한 새로운 양심과 책임의 문제, 그리고 아이에 대한 '최고, 최선의 후원'에 대한 부담까지 감당해야 하는 현실로 변해간다. 이제 부모가 되고, 어머니가 되는 것은 점점 더 어려운 과업이 되어가는 것이다(천선영, 2003).

이렇게 어머니 되기를 어렵게 하는 요인 중 하나는 자녀교육과 관련된

---

* 이 장의 내용은 홍석준·성정현(2011)을 일부 수정·보완했으며, 인터뷰 참가자에 대한 상세 설명은 208쪽 부록 2 〈표 1〉 참고.
1) 2008년 대통령직 인수위원회(인수위)에서 발표한 영어 몰입 교육에 대한 부정적 여론이 일면서 인수위는 영어 공교육 정상화를 위해 앞으로 5년간 4조 원을 투입해 영어로 수업을 진행할 수 있는 교사를 대거 채용하겠다는 내용의 '영어 공교육 로드맵'을 추진할 방침이라고 발표한 바 있다.

'어머니노릇'이다. 여성의 학력이 높아지고 경제활동 비율 또한 증가했지만 통계상 여성의 취업률은 여전히 M자 곡선을 이루는 상황이다. 이것은 자녀 양육을 위한 사회적 여건이 충분히 조성되지 않아 일과 가정을 양립하는 데 어려움을 겪기 때문에 자녀를 출산해 절대적으로 돌봄노동이 필요한 시기가 오면 어렵사리 취업한 직장을 그만두어야 하는 상황에서 비롯된 것이다. 그런 가운데 이전부터 지속되어온 학력 위주 현상뿐 아니라 학벌주의까지 만연하자 이제는 자녀교육에 '올인' 하지 않고서는 '어머니노릇'을 완수하기 어렵다는 생각과 그와 같은 행위를 지속시키는 사회적 환경이 어머니노릇에 영향을 미치는 것이다.

대학입시를 앞둔 수험생과 부모를 대상으로 조사한 한 연구에서는 어머니가 자녀교육을 위해서라면 어떤 희생도 감수하겠다는 태도를 공통적으로 보이는 것으로 나타났다. 자녀교육의 최종점인 대학입시는 온 가족이 매달려야 하는 가족 전체의 절실한 목표이자 장기 프로젝트가 되어버렸다. 경우에 따라서 시험을 앞둔 상황이라면 조부모를 위한 가족모임에 참석하지 않아도 될 정도가 되었다.

자녀교육이 가족과 가문의 과업이 된 만큼 자녀의 입시를 앞둔 어머니는 '자녀의 성적과 진학 문제', '수험생 자녀의 뒷바라지로 인한 정신적·육체적 부담감', '자녀의 성적 부진에 대한 부모로서의 자책감' 등과 같은 어려움을 경험한다. 이들은 입시를 앞둔 자녀의 학업을 지원하기 위해 이른 아침 자녀의 등교를 준비하고, 또 자녀와 함께 학교에 가고, 자녀가 학교에서 돌아오면 같이 먹고, 자녀가 공부하는 동안 옆에 있고, 또 학원을 갈 경우 데려다주고, 과외 선생님 시간을 조절하면서, 자녀와 물리적·심리적으로 한 공간에 있으면서 자녀가 경험하는 대부분의 일상을 함께 경험한다. 그러면서도 아이에게 부담을 주지 않기 위해 제한된 자원 속에서 자녀의 욕구를 우선적으로 충족시키고 자신의 기대와 욕구는 줄여야 하는 현실을 받아들이며 한편으로는 좀 더 노력하지 못한 자신의 부족을 탓하는 이중적인 과제를 떠안는다(이정화, 2004). 하지만 모든 어머니가 이런 상황을 경험하는 것은 아니다. 자녀교육과 관련된 부모의 태도는 사실 많은 부분 자신의 삶의 경험과 의식, 사회적 성취에서 좌절과 포기를 경험한 자로서의 자녀를 통한 대리만족에서 비롯되는 것이기도 하다(추병식, 1999).

사교육비 실태를 조사한 오지수·이규민·강진구(2009)에 따르면 부모의 학력과 월평균 소득, 그리고 거주 지역의 수준이 높을수록 사교육비 비율이 높으며 부모가 자신의 학력과 교육 경험을 후회하고 사교육이 필요하다고 인식하는 것이 사교육에 유의미한 영향을 미치는 것으로 나타났다. 경제적·사회적·문화적 능력을 기반으로 자녀교육의 전면적 흐름을 주도하는 계층으로서 자녀교육 활동에 집중하는 중산층의 상당수는 내면에 학력 콤플렉스를 지녔다. 부모는 자신의 교육경험이 부족하다고 인식하고 그러한 인식에 나름의 주관적 해석을 갖는다. 그리고 살아오면서 신분 이동과 사회적 지위를 결정했던 자신 세대의 근대적 교육경험과 성취 결과에 대한 주관적 경험이 자녀교육에 대한 기대와 지원의 토대가 된다(이민경, 2007).

이들은 지금과 같이 구조화된 사회 속에서 더는 개인의 힘만으로 학업성취를 이룰 수 없다고 판단하며 부모의 힘과 능력, 지원이 자녀의 학업성취와 진로에 결정적 역할을 한다고 생각한다. 즉, 자녀교육이 온 가족이 몰두해야 하고 또 장기적으로 좋은 대학 보내기 프로젝트의 한 과정으로 인식되면서 이제는 가족과 세대 간의 공동 과제로 풀이되는 단계에 이른 것이다.

이런 연구결과는 일종의 학력 콤플렉스와 이를 보상받고자 하는 욕구, 특히 어머니 역할에 대한 기대와 부담이 과도한 사교육 행위의 원인이 되었음을 시사한다. 따라서 자녀교육열은 이제 단순히 자녀의 학업 성취를 통해 미래의 경쟁력을 확보하고자 하는 열의의 차원으로만 해석되는 것이 아니라 부모, 특히 어머니의 개인적·사회적 입장과 욕망 속에서 탐구되어야 할 문제가 되었다고 할 수 있다.

이와 함께 중산층 부모의 사회적 상승 이동과 현재 상태의 유지에 대한 내면화된 열망, 학부모의 특권 의식과 욕망 등이 이런 행동을 낳는 원인이 되기도 한다. 교육경험, 교육 연한의 영향을 받는 현재 삶에 대한 만족도, 학력과 학벌을 둘러싼 사회현실 및 자녀의 미래에 대한 전망, 자녀교육 및 부모 역할에 대한 인식과 감정 등이 학부모의 사교육에 대한 인식과 정서에 영향을 미치는 것이다(김신주, 1995; 오지수·이규민·강진구, 2009).

이들은 공교육에 상당한 불신을 갖고 그 대응으로 자녀의 사교육 지원을 강화하지만 한편으로는 비용 부담 때문에 스트레스를 느낀다. 그러나 이런 부담과 스트레스가 있더라도 가시적으로 사교육의 성과에 만족하거나 자녀교육에 대한 자신감이 높아질 때 스트레스가 감소되는 경향을 보인다(이지연, 1994). 결국 이런 현상은 부부 중 한 사람이 하루 시간의 대부분을 자녀교육에 소모하는 삶의 패턴을 구축하는 경향으로 이어졌으며 그 한 사람은 대부분 어머니가 된다.

그렇다면 지금까지의 자녀교육과 관련된 '어머니노릇'은 어떠했는가? 반세기를 거슬러 올라가서 살펴보면 먼저 1960~1970년대에 학령기 자녀를 둔 당시 30대와 40대의 어머니는 대가족 며느리 역할의 부담에서 벗어나 핵가족 안에서 어머니와 아내로서의 자리를 마련한 세대다. 이들의 자식교육에 대한 열성은 한동안 '치맛바람'으로 표현되곤 했다.

1980년대에는 이전 세대보다 자녀를 적게 낳는 추세가 나타났고 이들에게 자녀교육, 입시교육은 가장 중요한 임무가 되었다. 이 중 고등교육을 받고 경제활동에 참가했던 일부 여성은 일을 하면서도 자녀교육에 많은 관심을 기울였다. 이들은 일과 가족을 양립해야 하는 이중·삼중의 노동을 감당해야 했기 때문에 슈퍼우먼이라는 용어가 나올 정도였다. 하지만 이들의 자녀교육은 공교육의 기반 위에서 이루어졌기 때문에 사실 한두 과목 정도의 사교육 선에서 유지될 수 있었다.

그러나 1990년대 이후 어머니는 기존의 공교육에 대한 불신과 사교육 강화에서 나아가 글로벌시대에 부응하는 인재로의 자녀 양성이라는 새로운 과업에 직면했다. 이제는 어머니의 역할이 대학입시뿐 아니라 글로벌시대에 대비해 자녀교육을 지원하는 '어머니노릇'으로 확장된 것이다(윤택림, 2001; Park and Abelmann, 2004; 나윤경·태희원·장인지, 2007). 이들은 사회적·정책적 변화를 재빠르게 파악해 자녀의 학습 관련 커리어를 계획하고 수행하도록 지원하며 다른 가족도 이에 협력하도록 하는 역할을 망라한다.

이와 같이 어머니는 자녀교육을 최우선시 하게 되었고 자녀의 교육적·사회적 성공은 어머니에게 달려 있다고 받아들이는 경향이 짙어졌다(윤택림, 2001: 김명혜, 2005). 나윤경·태희원·장인지(2007)는 이렇게 어머니가 자녀의 사교육에 몰두하는 것을 그들의 모성 수행 과정의 일환으로 설명하며, 그 가운데서 '자신만의 길 찾기'를 하는 또 다른 방식이라고 한다. 이들은 교육 매니저이자 남편의 욕망을 대리 실현하는 사람이며, 아울러 시댁에서는 가문을 빛내는 사람으로서의 새로운 정체성을 만들어 간다는 것이다. 즉, 희생과 극성, 프로 엄마, 미시(Missy) 등으로 설명되어 온 모성의 실천 속에서 어머니는 자신만의 길 찾기를 기획하는 방법의 하나로 자녀교육을 선택하는 것이다. 그들은 이런 자녀교육을 통한 모성의 역할은 자발적인 것이 아니라 사회구조적 요구에 의한 것이라고 설명한다. 다시 말해 '집에서 노는 엄마', '대학 입시 관련 정보를 소비하고 이를 학습하는 엄마', '전통적인 가사노동에 능숙한 아내보다는 자녀교육을 위해 기꺼이 희생하는 엄마로서의 역할을 통해 남편 내조의 효과까지 창출하는 엄마', '자녀교육과 관련된 것이라면 모든 것을 계산하는 엄마'가 좋은 어머니라는, 이른바 '매니저 엄마(manager eomma)'(Park, 2007)라는 담론이 이들을 자녀교육에 몰두하도록 하는 것이다.

이런 의미에서 보면 자녀교육은 고등교육을 받아 경제활동에 참여할 수 있는 능력이 있는 어머니이자 아내이지만 경제활동에 참여하지 않고도 자녀와 남편, 시댁으로부터 자신을 필요한 존재로 인식시킬 수 있는 전략적이고 절묘한 도구가 될 수 있다. 또 자녀교육열은 어머니 자신의 경험에 근거해 유형·무형의 욕망을 투사하는 이기적 타당성의 실제적 재현이라고도 할 수 있다(이민경, 2007).

이런 차원에서라면 어머니의 부족한 교육경험과 교육과정에 대한 일종의 '한'과 같은 감정 및 자기 학력에 대한 '문화 자본'으로서의 의미 부여, 자녀교육에 대한 관리 및 기획, 전 지구화라는 현상이 맞물리는 교육 현실에서 한국의 어머니가 조기유학을 선택하는 것은 어쩌면 당연한 결과라고 볼 수 있다.

예전에 내가 못했으니까 자식한테는 시키고 싶고, 남들이 하니까(E).

한국에서 못 받는 교육 시켜보고 싶으니까 나온 건데, 내 생활은 유배 온 느낌이에요. 어울리고 그러지 않고 그럴 필요성도 못 느끼니까. 영어학원 다니는 것 말고는 말할 기회도 없고 장보는 일 말고는 나갈 일도 없으니까(P).

일각에서는 외화 유출 및 가정의 불안정 문제 등을 이유로 부정적인 시각을 보이기도 한다. 특히 초·중등교육 단계에서 국가 교육 시스템을 이탈하는 것은 근대국가 시스템의 핵심인 국민교육을 통한 국가성의 함양을 어렵게 한다는 점 때문에 국가와의 갈등이 존재할 수밖에 없다(조은, 2004; 천세영·박소화, 2007). 그뿐 아니라 조기유학을 당사자의 의사와는 상관없이 부모가 결정하는 경우가 대부분이고 적절한 준비 없이 실행하는 경우가 많아 초기의 부적응과 당혹감, 진로 탐색 및 개발에서의 어려움 등 부정적인 측면이 실재하기 때문이다(성정현·홍석준, 2009a).

하지만 다른 한편에서는 조기유학을 학부모의 교육열이 반영된 교육활동 지원 현상의 하나이며 교육 소비자의 전략적 선택이라는 틀에서 이해할 수 있는 사회적 현상으로 해석하기도 한다(천세영·박소화, 2007). 본질적으로 조기유학을 교육활동 지원 현상이자 자녀 중심의 도구적 가족주의가 전 지구화라는 구조적 변동에 빠르고 유연하게 적응하는 과정으로 이해하는 것이다(조은, 2004).

이와 같은 해석은 자녀교육과 관련된 어머니 역할에 대한 최근의 인식, 즉 전 지구화의 흐름 속에서 글로벌 교육 기획자로 나서기 시작한 한국 어머니가 왜 조기유학을 감행하면서까지 자녀교육에 대한 '전폭적인' 지원을 아끼지 않는가와, 그들이 인식하는 '어머니 역할' 또는 '어머니노릇' 하기라는 담론 속에는 어떠한 열망 혹은 욕망이 숨겨져 있는가 하는 질문에 답이 될 수 있다. 신자유주의의 경쟁체제하에서 '교육 매니저'라는 담론을 형성·유포·소비하는 한국 어머니의 욕망에는 자신의 교육과정과 배경에 대한 일종의 '한풀이', '자기가 못 이룬 꿈을 자녀를 통해 실현하고자 하는 대리만족', '남편과 시댁 등 가족관계 내에서의 자기 위상 정립', '자신의 능력 인정받기', '자녀에게 좀 더 나은 교육 기회 제공', '전통적인 가족관계로부터의 해방 또는 탈출' 등이 내재되어 있기 때문이다. 이런 측면에서 한국 어머니에게 '자녀를 위한 조기유학은 희생과 고생을 담보하면서라도 감행할 만한 충분한 가치가 있는 시도'라는 문화적 함의를 담고 있다는 해석이 가능하다.

　실제 이를 수행하는 한국 어머니의 개인적·가족적·사회적 욕망에 담긴 의미를 사회문화적 맥락에서 살펴보는 이론적·실천적 작업은 학술적·실천적 측면 모두에서 충분히 의미 있는 일이라고 할 수 있다. 한국 어머니의 욕망의 구조와 그 실천은 그들의 자녀교육과 '어머니노릇'을 결정하는 중요한 변수가 될 수 있다.

　실제 인터뷰에 참가한 사람이 규정하는 이른바 '좋은 어머니'는 과거의 헌신적인 어머니 모습과는 현저하게 달랐다. 본인이 자랄 때 옆에서 지켜줬던 전업주부로서의 어머니의 지위와 역할에서 나아가 이제는 교육 매니저로서의 역할을 해줄 수 있는 어머니가 필요하다고 인식하며 실제 그런 역할을 수행하기 위해서는 전업주부가 더 적합하다고 평가했다. 과거에는 현명한 어머니, 지혜로운 어머니, 살림을 잘해서 자녀를 살뜰히 보살피는 어머니가 가장 좋은 어머니이자 아내였지만 인터뷰에 참가한 어머니가 규정하는 좋은 어머니는 이전과는 사뭇 달랐다. 자녀교육의 성공 여부는 좋은 어머니의 역할에 달려 있다는 사회적 분위기의 영향으로 좋은 어머니가 되기 위해서는 자녀교육에서 성공적인 성과를 거둬야 한다는 인식이 강하게 드러났다. 자녀교육의 중요성이 커지면서 어머니의 역할에 대한 기대와 인식에 변화가 나타난 것이다.

　자신의 성장 과정에서 자연스럽게 수용된 전업주부로서의 어머니의 지위와 역할 인식을 넘어서 현시대의 어머니란 일종의 직업, 즉 교육 매니저로서의 역할을 해줄 수 있는 대상이고, 그런 어머니야말로 자신이 지향하는 '좋은 어머니'상에 가깝다는 인식과 태도를 보였다.

　이는 자녀교육을 일종의 일이나 직업으로 간주하고 그것에 '올인' 해 교육기획자, 교육평가자, 교육 관련 정보처리사, 생활상담자, 가족복지사 등의 다양하고 복합적인 업무를 수행하는, 이른바 '교육 매니저'로서의 어머니의 역할을 올바로 수행하는 데에는 전업주부가 효과적이라고 인식하는 데서 비롯된 것이다. 전업주부에 대한 이러한 평가는 자녀교육과 '어머니노릇'을 둘러싼 다양한 의견을 제기할 수 있는 단서를 제공한다.

D는 최근의 어머니 역할을 매니저로 규정했다. 즉, 순종적·헌신적인 어머니상이 아니라 자녀의 학업을 위해 필요한 정보를 수집하고 관리하는 교육 매니저로서의 어머니 역할이 요구된다는 것이다(Park, 2007; Park and Abelmann, 2004).

이런 경향에 비추어볼 때 어머니의 취업은 자녀교육 지원과 그 성과의 면에서 별로 유리하지 않다는 결론에 이른다. 일과 가정을 양립할 수 있도록 하는 사회적 지원이 뒷받침되지 않는 상황에서 일과 가정을 양립하는 것은 어머니에게 노동의 측면에서뿐 아니라 자녀교육에 대한 불충분한 지원이라는 부적절한 심리적 부담까지 초래할 가능성이 있기 때문이다.

이런 측면에서 보면 기회 혹은 경제적 여건이 허락된다면 장기간 직장생활을 해온 어머니뿐 아니라 그 누구라도 자녀가 성장하면서 학업에 대한 부담감을 느끼고, 어머니로서 다른 어머니만큼 매니저 역할을 못 해준다는 생각에 미안함을 느낄 때 직장을 그만두고 조기유학을 선택하는 것은 어쩌면 당연한 일일지도 모른다.

어렸을 때 전업주부는 순종하는 엄마라고 생각했는데, 지금은 전업주부는 직업이고 매니저죠. 자기 아이를 더 우월하게 만들기 위해서 엄마들이 튜이션(tuition)에 관한 정보를 잘 알려주지 않으니까(스스로 알아봐야죠). 그런 점에서 지금은 전업주부로 사는 것이 더 좋죠(D; 괄호는 필자).

이와 같이 현시대에 요구되는 어머니의 역할은 실제로 어머니에게 새로운 지위를 부여하는 양상으로 나타난다. 즉, '공부 잘하는 아이의 엄마', '못하는 아이 엄마', 그리고 '고학년 엄마', '저학년 엄마' 등과 같이 어머니는 자녀의 학업 정도와 학년에 따라 구분된 새로운 이름과 지위를 갖는다. 이것은 어머니 자신이 과거에 얼마나 학업이 뛰어났는지, 혹은 어느 정도의 교육을 받았는지 등과는 무관하게 오로지 자녀의 학업으로만 성취되는 새로운 지위다. 이를 통해 어머니는 또래 자녀의 어머니 사이에서 정보를 줄 수 있는 사람이 되기도 하고 정보를 얻어야 하는 사람이 되기도 하는 새로운 정체성을 수립하는 것이다.

> 엄마들은 '모 아니면 도'라고 해요. 잘하는 애 엄마, 못하는 애 엄마. 엄마들이 (공부 못하는 애랑은) 같이 놀지 못하게 하고 말도 못하게 하고, 그룹이 싹 나뉘었어요(A; 괄호는 필자).

자녀교육에 대한 부모의 인식과 역할에 관한 담론은 특수목적고등학교(특목고), 국제고등학교(국제고) 등으로 확대되면서 더욱 관심의 대상이 된다. 특히 중산층에 대한 연구가 활발해지면서 교육과 관련된 이들의 역할과 인식, 이들이 만들어내는 담론은 한국의 자녀교육에 대한 인식의 현주소와 함께 한국 중산층 가정주부의 역할 및 정체성을 규명하는 데에도 중요한 자료로 활용될 정도다.

교육이 중산층의 계층 상승과 유지의 열망을 위한 가장 중요한 도구이며 그러한 기대감을 주는 중요한 의미를 지닌다는 점에서(장미혜, 2006), 전업주부이자 어머니로서 자녀교육에 부여하는 의미와 역할은 점점 커져간다고 해도 과언이 아니다.

> 여기 나올 때는 부부가 의견을 같이했어요. 우리 부부는 모두 애들 공부 욕심이 많은 편이에요. 아니 단지 '그냥 많다'라기보다는 애들 공부가 우리 부부한테는 인생의 목적이나 다름없어요. 특히 저에게는 더 그래요.

내 인생의 목표 그 자체라고 할 수 있어요(K).

제가 애들을 말레이시아로 데리고 나온 것을 시댁에서는 좋게 생각하시는 것 같아요. 큰집은 모두 강남 살고 좋은 선생 다 붙이고 했는데도 중간 대학에 들어갔거든요. 그러다가 나중에 미국하고 캐나다로 보냈는데 학비가 많이 들잖아요. 그런 것에 비하면 여기는 부담도 적고, 또 조건이 잘 맞는 편이라 시댁에서는 제게 잘했다고 하는 편이에요(H).

K와 H의 사례를 보면 조기유학은 이제 계층 상승의 욕구를 지닌 한국의 중산층 주부에게 보편적인 현상이자 그들이 선택할 수 있는 옵션 중하나로 자리 잡았다고 해도 과언이 아니다. 예전에는 상류층의 전유물처럼 간주되었던 조기유학이 중산층에게도 가능한 현실이 되었다. 해외여행의 자유화가 본격화되면서 한국인에게 이제 해외는 '가까이 하기엔 너무 먼 당신'이 아니다. 영어는 해외에서 활동하거나 생활하는 데 필수적인 수단으로 인식된 지 이미 오래다. 이를 실현할 수 있는 기회가 중산층에까지 널리 확산된 것이다.

이제는 평민에게도 조기유학이 보편화된 시대잖아요. 여행도 자유로워지고. 예전에는 거의 상류층만 나갈 수 있었는데 요즘은 중산층도 나오면서 사람들이 조기유학을 더 동경하게 되는 것 같아요. 그러니까 이제는 조기유학이 중산층에까지 확산되었다고 할 수 있죠(L).

이러한 현실에서 자녀에게 조기유학의 기회를 제공하지 못하면 중산층으로서의 자격이 없는 것처럼 여겨지는 것도 한국 사회와 한국 교육의한 측면이다. 자녀교육을 위해 조기유학을 감행할 경제적 여건이 갖춰지고 자신이 받지 못한 영어교육과 그에 따른 자유로운 해외생활에 대한 경험을 자녀에게만은 전수해주겠다는 한국 어머니의 욕망은 조기유학을 통해 실현 가능한 또 다른 현실로 자리 잡았다.

이런 의미에서 동남아시아의 영어권 국가는 한국의 상류층이 아닌 중산층에 더욱 매력적인 대상이다. 영미권과 달리 심적·경제적 부담을 최소화하면서 자연스럽게 영어를 접할 수 있는 동남아시아의 영어권 국가는 자녀에게 영어교육을 '제대로' 시킬 수 있는 매우 훌륭한 대상으로 인식된다.

더욱이 자녀교육, 특히 자녀의 영어교육에서의 성공이 '좋은 어머니' 또는 '성공적인 어머니'라는 자격이나 역할과 거의 동일시되는 한국의 현실에서 동남아시아 영어권 국가로의 조기유학은 자신의 사회적 욕망뿐 아니라 자녀의 영어교육까지 실현시킴으로써 가족과 타인에게 인정받을 수 있는 좋은 기회인 것이다.

자녀교육에서의 성공은 영어교육으로 판가름 나며, 말레이시아와 같은 동남아시아 영어권 국가에서의 조기유학은 한국에서 영어교육을 받는 것보다 그들의 계층 상승 욕구에 더욱 부합하는 것으로 인식된다. 자녀의 영어교육에서 성공하는 것이 '좋은 어머니'의 성공적인 임무 수행으로 인식되는 한국 사회에서 조기유학 경험은 자기 존재감과 정체성을 확립할 수 있는 절호의 찬스로 받아들여졌음도 간과할 수 없다.

한국 중산층 어머니의 정체성이 자녀의 영어교육에서의 성공으로 보장되는 측면이 있는 만큼 이들은 자녀의 영어교육을 위해 처음에는 낯선 열대의 나라로만 인식하던 말레이시아조차도 자녀의 성공적인 영어교육을 실행에 옮길 수 있는 호조건의 국가로 인식하는, 이른바 '전도된 인식' 현상을 보인다. 즉, 자녀의 성공적인 영어교육을 위한 말레이시아 조기유학의 배경에는 이러한 한국 중산층 어머니의 자기 역할 규정 및 정체성 확보를 위한 물질적·정신적 노고가 깔려 있는 것이다.

> 엄마들이 이만큼 교육시켰다, 이만큼 보냈다 하고 자부심을 가질 수 있
> 죠. 한국에서는 서울대, 연·고대 보내려고 하고, 지방은 물이 다르다고 하
> 면서 안 보내려고 해요. 이를 통해 엄마들이 얻는 것은 뭐니 뭐니 해도 우
> 리 애를 이만큼 보냈다 하는 자부심인 것 같아요(J).

이와 같이 자녀교육이라는 목적을 내세운 조기유학의 이면에는 한국
에서 자녀의 성적 때문에 느끼는 불안감, 시작부터 자녀를 남보다 나은
위치에 두고자 하는 열망, 중산층의 허위의식, 어머니·며느리·아내로서
의 역할 부담에서 자유롭고 싶은 마음 등 다양한 원인이 복합적으로 내
재되어 있다. 표면적으로는 남편의 권유와 자녀의 학업이라는 명백한 이
유가 있지만 실상 외국에서 조기유학 중인 자녀를 혼자 돌봐야 하는 '기
러기엄마'로서는 외국생활에 대한 두려움과 자녀의 미래에 대한 불안감
을 대체할 수 있는 다양한 전략을 끊임없이 모색하지 않을 수 없다.

이러한 현상을 탐구하기 위해 학자들은 어머니의 내재된 열망, 혹은
정체성 찾기 등과 같은 개념화를 시도하지만 분명한 것은 한국 사회가
고학력의 기혼여성이 기대하는 욕망을 충족하기에 부족한 부분이 있고,
아울러 직업이 있는 경우 자녀 양육 및 교육 문제에 대처하면서 직장을
병행하기에 불리한 점이 있으며 가족 및 인간관계에서도 조기유학을 결
정할 수밖에 없도록 하는 약점이 내재되어 있다는 점이다.

부모의 자녀교육에 대한 관심은 계층에 따라 다르게 나타난다. 부자
중심의 가족에서 부부 중심의 가족으로 변화하면서 가정 안에서 여성의
권한과 자의식 또한 성장했지만 그러한 변화는 외형적일 뿐 사실 대부분
은 전통적인 역할에서 벗어나지 못했다. 그 가운데 특히 '문화 자본'을 소

유하고 남보다 상대적으로 자의식이 강한 여성이 가정에서 자녀 양육에
만 몰두하는 경우 남들에 비해 뒤처지는 것이 아닌가 하는 심리적 압박
으로부터 자유롭지 못하다는 점에서 일종의 '문화지체 현상(cultural lag)'
에 대한 내재된 갈등을 경험하는 것으로 나타났다(임정희, 1993: 61~64).

자녀교육을 통한 계층 상승 욕구가 내재된 상태에서 어느 정도 여건이
허락되거나 기회가 주어지면 자녀를 조기유학 보내는 주변 사람과 그러
한 현상은 이들로 하여금 자신의 내재된 욕망을 실현하면서 동시에 자녀
교육에 충실한 중산층 주부이자 어머니로서의 모습을 담아내기에 적절
한 대안으로 받아들여진다. 즉, 주부로서 경험하는 정체성의 혼란을 극
복하고 자신의 내재된 욕망을 발현하며 동시에 모성에 대한 인정을 담보
할 수 있는 방안으로서 조기유학이라는 선택은 그 유용성이 적지 않다고
볼 수 있다.

> 아이들이 유학을 하게 되면 엄마의 역할이 중요해요. 부모가 동행하지
> 않으면 나태해질 수 있고 해서. 맞벌이는 조기유학 못 해요(G).

> 이건 엄마 때문에 가능한 일이라고 생각해요(H).

> 요즘 좋은 어머니는 애들 공부하는 것 지원해주고, 힘들 때 격려하고,
> 환경 조성하고, 좋은 튜이션 구해주고, 정보 알아보는 것 등을 다 해줄 수
> 있는 사람이죠(I).

이러한 양가적 가치를 동시에 추구하고자 하는 열망은 조기유학을 결
정하고 이에 관한 정보를 수집하고 또 조기유학생을 뒷바라지하는 어머
니로서의 역할에 대한 자긍심에서 확인할 수 있다(G, H, I).

이들은 스스로 '좋은 어머니의 역할'을 주로 자녀의 학업 수준에 맞는 적합한 정보를 수집하고, 적절한 가정교사를 구해주고, 또 힘들 때 격려해주는 역할을 수행하는 것으로 정의하는 경향이 강하기 때문에 조기유학을 통해 자신의 이러한 욕망을 실현하고, 좋은 학습 여건을 제공하고 자녀의 뒷바라지를 전담하는 것으로 대리만족하고자 한다(1).

이들의 의견에 따르면 조기유학이 가능한 것은 한국 어머니의 이러한 사회적 욕망과 좋은 어머니로서의 역할 수행 때문이다. 조기유학 결정에는 이러한 요인과 함께 숨겨진 사회적 욕망 실현 욕구와 모성 본능이 작용하는 것이다.

이와 같은 어머니노릇에 대한 인식의 변화는 실제 조기유학 중에 자녀의 학업을 위해 수행하는 어머니의 역할에서 구체화된다. 즉, 자녀에게 다양한 교육 기회를 제공하기 위해 많은 것을 뒤로하고 떠난 조기유학이기 때문에 자녀의 학업과 관련된 제반 측면에서 전반적인 관리에 돌입하는 것이다.

다음으로는 조기유학 과정 중 실제로 어머니노릇이 어떻게 재현되는지 알아보고자 한다.

2. '어머니노릇'의 실제와 의미

1) 시간에 따른 '어머니노릇'의 실제

새벽 6시, 오후 2시

조기유학 중 어머니의 역할은 집안일과 자녀교육을 위한 정보 수집으로 집약된다. 한국에서처럼 만날 사람이 많지 않고, 만나더라도 정보 수

집을 위한 만남으로 그 목적이 제한적이기 때문에 자녀교육을 위한 매니저로서의 역할에 충실할 수 있는 것이다. 어머니의 일상은 자녀의 학업 관리를 위한 교육 매니저로서의 일상과 다르지 않다. 이런 매니저 역할은 시간 활용 계획에서부터 만나는 사람 관리, 적절한 정보 수집 등에 이르기까지 다양하다.

먼저 시간 관리와 그 내용을 보면 인터뷰 참가자들은 대부분 5시 30분경에 기상해 자녀의 도시락과 아침을 준비하고 자녀가 등교한 이후에는 인터넷 검색을 통해 한국에 관한 정보와 소식을 접한다. 때로 오전 9시경에는 한국 친구나 가족과 통화하면서 그들의 일상을 점검하고 관계를 유지하며 12시경에는 자녀와 같은 또래나 같은 학년의 학생을 둔 동료 어머니와 일정한 관계를 유지하기 위한 모임에 참석하거나 정보 교환이나 일상적인 수다를 떨기 위한 만남의 시간을 갖는 경우도 있다. 쇼핑을 하거나 운동을 하는 것, 사람을 만나는 일은 자녀의 귀가 시간인 오후 2시 이전에 대부분 마무리된다. 2시 이후부터는 다시 자녀가 해야 할 공부에 맞춰 시간과 학업 내용을 관리하는 매니저로 돌아간다.

> 아침 5시 30분~6시 사이에 일어나서 도시락 싸고 등교시키고, 컴퓨터로 인터넷 검색하고 아이들 스케줄하고 간식 체크하고 리딩랩(reading lab)에서 아이들 픽업해서 집에 데려오는 것으로 하루가 다 끝나죠(B).

> 5시에 일어나서 도시락 싸고 애 깨워서 아침 먹이고, 7시에 나가서 애 학교 보내요. 집에 들어와서 청소하고 엄마들 다니는 영어학원 갔다가 애가 1시 20분에 끝나니까 학교 가서 데려와요. 그리고 애 피아노 학원, 바이올린, 영어 튜이션 하고, 5~6시에 집에 도착하면 밥 먹이고 8~9시 사이에 재워요(D).

이와 같이 새벽 6시 전후부터 오후 2시까지 압축적으로 하루 일과가 진행되는 것은 말레이시아에서는 대부분 7시까지 등교가 이루어지기 때문이다. 워낙 날씨가 더워 이른 시간 등교를 하고 2시에 학교 수업을 마치기 때문에 약 2시 30분이면 하교가 완료된다. 한국에서는 일찌감치 입시전쟁이 시작되기 때문에 이른 시간에 등교를 해도 늦은 시간에 하교를 하지만 말레이시아에서는 일찍 등교하고 일찍 하교를 한다. 일찍 등교하는 것은 한국에서와 다르지 않지만 낯선 나라이기 때문에 동이 트기 전인 6시에 일어나 아침을 먹고 학교로 향하는 것이 말처럼 쉬운 일만은 아니다. 이렇게 학교생활의 첫 관문부터 아침잠을 떨쳐야 하는 어려움이 있지만 학교수업이 2시에 마무리되기 때문에 학생이 학교에 머무는 시간은 한국에서보다 매우 짧은 편이다.

조기유학생은 대부분 학교 셔틀버스를 이용한다. '기러기엄마'는 학교 등록금 이외에 별도의 비용을 내고 셔틀버스를 이용하거나 혹은 소그룹을 이루어 학원 봉고차를 이용해 자녀를 등·하교시킨다. 간혹 차가 있는 '기러기엄마' 중에는 아르바이트로 아이들을 등·하교시키는 경우도 있다. 드문 경우이기는 하지만 택시기사 중 인상이 좋은 말레이시아인 기사를 정해놓고 자녀를 매일 등·하교시키면서 한 달 택시비를 지불하는 경우도 있다.

이와 같이 어머니가 등·하교에 신경을 쓰는 것은 외국 생활이고 너무 이른 시간이라 깜깜하기 때문에 어린 자녀를 출퇴근 버스에 매달려 학교로 보내기 어렵기 때문이다. 그러나 이 비용이 일반 버스비보다는 조금 비싸기 때문에 고학년은 암팡애비뉴(Ampang Avenue) 콘도미니엄에서 도보로 약 5분 거리인 버스정류장으로 걸어가 일반 버스를 이용하기도 한다.[2]

줄을 서서 셔틀버스를 타고 학교로 가는 자녀에게 부모는 점심 도시락

〈그림 3-1〉 새벽 6시 30분경 학생들이 셔틀버스를 타기 위해 줄 서 있는 모습

을 싸주기도 하고 혹은 싸주지 않기도 한다. 학교에서 점심식사를 제공
하지만 처음에는 한국과 다른 급식 환경 때문에 낯설어하거나 혹은 거부
하기도 한다. 나중에는 학교 급식에 익숙해지는 학생이 늘어나고 또 어
머니도 '적어도 식중독에 걸린 아이는 없었다'라는 사실을 바탕으로 안도
감을 느끼면서 학교 급식을 이용한다. 때로는 학교 매점에서 약 2.5~3링
깃 정도 가격의 말레이시아의 가장 대중적이면서 보편적인 음식이라고
할 수 있는 나시레막(Nasi Lemak)을 사먹기도 한다.

2) 필자가 조사할 당시 학생 버스비는 0.5링깃이었다. 이 액수는 2008~2009년도 기준
한화로 150~180원 정도다. 버스 중에는 U버스라고 불리는 버스가 있는데 이 버스의
버스비는 2링깃으로 일반버스(0.9~1링깃)에 비해 비용이 약 2배 정도 비싼 편이다.
하지만 이 버스표를 한 번 사면 하루 종일 U버스를 무료로 탈 수 있다. 말레이시아에
는 아직 버스 차장이 있다. 버스를 타고 출발하면 차장이 차 안을 다니면서 새로 탄
승객에게 요금을 받고 버스표를 끊어준다.

외국에서 국제학교에 자녀를 보내야 하는 낯선 경험 때문에 '기러기엄마'는 학교를 자주 방문하는 편이다. 특히 자녀가 어린 경우는 매일 등·하교를 같이하는 어머니도 있다. 이렇게 한국에서보다 학교를 자주 방문하기 때문에 어머니가 학교 환경의 많은 것을 알고 있으며 불만사항도 적지 않다.

한때 한국 어머니가 어린 자녀를 학교에 보내고 걱정에 사로잡혔던 적이 있었다. 교사가 저학년 아이를 때리거나 혹은 소란스럽게 교실을 돌아다니는 아이를 의자에 묶어두거나, 입에 테이프를 붙여두는 일이 생겼기 때문인데 이 일이 입소문으로 퍼지면서 부모들이 매우 불안해하기도 했다. 한국에서는 있을 수도 없는 일이지만 외국이고 특히 아직은 인권의식이 한국보다 덜 발달한 나라이기 때문에 이런 문제로 가슴앓이를 하는 저학년 학생의 어머니는 담임이 어떤 성향을 가진 사람인지를 알기위해 노력하기도 하며 불안감 때문에 학교에 계속 머물기도 한다.

하지만 고학년의 경우는 좀 다르다. 세이폴 국제학교에서 한국 학생은 그다지 좋은 이미지를 심어주지 못한 듯하다. 고학년 남학생이 간혹 학교를 중간에 빠져나가거나 학교 담을 넘는 행동을 하기도 하고 의사소통의 어려움 때문에 교사에게 과격한 행동을 한 경우가 있어 부정적인 인식이 생긴 것이다.

학생은 교사가 비인권적이고 영어를 잘 못한다는 이유로 한국 학생을 무시하는 태도를 보인다고 생각한다. 이런 이유로 학부모는 학교 측과 학부모·학생 간에 가교 역할을 해줄 수 있는 한국인 상담자를 배치해줄 것을 지속적으로 요구했지만 몇 년째 이 요구안은 관철되지 못했다.

이와 같은 문제로 조기유학생과 어머니가 세이폴 국제학교에 불만을 갖고 있지만 다른 국제학교에 비해 학업 성취도가 높다는 점은 인정한다. 또 상대적으로 학비가 싼 편이라 세이폴 국제학교에 재학하는 학생의 비율은 여전히 높은 실정이다.

7시 10분경에 학생회 학생이 정문에 나와 지각생을 잡는다. 지각한 학생은 학년과 반, 이름을 일일이 적고 교실에 들어간다. 이것은 기말 성적 평가에 반영된다.

말레이시아의 국제학교는 대부분 3학기제로 운영된다. 3월, 9월, 2월에 개강하며 학년 승급은 3월 개강 때 결정된다. 그러나 영어 특별반에서 메인(main)반으로 승급하는 것은 매 학기 시험결과를 반영해 결정된다. 따라서 한 학년을 다니는 동안 영어 특별반에서 공부하다가 학업 성적이 뛰어난 학생은 다음 학기에 메인반으로 승급되기도 한다.

청소년과 '기러기엄마'는 한국에 없는 이런 승급제도에 매우 민감한 편이다. 영어로 수업할 수 있는 준비가 되어 있지 않아 영어 특별반에서 공부하는 기간이 길어질 경우 같은 학비를 내고도 주요 과목은 학습하지 못할 뿐 아니라 영어 특별반의 학생 대부분이 한국 학생이기 때문에 영어 특별반에 오래 있다고 해서 영어가 기대만큼 느는 것도 아니다. 이런 이유로 부모는 학기가 끝날 때마다 메인반에 올라갈 수 있을지, 학년은 올라갈 수 있을지 애를 태우기도 한다.

이런 영어 특별반과 메인반은 초등학교 수준인 'primary' 레벨 3학년부터 운영된다. 즉, 1, 2학년까지는 메인반의 개념이 없고 3학년에 진급할 때 영어와 학업 성취도를 기준으로 3학년 영어 특별반과 메인반으로 구분되며 이 체계는 고학년까지 지속된다. 그러므로 저학년의 경우 영어 특별반에 머물지, 혹은 메인반으로 승급될지가 주된 관심사이며 고학년으로 갈수록 학년 승급 여부가 주된 관심사가 된다.

아침 7시경에 자녀가 학교에 가고 나면 어머니는 하교 시간인 2시까지 집안 청소, 운동, 장보기 등을 한다. 그리고 무슨 일이 있어도 2시, 늦어도 2시 30분까지는 귀가해 자녀를 맞이한다.

〈그림 3-2〉 오후 2시 20분경 학교 앞 광경

저학년의 경우 '기러기엄마'가 학교에 가서 기다렸다 데려오는 경우가 많다. 그야말로 학교 운동장은 학부모의 기다림의 장(場)이 되는 것이다. 이런 풍경은 비단 한국의 '기러기엄마'에게만 해당되는 것은 아니다. 국제학교인 만큼 호주, 이란, 파키스탄 등에서 이주해온 가정의 자녀가 함께 다니기 때문에 각국의 부모가 차를 가지고 자녀를 데리러온다. 그래서 운동장은 여러 국가, 여러 인종의 학부모가 장사진을 이루는 광경을 연출한다.

하지만 한국 조기유학생이 절대적으로 많은 만큼 학교 운동장에서 가장 많이 눈에 띄는 사람은 한국 어머니다. 한 시 즈음부터 학교로 삼삼오오 자녀를 데리러오는 어머니들이 학교생활, 준비물, 선생님, 학비, 인근 학교 상황, 교재, 시험 등에 대한 다양한 이야기를 나눈다. 이곳에서 자녀를 기다리는 '기러기엄마'의 교류와 친교활동은 매우 활발한 편이다.

이런 의미에서 학교 운동장은 '기러기엄마'에게 최소한의 자료 및 정보를 공유할 수 있는 중요한 장소인 것이다.

사실 인터뷰 참가자의 일상은 식사, 도시락 싸기, 집안 청소, 빨래 등과 같은 전형적인 가사노동으로 이루어졌지만 이 일은 오로지 자녀만을 위해 수행하는 노동이라는 점에서 어머니나 자녀 모두에게 중요한 의미를 지닌다. 특히 한국에서 직장생활을 했던 참가자의 경우 외국에 머무는 동안 이와 같은 가사노동을 통해 자녀에게 느꼈던 미안함을 해소하고 스스로도 어머니 역할을 다한다는 자족감을 느끼는 것으로 나타났다.

아이들은 일주일에 두 시간씩 수학 튜이션 하고 영어와 중국어는 각각 한 시간씩, 그리고 스포츠 댄스하고 골프를 하죠. 한국에는 방학 때 한 번 나가서 수학은 한 학년 것을 선행하고 와요. 개인교수로 한 달 반 정도 하는데 이번에는 칭다오로 갈 생각이에요. 아는 엄마가 뉴질랜드 산골에서 공부하다 싱가포르로 왔는데, 다시 중국어 때문에 칭다오로 갔어요. 우리도 이번에는 칭다오로 가볼 계획이에요(E).

2시까지, 그리고 2시 30분 이후

자녀교육을 위한 어머니노릇은 비단 가사와 자녀교육의 관리에만 그치지 않는다. 자녀의 일상에 맞추기 위해 한국에서보다 훨씬 이른 아침에 자녀보다 먼저 일어나 자녀의 등교 준비를 하고 또 자녀가 돌아오면 숙제, 과외 공부, 학원 공부, 여가활동 지도를 한 후 자녀가 잠자리에 들어도 정작 본인은 내일을 위한 몇 가지 준비를 더 하느라 자녀보다 늦게 잠자리에 든다. 이런 일과를 보내면서 어머니가 잠자리에 드는 시간은 보통 10시에서 1시 전후다. 고학년 자녀를 둔 어머니는 저학년 자녀를 둔 어머니보다 조금 더 늦은 시간에 하루를 마무리한다.

이런 일상이 반복되기 때문에 낮잠의 유혹에서 이겨내는 것은 일종의 도전과 같다. 수면시간이 5시간도 채 안 되는 피곤한 상황에서 낮 시간을 바쁘게 보낼 만한 일이 없으면 낮잠을 자기 십상이다. 이렇게 낮잠을 잔 날은 한밤중의 긴 시간을 어떻게 보낼지가 큰 숙제로 남는다. 그뿐 아니라 다음 하루도 다시 낮밤이 바뀌어 육체적으로 고달프고 자녀교육에도 부정적인 영향을 미치기 때문에 어머니에게 낮잠을 자지 않는 것은 매우 중요한 과제가 된다.

소위 '낮잠 자지 않기'는 조기유학 중인 대부분의 어머니가 공통적으로 경험하는 과제이기 때문에 어머니는 낮잠을 자지 않기 위해 아침 운동을 하거나 혹은 약속을 만든다. 운동을 하는 어머니는 아침 일찍부터 콘도미니엄 주변에서 조깅을 하거나 혹은 헬스트레이닝을 한다. 한 시간여 동안 걷고 러닝머신을 하고, 또 자전거를 타기도 한다. 단체활동을 하는 어머니는 때로 콘도미니엄 내에 있는 여가실에서 요가나 에어로빅을 한다. 또 어떤 어머니는 이른 아침에 잠을 깨 무거운 몸으로 자녀를 등교시키느라 고달픈 몸을 쉬게 하기 위해 10시부터 문을 여는 콘도미니엄 내의 건식 사우나를 찾으며 또 어떤 어머니는 지인들과 그룹을 지어 골프장을 찾는다.

> 여기는 교민도 많고 말도 잘 통하고 골프를 많이 하죠. 싱가포르에 비해 말레이시아 엄마들이 훨씬 더 자유로운 것 같아요. 싱가포르는 아이들 공부에 많이 매여 있는데 말레이시아는 엄마들끼리 서로 어울려 다니기도 하고 노래방도 같이 가고(E).

개인적으로 다양한 문화 활동이나 교육프로그램에 관심이 많은 어머니는 교회에서 운영하는 문화강좌를 수강하기도 한다. 한국처럼 다양한

〈그림 3-3〉 한인교회에서 실시하는 어머니들을 위한 문화강좌

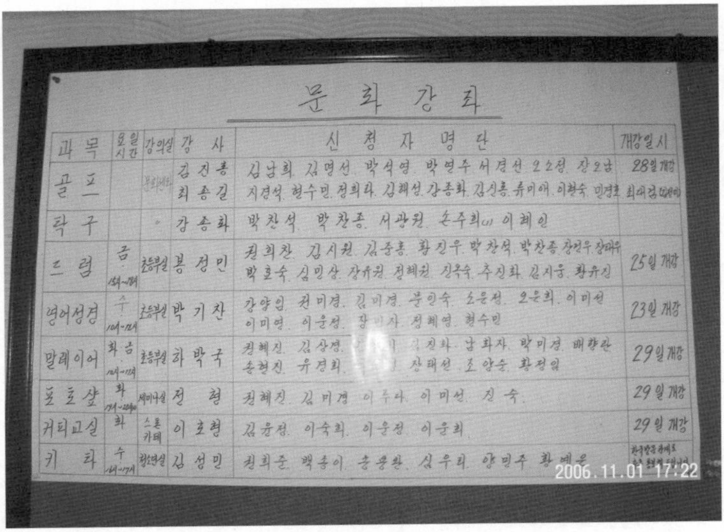

기관에서 다양한 교육과 정보를 제공하지는 않지만 교회는 나름 한국 어머니에게 골프와 탁구 같은 서비스를 제공하고 간단한 말레이어 교육을 통해 생활에서 유용하게 활용하도록 돕는다.

한편 기러기엄마가 알고 있는 정보, 예를 들면 저렴하게 쇼핑을 할 수 있는 곳 등에 대한 정보는 콘도미니엄 내 어머니 사이에서 공유되는 경향이 있다. 한국 어머니의 생활시간이나 여건이 거의 비슷하고 관심사도 유사하기 때문에 자녀를 학교에 보내고 3~4시간 정도를 무료하지 않게 보낼 수 있다면 함께 그 시간을 공유한다.

어머니들이 많이 찾는 곳은 차이나타운과 모닝마켓, 센트럴마켓, 발마사지숍 등이다. 생활용품과 학용품, 시계, 신발, 지갑, 핸드백, DVD 매장 등이 즐비한 차이나타운은 한국 어머니가 종종 찾는 장소다. 이곳은 한국 어머니가 윈도쇼핑 겸 실제 구입을 위해 간혹 찾거나 또 한국으로

잠시 귀국하는 어머니가 선물을 마련하기 위해 찾는 곳이기도 하다. 특히 여름에 한국으로 귀국하는 경우 값이 저렴하지만 색다른 느낌을 낼수 있는 더운 나라의 액세서리를 구입해 한국으로 가져가기도 한다. 특히 이곳의 알밤은 구수하고 맛이 좋은 편이라 아이들에게 선물로 주기도 한다. 이곳은 한국 어머니 사이에서 일상의 무료함을 달래고 여가를 즐길 수 있는 장소로 널리 알려져 있다.

이와 같이 기러기엄마는 자녀의 하루 일과에 맞춘 생활을 하면서도 한편으로는 쉼을 얻을 수 있는 대안을 스스로 혹은 함께 모색하면서 이국에서의 낯선 삶에 적응해간다. 타국에서 무료하지 않고 외롭지 않게 보내고자 하루 24시간을 바쁘게 살아가는 기러기엄마가 자유로움과 자녀교육이라는 성과를 동시에 달성할 수 있을지는 단정하기 어렵지만 현실에 충실하고자 노력하는 모습은 진정 모성에 근거한 어머니노릇임에 분명하다고 할 수 있을 것이다.

하루 일과 중 일종의 '정명(定命)'처럼 지켜야 하는 시간대인 '새벽 6시'와 '오후 2시' 중 전자가 자녀를 학교에 등교시키기 위한 하루의 시작이라면 후자는 자녀가 학교에서의 정규 교육과정을 미치고 돌아와 사교육이 이루어지기 전까지의 여유 시간대이자 어머니를 위한 시간대다. 이시간 동안 어머니는 한국 교육에 대한 정보 수집, 집안일, 지인과의 전화통화, 운동 등 요일별로 다양한 활동과 교제의 기회를 갖기도 한다.

먼저 자녀교육을 위한 정보 수집은 주로 인터넷을 통해 이루어진다. 한국의 교육 관련 기사를 검색하고 또 한국 교과서나 동화책 등을 주문해 말레이시아에서 직접 받는다. 저학년은 2~3년 후 다시 한국 학교로 돌아가야 하고, 귀국 후 얼마 지나지 않아 그간 학교에서 배우지 못한 학업 과정에 대한 테스트를 받아야 한다. 이 과정을 거쳐 일정 수준으로 인정을 받으면 제 학년으로 들어갈 수 있지만 그렇지 않으면 학년을 낮추어야 하기 때문이다. 보통 초등학생은 학년을 낮추지 않으며 늦어도 5~6학년에는 한국 학교로 재입학을 한다. 약 2~3년을 말레이시아에 머물면서 누락되었던 3~4학년의 교과내용은 말레이시아에 체류하면서 한국 학원을 다니거나 혹은 어머니의 지도로 습득한다. 토요일에는 한인회에서 운영하는 한인학교에 다니면서 교과서 내용을 학습하기도 한다. 이렇게 다방면에 걸쳐 국내의 교육과정을 따라가고 심지어 선행학습을 하면서 국제학교의 공부를 병행하기 때문에 어머니와 자녀 모두 힘들고 어려운 것도 사실이지만 그래도 한국보다 낫다고 평가한다. 이것은 한국에서 사교육이 얼마나 많이 이루어지는지를 방증하는 것이다.

> 딸애한테는 천국이에요. 여기서 골프 배우고 승마 하고, 놀 것 다 놀면서 학교 다니니 천국이죠. 중국어도 할 수 있고, 리딩랩에서 한국 책 읽고(G).

초등학생을 둔 어머니가 가장 어렵다고 평가하는 것은 국어다. 자녀가 해외에 머무는 시기는 인지발달 면에서 개념과 어휘를 익히고 늘려가는 시기다. 교과내용을 공부한다 해도 사실 공부 양이 많은 한국 학생만큼 학습하기는 어렵다. 조기유학생은 그만큼의 자리를 영어로 채우기 때문이다. 따라서 이런 문제를 극복하기 위해 어머니는 인터넷으로 연령에 적합한 동화책이나 위인전을 주문하거나 혹은 이미 큰 아이가 있는 가정에서 빌리기도 한다. 토요일에는 매주 운영되는 한인학교에 자녀를 보내 한국 교과목을 이수하도록 지도한다. 아직 한인학교가 독자적으로 운영될 만큼의 여건을 구축하지 못해 주말마다 세이폴 국제학교를 빌려 운영되는 한인학교에서는 한국과 마찬가지로 주요 과목을 가르치고 또 시험을 치르기도 한다.

저는 엄마들한테 한인학교에 애들을 보내라고 권해요. 토요일 8시부터 1시까지인데 사람들은 여기서 잘하는데 왜 보내느냐고 하지만 사실 우리 애는 일기를 못 썼는데 이제 일기를 쓰고 받아쓰기도 20점에서 100점으로 받아오고 하거든요. 어떤 엄마들은 그 시간에 영어 튜이션을 해야 한다고 하는데 여기 오래 있었던 사람일수록 한인학교에 다녀야 한다고 추천해요. 안 그런 엄마들은 나중에 후회하죠(G).

주말 보내기

조기유학 중인 학생의 한 주의 학교생활은 금요일 2시 30분에 마무리된다. 따라서 금요일 오후는 자녀와 어머니 모두에게 즐겁고 또 그동안 하지 못했던 일을 할 수 있는 출발점이 된다.

대부분 주말에는 종교 활동이나 외식, 그리고 자녀가 수영장에서 맘껏 놀도록 하면서 보내지만 자녀교육에 더욱 열을 내는 어머니 중에는 자녀의 영어공부를 위해 주말마다 영국문화원(British Council)을 방문한다. 테스트를 거쳐 약 2~3달을 대기해야 하기 때문에 방학 때 이곳에 다니고자 하는 학생은 일찌감치 테스트를 받고 등록을 해두어야 한다. 이렇게 미리 준비해 매주 토요일마다 약 15명 내외로 구성된 클래스에서 공부하는 동안 어머니는 영국문화원 앞 카페에서 두세 시간씩 기다린다. 이런 의미에서 이곳은 자녀공부를 위해 어떻게 저렇게까지 할 수 있을까 싶을 정도의 열의를 다시 한 번 엿볼 수 있는 곳이기도 하다.

주말에 기러기엄마와 청소년이 가장 많이 찾는 곳은 케이엘씨씨(KLCC)다. KLCC는 다양한 쇼핑을 즐길 수 있는 말레이시아의 대표적인 쇼핑센터다. 식당, 의류, 신발, 가전제품 등을 비롯해 영화관까지 그야말로 모든 것이 다 있는 곳이다. 이곳에서 청소년은 다양한 쇼핑을 즐기고 영화를 관람한다. 한국보다 영화 관람료가 많이 싸기 때문에 학생들이 자주 찾

〈그림 3-4〉 말레이시아의 상징 KLCC

는다.

어머니는 이곳에서 주로 장을 본다. 한국음식을 비롯한 각 나라의 음식을 맛볼 수 있고 또 필요한 것을 저렴하게 구입할 수 있는 이곳에서의 쇼핑은 그야말로 가장 큰 대형 쇼핑몰에서 쇼핑한다는 자부심을 주면서 주말을 무료하지 않게 보낼 수 있다는 점에서 조기유학 가정에 매우 의미 있는 곳이기도 하다.

3. 한국 어머니의 사회문화적 자원 획득

1) 자녀의 학업능력 향상을 위한 정보(망) 관리

자녀교육에서 어머니의 정보력은 자녀의 학업능력만큼이나 중요하다. 정보력은 실제 자녀의 학업 효율성을 높이는 수단일 뿐 아니라 어머니의 존재와 능력, 정체성을 확인하는 일이기도 하다. 인터뷰 참가자들이 정보를 수집하는 원천은 크게 인터넷, 사람, 교회다.

정보를 얻는 것이 거의 엄마들의 생활이라고 할 수 있죠. 엄마들 정보력이 보통이 아니에요(F).

애들 교육에서 중요한 것은 엄마의 정보력과 아이에 대한 관심이죠(G).

'능력 있는 엄마=정보력=공부 잘하는 아이 엄마'라는 공식에 맞추어 정보는 주로 학년에서 학업 성취도가 높은 아이의 어머니를 만나는 일부터 시작된다. 그러나 자녀교육이라는 목적을 위해 고국을 떠나온 이들인 만큼 정보를 얻기란 그리 쉽지 않다. 싸고 질 좋은 교육을 하는 튜이션 선생님을 구하는 것에서부터 좋은 학원 구하는 것, 한국 교육에 관한 정보를 알아내는 것에 이르기까지 모두 쉬운 일이 아니며 특히 말레이시아에 온 지 얼마 되지 않은 어머니의 경우는 학교와 교사에 대한 정보, 시험, 알림장을 파악하는 일 하나하나가 만만치 않다. 아이가 알림장을 제대로 적어오지 않거나 교사의 지시를 이해하지 못한 경우 결국 또래 학년의 어머니에게 의존해야 하고, 공과금 고지서를 이해하는 일부터 공과금을 내는 곳에 이르기까지 모두 낯선 일이기 때문이다.[3]

자녀의 조기유학을 위해 말레이시아에 도착하자마자 시작되는 첫 번째 어머니노릇의 관문은 바로 '영어 튜이션 선생님 구하기'다. 한국에서 나름 영어에 대한 철저한 준비를 했다 할지라도 영어권 국가에서 처음부터 듣고 말하기를 수월하게 하기란 쉽지 않다. 이런 이유로 한국에서 7월 중순경에 방학을 하면 말레이시아의 9월 학기에 등록하기 전까지 약 한 달 정도의 기간이 있지만 등록 전에 미리 말레이시아로 입국하는 어머니들이 많다. 학원에 보내거나 혹은 튜이션 선생님을 구해 하루라도 빨리 말하기와 듣기를 가르쳐야 하기 때문이다. 이런 점은 조기유학을 선택하는 주된 이유가 되기도 한다. 한국에서 그렇게 오랫동안 영어공부를 하지만 주로 문법 위주로 교육하는 한국 실정 때문에 정작 외국에서는 입을 떼기조차 어렵다. 이런 현실 때문에 한국에서는 상대적으로 습득하기 어려운 말하기·듣기 영어를 조기유학을 통해 성취함으로써 희망하는 대학에 진학하도록 하고자 하는 전략은 기러기가족이 계획한 일종의 신분지위 상승 전략 중 하나라고 할 수 있을 것이다.

조기유학생의 어머니가 영어 튜이션 선생님을 구하는 방법 중 하나는 유학원을 통해 조기유학을 온 경우 해당 유학원에 의뢰해 튜이션 선생님을 구하거나 혹은 유학원에서 운영하는 학원에 다니는 것이다. 말레이시아의 유학원 중 일부는 직접 영어학원과 조기유학생을 위한 홈스테이를

---

3) 말레이시아는 말레이어와 영어가 공용어이고 중국어도 널리 쓰이지만 공과금 고지서는 말레이어로 되어 있다. 공과금 고지서가 말레이어로 되어 있어서 말레이어를 모르는 한국 어머니는 상당히 어려움을 겪으며 이와 관련되어 많은 에피소드가 발생한다. 공과금 고지서 관련 에피소드는 말레이시아 생활의 어려움의 한 단면을 나타낸다. 공과금은 대개 우체국에 가서 내며 수도세는 아파트 관리실에 6개월분을 따로 내도록 되어 있다. 말레이시아에서의 조기유학 생활은 말레이어와 어느 정도 관계가 있다. 하지만 대부분의 한국 어머니는 자신뿐 아니라 자녀의 말레이어 학습에 무관심한 편이다.

운영한다. 이 중 영어학원은 다시 한국식 교육방식을 도입한 학원과 말하기나 듣기 위주의 교육방식으로 운영되는 학원으로 구분된다. 전자는 매일 수십 개의 영어단어를 암기하도록 하고 기준 이상 틀린 경우 집에 귀가시키지 않는다. 이 방식에 부모는 긍정적인 편이지만 학생들은 그다지 좋아하지 않는 듯하다. 한편 학원에서 만나는 강사는 주로 인도인이나 중국인이다. 이들은 말레이시아인보다 학력이 높고 영국이나 호주 등 외국에서 교육 받은 경험이 있거나 혹은 말레이시아의 칼리지(college) 이상의 졸업 학력을 갖고 있는 경우가 많다. 하지만 저학년 영어 튜이션의 경우 중졸 이하의 강사가 가르치는 경우도 있다. 한국과 달리 외국에서는 당장 말하기와 듣기가 필요하기 때문에 가정에서는 강사를 의뢰받아 영어회화 중심의 교육을 받는다. 이 과정에서 학력을 확인하는 절차가 생략되는 경우가 많고 또 주로 교회나 성당, 혹은 콘도미니엄 내에서 만난 한국 어머니를 통해, 수업을 받고 애들 성적이 올랐다고 소문난 강사를 소개받기도 한다. 간혹 말레이시아의 4년제 대학생이 암팡에서 영어 튜이션을 하기도 하는데 이들은 다른 강사보다 높은 비용을 받는다. 이와 같이 영어 튜이션 선생님의 역량과 조기유학생의 어머니가 지불하는 강사료에는 큰 편차가 있다.

한편 고학년의 경우 2~3년 후 다시 한국으로 돌아와 대학 진학을 해야하기 때문에 한국에서처럼 한국의 교육과정을 늘 고려해야 한다. 말레이시아에서 대학을 다니거나 혹은 미국이나 영국, 호주로 대학 진학을 계획한 경우 외에 국내 특례입학을 계획하는 조기유학생의 어머니는 말레이시아에서 한국 수학을 지도해줄 사람을 찾아야 하는데 이 과정이 수월하지만은 않다. 한국 수학을 지도하는 학원이 콘도미니엄 앞 상가에 있지만 개인지도를 받기 위해서는 정보망이 필요하다. 그런데 낯선 한국 어머니에게 그 정보가 쉽게 제공되지는 않는다. 한국 어머니 사이에서 어차피 1~2년 후에 떠날 사람이나 남편과 함께 입국한 가정은 특례입학을 생각하고 온 가정과는 다르다고 판단하는 경향이 있기 때문이다.

세금 내는 거나 그런 정보를 엄마들한테 들을 때 밥 사주고 뭐해주고 하면서 정보를 얻고, 일을 했기 때문에 전업주부의 삶을 모르는 면이 많아서 너무 휘둘렸어요. 무엇을 해도 하나씩 더 사주고 했는데 집에 있는 엄마들이 머리가 너무 잘 돌아가고 일하던 엄마들은 그들을 절대 못 따라가는 것 같아요(A).

교회 혹은 성당은 말레이시아의 한국 어머니에게 매우 중요한 장소다. 교회나 성당에 출석하는 일은 단지 종교적인 이유나 신앙적 의미를 넘어서 사회적 네트워크를 형성하고 이를 확장하는 문화적 행위의 일부이기도 하다. 조기유학을 위해 말레이시아에 입국한 지 얼마 되지 않은 어머니는 말레이시아에서 살아가기 위한 정보와 자녀교육 관련 정보를 수집하기 위해 이미 적응을 한 어머니를 만날 수 있는 장소인 교회나 성당에 간다. 교회나 성당은 낯선 환경에 정착하는 데 필요한 여러 가지 도움을 줄 수 있는 다양한 자원을 가졌고 무엇보다 외로움과 답답함을 풀 수 있는 해결책을 손쉽게 구할 수 있으며 타인의 연락처를 알기에도 수월하다는 장점이 있기 때문이다.

말레이시아는 이슬람국가이기 때문에 새벽 5시부터 이슬람 사원에서 하루의 시작을 알리는 기도소리가 울려퍼지지만 한국인 중에 이슬람사원을 다니는 사람은 찾아보기 힘들다. 오히려 한국 교회의 선교활동으로 많은 한인 교회가 들어서 있는 상태다. 교회에서는 성도의 적응과 안정을 돕기 위해 학원뿐 아니라 여가활동을 할 수 있는 기관, 그리고 말레이시아 한인회에서 제공하는 각종 정보인 말레이시아 각 지역별 골프장이나 주요 호텔에 관한 정보, 각종 고장을 신고할 수 있는 연락처, 교통 관련 전화번호, 이민국 전화번호까지 제공한다. 또 유학이나 이주, 혹은 정착 서비스를 제공함으로써 조기유학을 위해 말레이시아에 입국한 가정에 대한 적극적인 지원을 아끼지 않는다. 이런 이유로 한국 어머니는 암팡과 몽키아라에 있는 교회에 출석해 각종 정보와 서비스를 제공받고 또 어른과 아이 모두 사교활동에 참여한다. 그러나 한국인과 거리를 두고자 하는 어머니 혹은 자녀의 영어 듣기에 좀 더 도움이 되기를 원하는 어머니 중에는 외국인 교회에 다니는 경우도 있다.

　교회를 안 다니면 차단되는 것이 너무 많아요. 교회 가면 거의 엄마들끼리 대학 순위보고 대학 다녀본 엄마들한테 주로 정보 듣고, 튜이션 연계해 달라고 하고, 시험 언제 보는지 알아보고 하죠(F).

　여기 오자마자 초기에는 칼잠 자고 아침에 학원 다녔어요. 학원 원장님들한테 도움 받고 엄마들을 통해 도움 받고, 8개월 동안 어떻게든 통로 하나는 필요한 것 같아서요. 그러다 요즘엔 교회에 나가요. 믿음 때문이 아니라 여기서 교회는 하나의 의사소통 통로로 활용되는 것 같아요. 외로우니까, 교회행사나 모임도 많고, 친해지면 애들 생일파티가 엄마들 모임도 되고 하니까(B).

그러나 사실 조기유학생 어머니들의 대인관계에서 교회나 성당, 학원은 이중적인 영향을 미치는 것으로 인식된다. 대인관계를 형성하고 소외감과 외로움을 해소하며 자녀 관련 정보를 얻을 수 있는 곳이지만 개인적인 사안이 노출되어 어머니들 사이에서 입방아에 오를 수 있는 진원지가 되기도 하기 때문이다. 자녀나 가족 관련 기도 제목이 종교 활동으로

그치는 것이 아니라 교회 밖으로도 확대되어 경계와 위로의 대상으로 떠오르는 결과를 낳기도 한다. 예를 들면 한국에 있는 남편과의 관계가 소원해져 고민하는 경우, 가족의 어려움이 있는데 바로 한국으로 갈 수 없어 애타는 경우, 공부를 위해 조기유학을 감행했는데 성적이 기대에 미치지 못하는 경우, 어머니들 간 금전 문제, 물건의 교환 문제, 이성 문제 등 다양한 문제가 화두에 오를 수 있기 때문에 경계의 대상이 되기도 한다. 이런 문제는 사실 어느 곳에나 있지만 외국이기 때문에 더욱 불거질 때도 있다.

여기 오는 사람 사실 어정쩡한 사람이에요. 한국에서는 그저 중간치인데 너무 잘난 척하고 공부 잘한다고 하고 치맛바람을 떨칠 정도로 날렸다고 하는데 누가 알아볼 수 있나(A).

A의 인터뷰 내용은 대인관계에서의 불신을 고스란히 보여준다. "누가 알아볼 수 있나"라는 말은 사실 어느 지역에 살고, 누가 무엇을 하고 또 학력이 어떠하고 등에 관한 모든 정보를 포괄하는 말이다. 일상을 대면하면서도 한국에서의 삶을 서로 잘 알지 못하기 때문에 상대방에게 좀 더 자신을 과시하고자 하며 때로는 과장되거나 사실이 아닌 정보를 접하기라도 하면 '역시'라는 말로 관계를 닫아버리기도 한다. 이런 상황이 때로는 '뻥'이라는 말로 개념화되기도 하기 때문에 어머니들은 말레이시아의 한인사회를 '뻥이 통하는 사회'라고 규정하기도 한다. 때로는 이런 태도와 인식이 기러기가족의 대인관계에 어려움으로 작용하고 특히 어머니들의 경우 타인의 입에 오르내리면서 곤혹을 치르는 경우도 발생한다.

술 한 잔 하러 갈까라고 말하면 금방 소문이 난다고 해요. 모든 것을 색

안경을 끼고 보니까. 남의 얘기를 아주 쉽게 전하는 사람이 싫어요. 외로
워서 사람 사귀면 그 다음날 후회하고 내 얘기를 어떻게 할까 불안해하고
그 다음에는 벽을 쌓게 되고 이런 것이 계속 반복되죠(B).

사우나는 한국 어머니가 하루의 일상과 한국 정보, 그리고 자녀교육에
관한 정보를 수집하고, 때로는 정보를 교류하거나 공유하는 매우 중요한
장소다. 같은 교회나 성당에 다니는 사람을 만나고 학년이 다른 어머니
가 고학년의 정보를 듣고, 시험을 앞두고 말레이시아에 머문 지 오래된
어머니와의 대화에서 시험 관련 정보를 알아내기 위해 사우나를 찾는다.
렌트비, 공과금에 관련된 일이나 부동산, 학원, 국제학교에서 벌어진 일,
미국 대학 진학률, 한국 대학 진학 사례, 귀국 후 한국에서의 성적 등 다
양한 정보를 들을 수 있고 심지어 한국으로 귀국하거나 혹은 호주나 뉴질
랜드로 이주하는 가정의 집기를 구매하고 남은 렌트비를 해결해주면서
집에 머물러줄 사람을 구하는 일까지 모든 정보를 만날 수 있는 곳이다.
이곳에서는 한국 어머니 외의 다른 나라 사람도 만날 수 있다. 콘도미
니엄에는 주로 한국인이 많지만 말레이시아인이나 인도인도 거주한다.
이들 중 간혹 사우나를 찾는 사람은 한국인과 인사하면서 지내기도 한
다. 사우나에서는 어느 가정에 손님이 다녀갔는지까지 파악할 수 있다.
친인척이나 친구, 혹은 남편이 오면 어디를 데리고 가야 하는지, 다녀온
다음에는 어떠했는지 등도 모두 사우나에서 소통되기 때문이다.

단기로 온 사람은 다른 어머니, 특히 여기 온 지 오래된 어머니가 잘 안
만나줘요. 어차피 떠날 사람이니까 정을 안 주는 거죠. 나는 여태 여러 달
을 여기에 있었어도 단 한 명에게도 튜이션 선생님을 소개받지 못했어요.
그래서 이상하다고 생각했는데 나중에 알고 보니 사우나에서 튜이션 선

〈그림 3-5〉 '사고 팝니다' 홍보벽

생님에 대한 정보를 듣고, 또 정보를 나누기도 한다고 해요. 이를 알고 나
서는 저도 많은 정보를 주로 사우나에 가서 들어요. 그냥 가만히 앉아서
듣고 집에 와서는 다시 한 번 들은 이야기를 떠올려보는 거죠. 사우나에서
는 뭐가 어떻다고 하더라 하는 식의 이야기가 많이 나오기 때문에 다시 가
보자, 그런 생각을 하고 가보는 거죠.

처음에는 정보 들으려고 많이 찾았어요. 아이 친구도 필요하고. 근데 '1
년 거주할 것'이라고 말하면 많이 꺼리는 것 같다는 느낌이 들어요. 오래
살거나 몇 년 산 사람끼리는 서로 뭉치고 서로 이야기하고 정보도 나누고
하는데 우린 그들하고 연결이 잘 되지 않아요. 앞집은 거리상 가까워서 만
나는데 한 번 만난 이후로는 거의 연결이 안 되는 상태예요. 단절되다시피
한 거죠. 여기서 오래 산 사람끼리는 모여서 골프 얘기를 하기도 하는데

골프를 치지 않는 나는 대화가 잘 안 되는 경우가 많아요(M).

말레이시아로 조기유학을 온 지 얼마 되지 않은 새내기 어머니에게 사우나는 특히 중요한 공간이다. 아는 사람도 없고 정착을 돕기 위해 머물렀던 남편이 한국으로 돌아가면 그간 쌓였던 긴장이 한꺼번에 몰려와 몸살이 찾아오고 한국처럼 욕탕이 없어 몸은 무겁고 아스트로(Astro)[4]를 설치하는 데 시간이 오래 걸려 저녁시간을 어떻게 보내야 할지 모르는 새내기 어머니는 자녀를 수영장에 놓아두고 사우나를 찾기도 한다. 이곳에서는 아무 말도 없이 듣기만 해도 가장 알고 싶은 학원이나 학교 공부에 대한 정보를 약간이나마 들을 수 있기 때문이다.

2) '구별 짓기'를 통한 '문화 자본'의 확충

말레이시아에서 어머니가 사람을 만나고 만남을 철회하고 다양한 정보를 수집하는 모든 행위는 사실 자녀의 학업 성취도와 연관이 있다. 이렇게 목적이 분명하기 때문에 어머니는 자신의 자녀에게 좀 더 유리한 정보를 줄 수 있는 사람을 선호한다. 따라서 자녀의 학업 성적이 낮은 어머니와는 일종의 '구별 짓기' 전략을 활용한다(부르디외, 2005). 만나도 도움이 안 되고, 알고 있는 것을 알려줘야 하는 손해를 감수할 필요가 없다고 생각하기 때문이다. 이러한 '구별 짓기' 전략은 어른뿐 아니라 아이에게도 적용된다.

엄마들은 '모 아니면 도'라고 해요. 잘하는 애 엄마, 못하는 애 엄마. 엄

---

4) 한국 방송 수신기.

마들이 같이 놀지 못하게 하고 말도 못하게 하고, 그룹이 싹 나뉘었어요. 큰 애는 모 그룹, 작은 애는 도 그룹(A).

여기 온 엄마 8명 중 6명은 친구가 되는데 2명은 학교 욕도 많이 하고, 호주나 다른 나라에서 온 엄마들은 잘난 척하고 속 뒤집죠. 비싼 데 보내는 엄마들은 학교 얘기 잘 안 하고 남편 회사에서 나온 엄마들은 무시하고 튜이선도 같이 안 하고 그래요(B).

어머니 간의 '구별 짓기'는 한국에서와 유사한 상황으로 연출된다. 자녀의 성적과 가정의 사회경제적 지위, 어머니의 취업 여부와 정보력 등에 따라 그룹에 속하거나 혹은 속하지 못하는 경우가 발생하는 것처럼 말레이시아에서도 어머니의 정보력을 따라가지 못하는 사람은 다시 소외와 배제를 경험한다.

그동안 전업주부의 삶을 몰랐기 때문에 너무 휘둘려요. 집에 있는 엄마들이 머리가 너무 잘 돌아가고 일하는 사람은 못 따라가요. 서울 엄마들은 정보는 다 쏙쏙 빼가고 문어발식으로 정보망을 만들어놓고 해서 지방 사람은 더 힘들어요. 서울 엄마들 무서워서 지방 엄마들은 집에만 있어요(A).

자녀교육에서의 '구별 짓기' 전략은 사실 자녀의 학업 성적에만 의존하는 것은 아니다. 엄밀히 따지면 부모의 학력이나 한국 내 거주지 또한 정보력과 '구별 짓기'를 좀 더 정교화하는 수단으로 활용된다. 어느 대학을 나왔는지, 혹은 4년제 대학인지 전문대학인지에서부터 실제 대학을 나오기는 했는지 등에 대한 다양한 소문과 함께 전공까지 거론되기도 한다. 이런 분위기는 어머니의 닉네임에서도 확인할 수 있다. 일상적으로 자녀의 이름을 활용해 누구누구의 엄마라고 부르는 것과 함께 '○○대 나온 엄마', '○○에 사는 엄마'라는 닉네임이 따라다니는데, 이것은 사실 국내외를 통틀어 생소한 풍경이다. 자녀를 매개로 만나는 어머니들의 호칭이 학벌이나 학력과 관련이 있다는 사실은 그만큼 자녀교육과 부모의 학업 성취도 간의 관계에 대한 어머니의 인식을 대변해주는 것이기도 하지만 다른 한편으로 성인 간의 진정한 친밀감을 형성하는 데 얼마나 많은 장애와 어려움이 있는지를 반영하는 것이라 할 수 있다.

엄마 학력에 따라 아이들 교육 문제를 대하는 데 차이가 있어요. 직장생활 경험자는 좀 더 경제적이고 막무가내로 행동하지 않고 전업주부였던 이는 본인이 직접 안 하고 돈을 쓰고, 정보가 있을 때는 잘 대해주고(B).

자녀의 연령 또한 어머니 간 '구별 짓기' 전략의 주요한 기준이 된다. 자녀의 연령은 어머니의 연령을 대변하는 것이므로 자녀의 연령에 따라 교육관, 자녀관, 추구하는 정보 등에 많은 차이가 있을 수 있다.

하지만 무엇보다 중요한 것은 한국의 교육체계로 다시 되돌아갈 수 있는가의 문제다. 즉, 초등학생 자녀를 둔 경우는 언제든지 한국으로 되돌아갈 수 있는 상황에서 자녀의 심화된 영어 학습을 지향하지만 중·고등학생 자녀를 둔 어머니는 한국으로 되돌아가기 어려운 상황에서 만약 학업 성적이 기대에 미치지 못하면 또 다른 이동을 계획해야 하기 때문이다. 이런 이유로 고학년의 어머니는 때로 가슴이 먹먹해지고 잠을 이루지 못한다고 호소하기도 한다.

만족하는 엄마들 별로 없어요. 근데 달리 대안이 없는 상태라 남는 경우가 많죠. 몽키아라에 사는 주재원 가족은 살 만하지만 나머지는 왜 이렇게 나와 이러고 있나 싶은 생각도 들고(J).

3) 자녀의 인생설계와 자기 합리화

최근에는 한국 교육에 대한 불신과 불만, 영어에 대한 열망, 그리고 자녀교육을 통한 부모의 열망 재현이라는 거대한 목표가 숨어 있는 조기교육의 종착점이 달라지는 경향을 보인다. 조기유학의 목적지인 미국의 아이비리그 대학에서 점점 국내 대학으로 '유턴(u-turn)'하는 현상이 나타나는 것이다. 외국 대학으로 입학했다가 국내 대학으로 편입을 하거나 혹은 외국에서 고등학교를 마치고 국내 대학으로 수시 전형을 하는 경우가 그 예다. 이렇게 국내 대학으로 다시 돌아오는 현상이 늘어나는 것은 자녀의 성별과 학업, 외국 대학으로 진학한 사례에 관한 정보, 그리고 우리 사회의 연고주의 등의 원인 때문이다. 우선 자녀가 남자인 경우 군대 문제와 사회생활 중 대학 동창의 중요성을 무시하기 어렵다는 부모의 인식이 영향을 미친다. 그 대상이 되는 조기유학생은 주로 중학교 이후에 조기유학을 떠났던 학생이다. 즉, 국내 대학에 입학할 때 외국의 교육 경험을 유리하게 이용하고자 하는 전략을 생각한 경우라 할 수 있다.

남들은 굳이 외국까지 나와서 왜 한국으로 대학을 가냐 취업도 외국이 빠른데 하지만 남자는 인맥이 중요하니까 외국에서 자라도 다 한국으로 보내고(C).

아이들을 한국에서 끼고 있지 않으려고 이리로 데리고 나왔지만 발판을 한국에서 밟아야 한다고 생각해서 특례로 아이들을 많이 보내요. 12년은 꿈의 특례라고 하고 여기서는 주로 3년 특례를 활용해요. 우리 애도 특별전형 알아보고 수시를 보게 할 생각이에요(F).

하지만 이런 결정의 이면에는 자녀의 학업 성적, 학비 등과 같은 또 다른 요인이 내재되어 있다. 초기에 원했던 대학으로 진학하기에는 우선 성적이 잘 안 맞고, 조기유학을 하면서 지출한 비용이 초기에 계획했던 것보다 많아진 상황에서 외국 대학의 학비를 감당하기 어렵다는 점이 영향을 미친다.

여기 와서 그렇게 뛰어나게 잘하는 사람 별로 없어요. 그러니까 일전에 지방 국립대 총장과 교무처장이 와서 지방 국립대의 입학과 유학 관련 각종 프로그램에 관한 특강을 했는데 엄마들 난리가 났었어요. 어느 대학이라도 나와서 정보를 줬으면 좋겠어요. 영국, 캐나다 가면 남자애들은 군대 문제가 걸리고 비용도 너무 많이 들어서(G).

고학년 애들을 둔 가정은 한국으로 돌아갈 수가 없는 것이 애들이 좌절할까봐 한국으로 못 들어가요. 애는 안 간다고 하고 나는 남편 없이 있으니까 힘들고(K).

최근에는 다른 나라로 조기유학을 떠났다가 말레이시아로 이주하는 기러기가족이 늘었다. 이들은 대부분 싱가포르나 호주에서 되돌아온 사람으로, 처음 조기유학을 떠날 때보다 경제 여건이 나빠져서 조기유학 대상이나 지역을 바꾼 경우다. 이들은 이전에 머물렀던 나라의 교육과 말레이시아의 교육을 비교하며 장점을 찾으려고 노력한다. 또한 현재의 상황에 긍정적인 합리화를 함으로써 말레이시아로의 이주는 자녀 학업의 성공이라는 목표를 향해 나아가는 다양한 과정과 방법 중 하나일 뿐이며 결과는 자녀의 성공이라는 하나의 목표로 결정된다고 믿는다.

  말레이시아에서 유학하든지 싱가포르에서 하든지 그야말로 서울에서
  리라초등학교 나온 사람이나 시골 촌놈이나 최종적으로는 서울대 간 사
  람이 결국 승리하는 것 아니냐(E).

  하지만 고학년의 어머니는 심리적·정서적인 면에서 한국에서보다 더
욱 심각한 상황을 경험하기도 한다. 인터넷전화로 하루에도 몇 번씩 수
시로 전화를 걸어 남편과 통화하고 자녀 문제를 논의할 수는 있지만 대
면한 상황이 아니기 때문에 남편은 어머니만큼 자녀 문제의 심각성을 인
식하지 못하며 특별히 성과가 눈에 보이지 않으면 조바심을 느낀다. 또
고학년의 경우 자녀가 유급되거나 혹은 O레벨[5])을 앞두고 좋지 않은 성
적이 나올 경우 불안감과 중압감은 더욱 커진다. 외국 대학으로의 진학
을 원해서 조기유학을 감행했지만 실상 외국에서 대학 진학 정보를 얻는
것은 매우 어려운 일이고, 또 곧바로 미국이나 영국, 호주 등과 같은 나
라의 대학으로 진학하는 것은 성적이나 경제적 측면에서 그리 만만한 일
이 아니다. 말레이시아가 트위닝 프로그램을 통한 대학 간 교류가 활발
하다 해도 2년제 대학으로 진학하는 것과 4년제 대학에 진학하는 것은
조기유학을 떠난 사람으로서의 체면이 달린 문제라고 할 수 있다. 이와
같은 복합적인 요소 때문에 실제 고학년 자녀를 둔 어머니가 '신체화 증
상(psycho-somatic symptoms)'을 보이는 경우도 나타난다.

  여기 와서 가슴앓이도 생겼어요. 여기서도 일인다역(一人多役)이긴 마

---

5) 보통 10학년과 11학년 동안 7~8과목을 준비해 치르는 대학입학자격시험이다. 문과
   와 이과로 구분되며 학교의 기준과 본인의 장래희망, 정보 등에 따라 시험을 치른다.

찬가지고, 말도 안 통하니 화도 못 내고 해서 그만 화병이 생겼어요. 가슴 터놓고 말할 사람도 없고, 누굴 믿고 누굴 믿지 말아야 하나, 말해도 들어 줄까 하는 불안감, 사람 겉으로 사귀니까 속은 외롭고(B).

엄마들은 자꾸 아프다고들 하죠. 내가 다 해야 한다는 중압감 때문에 건 강이 나빠지고(D).

아직 어려서 대학 생각은 안 했는데, 아이들 장래를 위해 10년 후를 생 각해야 되니까 한 달 동안 고민해서 느닷없이 12kg이 빠졌어요(A).

여기서 우는 엄마들 많아요. 애들 때문에 성적 안 나오고 그래서 ……
말을 안 해서 그렇지(G).

초기에는 대부분 자녀의 외국 대학 입학, 어머니 본인의 영어 관련 자 격증 취득, 어린 자녀의 국제중학교 입학 등과 같은 장기적인 계획을 수 립한다. 하지만 실제 외국생활을 하면서 이 목표를 모두 달성하기는 어 렵다. 조기유학 1세대의 성과에 대한 추적조사를 실시한 ≪조선일보≫ 에서는 표제를 '절반의 성공'으로 달았다. 이것은 학업이나 취업 등의 측 면에서는 기대만큼 성과를 이루지 못했어도 청소년기 동안 자유롭고 다 양한 사회를 경험했다는 것은 매우 중요하고 의미 있다는 평가에 근거한 것이다.

하지만 본래의 목적이 학업 성취였기 때문에 그 목표치에 도달하지 못 했다면 완전한 성공이라 할 수 없으므로 절반의 성공이라 명명한 듯하 다. 마찬가지로 말레이시아로의 조기유학도 복합적인 동기로 추동된 것 이기 때문에 자녀의 학업에서 그 성과가 드러나야 하지만 실제 본인뿐 아니라 자녀도 외국의 학교생활이나 학업 성취도에서 만족스러운 결과를 가져오지 못하는 경우도 있다. 이런 경우 조기유학 기간 동안 전적인 책임을 담당했던 어머니로서는 자녀의 미래와 외부 시선에 대한 부담감과 불안 때문에 편치 못한 상황에 이르면서 때로는 조기유학을 선택한 이유에 대한 합리화를 시도하기도 한다.

여기 O레벨을 못 견뎌서 검정고시로 돌린 애들도 많아요. 엄마들이 부담이 너무 많아서 한국에 있을 걸 그랬다고 하는 얘기도 해요. 길이 너무 많고, 선택 폭이 너무 넓으니까. 그러다가도 한국에서는 경쟁력이 없고 나와도 취업이 안 되니까 그렇잖아라는 말을 하고(F).

굳이 호주나 영국의 명문대가 아니어도 좋고 국제적으로 다니고 싶으면 다니고, 한국으로 가려면 가고, 애가 좋아해야지 내가 다 짜 맞춰줄 수는 없는 거니까. 애는 어차피 한국에 있어도 부담이니까 이러나저러나 쎔쎔이다, 즉 이곳에 있으나 한국으로 들어가나 마찬가지인 것 아닌가라고 생각해요(C).

애가 고학년이 되고, 9학년 때 한국으로 돌아갈까 고민하다가 결국 이곳에 남아 있기로 결정하게 된 것은 애가 한국에서도 자신이 없다고 해서예요. 그리고 여기 오래된 엄마들이 이곳에 계속 있어도 괜찮을 거라고 조언을 해줘서 그래서 이곳에 남기로 했어요(G).

교과목은 많은데 현실에서 유용한 과목은 몇 안 되고 주입식 교육에 자기 표현을 장려하기보다는 주눅이 들게 만드는 한국 교육 시스템에서 벗어나고 싶었다는 한국 어머니가 말레이시아에 오래 머물수록 자녀의 진로와 장래 인생설계의 지점에서 답답함과 두려움을 느끼는 것은 왜일까? 아이들의 시야가 넓어지고 원하면 어느 나라로든 진학할 수 있으며 실제 외국계 회사에서 세계 각국을 무대 삼아 살아도 무방하다고 생각하던 어머니가 자녀의 진로를 한국 대학으로 유턴하는 일이 발생하는 이유는 무엇인가?

어차피 한국으로 되돌아가야 하므로 한국문화, 연고주의, 경제적 여건, 외로움 등 복합적인 요인이 상호작용하면서 기러기엄마, 특히 고학년의 어머니는 혼란스러움에 빠지기도 한다. 아이들이 외국의 명문 대학으로 진학하기만 하면 이곳 생활을 접고 한국으로 돌아가 여유로운 생활을 할 것이라는 계획을 갖고 떠났던 조기유학의 종착점에 다가갈수록 혼란스러움과 불안감을 느끼는 것은 조기유학 이면의 동기가 실현되었는지에 대한 명확한 답을 얻지 못해서일 수도 있다.

제4장 한국 어머니의 사회적 욕망의 재현과 좌절

1. 과열된 교육열과 사회적 욕망

1) 교육열

아동과 청소년의 교육을 둘러싼 논의는 교육에 대한 부모의 관심과 열의를 넘어 교육열, 교육 열망으로 표현된다. 심하게는 다소 부정적인 수식어인 '편집증적인', 혹은 '과도한' 등과 같은 수식어가 붙기도 한다. 경제협력개발기구(OECD)의 회원국 중 한국은 사교육비 지출 부분에서 1위를 차지했으며 OECD 회원국 평균의 4배에 이르는 것으로 보고될 만큼 자녀교육에 대한 부모의 관심이 매우 높은 편이다. 이 정도면 과히 한국 부모의 자녀교육에 대한 관심을 '교육열'이라 칭할만하다.

그렇다면 교육열이란 무엇인가? 많은 사람이 관심을 갖고 교육열과 교육열 현상, 그리고 누구의 교육열인가를 밝히고 있지만 생각보다 교육열이란 단어의 의미는 매우 다양하고 복합적이다. 오욱환(2000)은 그 이유로 교육열 현상을 조망하는 학자의 시각과 그들이 염두에 두는 시대 및 집단의 차이, 교육열 현상의 분석 기준의 차이를 든다. 또한 이종각(2003)은 교육과 교육열, 그리고 교육열과 교육열 현상, 원인으로서의 교육열과 결과로서의 교육열을 구분하지 않은 점을 그 원인으로 제시한다. 즉, 교육열은 일종의 동기인 반면 교육열 현상은 교육열이 생태적 환경과 결합하고 상호작용한 결과라는 점에서 다르다. 따라서 결과로서의 교육열은 자녀의 성취욕구와 같은 원인에 여러 가지가 결합되면서 입시지옥, 입시경쟁 등과 같은 현상을 초래하기 때문에 교육열 자체와는 다른 의미라고 할 수 있다. 또 교육열은 교육과도 다른 개념이다. 교육열을 교육과 동일시하는 경향이 있는데 사실 '교육'이라는 단어는 전인 발달과 사회화 등을 추구하는 하나의 가치어인 반면, 교육열은 교육에 대한 열성으로서 주체나 대상, 목적, 범위 등에 따라 다르게 정의될 수 있다. 지금까지는 이런 차이점을 명확히 하지 않아 교육열을 학력이나 점수 때문에 지나친 경쟁을 불러일으키는 다소 부정적인 현상으로 인식하는 측면이 있었다. 그러나 분명 교육열은 학부모가 주체가 되어 자녀교육을 지원하는 동기체제이고 이런 교육열은 사회적 경쟁 조건 속에서 자녀에게 더 나은 학력을 갖게 하려는 행위로 표출되는 것이다(이종각·김기수, 2003).

이렇게 현상으로 나타나는 교육열의 원인은 무엇인가? 즉, 교육열을 어떻게 해석해야 하는가? 첫째는 개인의 동기 차원에서 설명할 수 있다. 이것은 심리학의 동기이론에 근거해 교육열을 인간의 자아성취적 동기 중 하나로 설명하는 것이다. 그러나 동기의 근원 혹은 영향에 대한 내외적 요인이 매우 다양하기 때문에 자아지향적 성장 동기인 교육열의 내외적 동기 및 그 결과에 대한 명확한 이해 또한 부족한 상황이다. 한정신(1988)은 역사적·문화적 차원에서 유교적 가부장제와 남아선호사상 때문에 여성이 교육열을 표출할 기회가 제한적이었고 교육을 받았다 할지라도 불평등한 사회 구조, 고용 관행, 성차별 등에 직면함으로써 여성이 자신보다 자녀의 교육 지원 활동에 총력을 기울인다고 설명한다. 이것은 간접적인 성취 동기로서의 교육열을 설명한 예라 할 수 있다.

둘째는 교육열을 교육행위에 파고 들어가서 그 행위를 강화하는 원인으로 보는 관점이다. 신기현(2009)은 이것을 에너지로서의 교육열로 명명한다. 이 교육열에는 '부모의 자녀 성취 욕구'가 전제되어 있다. 즉, 부모가 자녀의 출세, 미래 보장, 경제적·문화적·자본적 가치 등을 생산하기 위해 교육이라는 수단을 활용해 성취 욕구를 충족하고자 하는 것이다(신기현, 2007; 이종각, 2003). 이런 현상은 교육의 결과가 제도적·구조적으로 확인되는 풍토와 관행이 뒷받침되었기에 가능하다고 할 수 있을 것이다.

셋째는 하나의 열병으로 교육열을 이해하는 것이다. 이것은 정상의 범위를 넘어선 것을 의미한다. 즉, 교육에 대한 에너지가 넘쳐 개인과 가족, 사회에 입시지옥과 경쟁, 공교육 붕괴, 사교육 열풍, 가계 부담과 같은 이상 현상을 만들어내는 것이다. 이런 현상의 원인 중 하나로 교육 출세론을 들 수 있다. 이 이론에 따르면 한국 사회는 학교교육을 출세의 지름길로 인식하는 경향이 있으며 현재도 그것은 어느 정도 유효하기 때문에 지금과 같이 불평등한 사회경제적 구조 속에서 유리한 위치를 점유하기 위해서는 교육에 열을 올릴 수밖에 없다(오욱환, 2000).

마지막으로 열정으로서의 교육열을 들 수 있다. 여기서 열정은 특정 측면에 관심을 집중하고 나머지 측면은 관심에서 배제하는 것을 의미한다. 열정은 특정 목적을 달성하기 위한 수단이 아니라 그 자체가 목적이며 나름의 논리를 추구한다(신기현, 2009). 즉, 도달하고자 하는 결론 및 목적을 전제로 몰입하기 때문에 때로는 맹목적일 수 있고 폐쇄성을 띨 수 있어 부정적인 현상을 낳기도 한다. 통계청(2010)에서 제시한 자료에 따르면 국내 청소년(15~19세)의 사망 원인 중 자살이 차지하는 비율은 28.2%이며 이 중 절반 이상인 53.4%가 성적, 진학 문제 때문인 것으로 나타났다. 대학 입시에 대한 불안과 과도한 학업에서 비롯된 스트레스가 이런 극단적 결과를 낳은 것이다. 이 외에도 학업 스트레스로 인한 학습 능력과 집중력의 저하, 불안과 초조, 수면장애, 두통 등과 같은 스트레스성 질환, 성장 장애 등과 같은 부정적 현상은 과도한 교육열의 부정적 예라 할 수 있다(≪한국경제≫, 2012년 7월 5일자).

물론 교육열 현상이 부정적인 것만은 아니다. 학력 경쟁을 비롯한 각종 교육 병폐를 초래한 부정적 현상도 있지만 지금까지 한국의 발전을 견인한 긍정적 현상도 병존한다. 그러나 대부분 교육열을 말할 때 긍정적 측면보다 부정적 측면에 집중하는 경향이 있다. 이는 교육대상은 아동과 청소년인데 교육열 현상을 야기하는 사람은 학부모이기 때문에 나

타나는 현상이다. 그렇다면 왜 학부모가 교육열 현상의 핵심에 놓여 있
는가? 김소희(2005)는 학업 성적을 근거로 성공과 실패를 가늠하고 구분
하는 우리 사회의 평가 시스템과 학부모의 실패에 대한 두려움과 불안,
학부모인 어머니의 부족했던 교육기회 등이 교육 지원열로 집약되어 나
타나기 때문이라고 진단한다.

이와 같은 해석에 다시 제기되는 의문은 이것이 부정적으로 평가되는
이유다. 결국 교육 지원열은 학부모의 사회경제적 지위를 가늠하는 사회
적 자본과 밀접한 관련이 있기 때문에 부정적 평가에 노출되기 쉽다. 여
기서 사회적 자본이란 1920년 초 프랑스의 사회학자인 피에르 부르디외
(Pierre Bourdieu)와 미국의 사회학자인 제임스 사무엘 콜맨(James Samuel
Coleman)이 제시한 용어로,[1] 구성원 간 상호작용을 통해 형성되는 유대
관계이며 비공식적 네트워크를 의미한다. 즉, 상호신뢰와 협력에 의한
공감대, 다양한 정보채널, 조언, 상대방에 대한 기대 구조 등의 요소로
구성된 관계의 질이다(안우환·김경식, 2005). 사회적 자본은 가족 내에서
부모의 인간 자본, 교육적 관심, 부모의 교육적 기대, 부모와 자녀 간의
상호작용, 자녀교육에 대한 부모의 개입 방식과 구조, 학생 자본의 인적
자본과 사회적 자본 등으로 구성된다. 즉, 부모와 자녀 간 유·무형의 관
계, 부모의 지원 정도나 열정·노력 등으로 표출되며, 이것은 지역별·계
층별로 다르게 나타난다. 따라서 교육을 받는 당사자인 자녀보다는 학부
모, 특히 어머니와 이웃, 지역사회, 대중매체 등과 같은 외부 변인의 영
향을 받는다.

최근 아버지의 자녀교육에 대한 관심과 관여 정도가 높아졌다고는 하
지만 여전히 어머니가 자녀교육의 핵심 모체임은 분명하다. 여전히 양질

---

[1] 부르디외는 자본을 경제와 문화, 사회적 자원의 상호작용 측면에서 설명한 반면 콜
맨은 타인과의 유대를 기본으로 인간의 자본이 창출된다고 설명했다.

의 정보를 모을 수 있는 어머니의 능력 그 자체가 자녀교육의 문화 자본 중 하나로 작동하고, 그러한 능력은 어머니의 삶의 경험, 그리고 의식적·지속적인 활동을 통해 재생산되고 축적되기 때문이다(박소진, 2007). 이런 측면에서 교육 지원은 사회의 불평등 체계를 완화하기보다는 이를 재생산하며 또 견고히 하기 위해 정교화되는 양상을 띤다고 할 수 있다. 같은 아파트에 살거나 같은 학원에 다니거나 성적이 비슷하거나 등과 같은 이유를 들어 형성되는 '끼리끼리' 문화는 어머니의 자녀교육을 위한 지원망이 배제적이고 차별적임을 보여주는 예다(안우환·김경식, 2005). 이런 의미에서 과도한 교육열은 가정적으로나 사회적으로 부정적인 현상을 낳는 이기적 양상을 보여 이에 대한 사회적 관심이 필요하다.

2) 사회적 욕망

신분지위의 이동

교육열의 한 단면으로 이해되는 조기유학 현상을 통해 자녀교육을 둘러싼 부모의 사회적 욕망을 예측하는 것은 사실 그리 어려운 일이 아니다. 새로운 출발을 꿈꾸는 청소년 당사자뿐 아니라 고등교육을 받은 부모나 고등교육을 받지 않아 학력차별을 경험했던 부모 모두 나름 교육을 통해 지향하는 각기 다른 꿈, 열망의 동기와 목표를 가진다. 다만 그 열망을 유독 교육열을 빙자해 혹은 학력과 학벌을 통해 이루고자 한다는 점에서 공통점을 발견할 수 있다. 다시 말하면 이것이 모여 다시 교육열을 만들어내고 또 이와 연관된 또 다른 열풍을 만들어내는 것이다. 그렇다면 그들의 욕망은 무엇이고, 특히 교육열을 통한 열망은 무엇인가?

강창동(2008)은 교육열을 한국의 교육 성격을 이해하기 위한 인식의 나침반이라고 명명한다. 시대와 공간의 성격에 따라 다양한 교육적 현상의 원인으로 작용하는 교육열을 타인에게 인정받고자 하는 욕망인 신분 욕망과 동일시하면서 교육 경쟁을 통해 교육적 욕망을 실현하고자 하는 과열된 현상이 마치 일종의 편집증적 교육열, 혹은 의도하지 않은 도착 증적 교육열을 초래하기에 이른 것으로 진단한다.

교육열의 사전적 의미는 '교육에 대한 열의'다. 교육열은 교육에 투자 하려는 개인적 동기의 일종이며 기대하는 결과를 이끌어내기 위해 교육 에 투자하려는 열정이다(안우환·김경식, 2005). 한국에서 이런 교육열에 편집증적 혹은 도착증적이라는 형용사 어구를 붙일 정도로 그 열의가 대 단하고 심지어 학부모의 교육열과 동일시할 정도라는 사실은 그 이면에 어떤 욕망이 내재되어 있는지에 대한 호기심을 자극하기에 충분한 듯하 다. 교육에 대한 집착으로까지 표현되는 한국의 교육열은 교육을 통해 무엇인가를 성취하고자 하는 욕망에서 비롯된다.

그렇다면 인간의 단순한 욕구의 수준을 넘어 심리사회적 영향으로 구 성된 사회적 욕망의 결정체이자 사회적 현상으로 대변되는 교육열을 통 해 부모는 어떤 사회적 욕망을 성취할 수 있는가? 특히 조기유학을 선택 한 한국 기러기엄마의 사회적 욕망은 무엇인가?

본 인터뷰에 참가한 한국 기러기엄마의 욕망은 크게 두 가지로 요약될 수 있다. 하나는 자녀교육을 통한 사회적 욕망의 핵심이라 할 수 있는 학 벌을 갖춤으로써 사회적 자본을 구축하고 이를 통해 타인의 인정이 뒤따 르는 신분지위로 이동하고자 하는 데 있다. 이를 강창동(2004)은 '신분 욕 망'이라는 용어로 명명한다. 그에 따르면 인간의 욕망은 사회라는 거대 한 타자의 영향을 받으며 이를 통해 가치관과 취향, 성격 등이 형성된다. 이런 점에서 욕망은 일종의 사회적 산물이며 특정의 사회적 관계와 밀접 한 관련이 있고 또 특정의 사회적 조건을 통해 구성되는 것이기도 하다. 즉, 인간의 욕망은 자신의 만족만으로 충족되는 것이 아니라 타자의 인정을 통해 충족되며 타자가 원하고 타자가 소유하려는 욕망인 것이다. 이런 의미에서 인간은 그 욕망을 충족함으로써 타인과 거리 혹은 차이를 두고 타인의 인정을 바탕으로 소유와 열망의 대상이 되기를 희망하는데 그런 기대와 바람은 결국 신분 차이로 귀결된다. 그리고 사회가 이런 신분 차이를 인정하고 이용하려 할 때 사람은 스스로 그 차이를 좁히기 위해, 즉 열망을 실현하기 위해 다각적인 방법을 동원하기 마련이다.

여기서 다각적 방법이란 곧 기호 혹은 방법을 의미한다. 사회적 욕망을 실현하는 방법 혹은 통로는 여러 가지가 있을 수 있다. 그런데 유독 교육을 선택하는 것은 선택하는 자의 기호에 따른 것이라 볼 수 있다. 즉, 교육을 통해 신분 욕망을 채우고 타인과의 차이를 두는 데 다수가 찬성하고 원하며 이루려고 노력하는 것은 그것을 선택한 자의 기호인 것이다. 문제는 이런 기호의 선택이 대부분 가족을 통해 이루어진다는 점이다. 이 때문에 교육열, 조기유학 열풍 등과 같은 신조어가 생겨났다고 본다.

의식주에 대한 기본적 욕구 충족을 넘어서 신분과 지위에 대한 사회적 욕망을 교육이라는 매개를 통해 실현하고자 하는 근본적인 이유는 무엇보다 강력한 학력과 학벌 효과 때문이라고 할 수 있다. 학력은 합법성과 정당성의 가면 아래 신분적 '구별 짓기'의 준거로 이용될 수 있는 강력한 도구로 인정되어왔다. 교육경력 즉, 학력은 사회적 자본으로서 무형의 형태로 존재하며 복종과 기대라는 신뢰의 차원, 정보 채널, 개인의 이기심을 넘어서는 공공의 선을 고양하기 위한 인정과 규범의 형태를 갖는다(안우환·김경식, 2005).

그러나 한국 사회에서는 이와 같은 콜맨의 사회적 자본의 개념이 이질적인 성향으로 나타나는 경향이 있다. 공공의 선을 지향하기 위한 인정과 규범보다는 철저히 계층화되고 배제적이며 차별적인 경향을 보이고 또 그 속에서 '구별 짓기'와 차별화 경계가 형성되는 경향을 보이기 때문

<그림 4-1> 학력 간 임금격차

(단위: %)

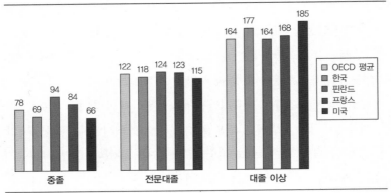

주) 고등학교 졸업자 임금=100
자료: 경향신문(2010).

이다. 조기유학생의 부모 중에는 이런 도구의 희생양이 되거나 이를 통해 이득을 본 경험이 있는 경우가 많다.

내가 못했던 것, 내가 못하는 것, 그리고 일반 아이들이 하지 못했고 할 수 없다고 생각되는 것을 내 아이들은 할 수 있도록 지원해줘서 내 아이들만이 할 수 있는 특별한 경험을 해보게 하면 어떨까 하는 생각을 했어요. 한국 학생 중 소수만이 경험할 수 있는 것을 너희는 할 수 있다는 것을 우리 아이들에게 보여줌으로써 '너희는 특별하고 소중하다'라는 느낌을 전해줄 수 있다고 믿었어요(R).

<그림 4-1>은 학력 간 임금격차를 보여주는 그래프다. 최근 고졸 채용 확산 사례가 보도된 가운데 OECD 회원국의 대졸과 고졸 간 임금격차에 관한 정보에서 한국의 격차가 크게 나타나 여전히 학력 프리미엄 현상이 나타나는 것을 확인할 수 있다. OECD의 2007년 조사에서는 한국의 고

졸 임금이 100일 때 대졸은 160으로 나타나 OECD 회원국 중 최대 수준의 격차를 기록했었다. 2010년도에도 고졸이 118일 때 대졸은 177로 약 1.5배의 차이를 보였다. 이것은 OECD 회원국 평균보다 훨씬 높은 것이다. 반면 'OECD 교육지표'에 따르면 한국의 고등교육(전문대, 4년제 대학, 대학원 등) 이수율은 58%로 세계 1위다. 대학 및 대학원 입학률도 2008년 기준으로 71%를 기록해 OECD 평균인 56%를 크게 웃돌았다. 하지만 4년제 대학 및 대학원 졸업자 고용률은 OECD 평균을 밑도는 것으로 나타났다. 이와 같이 대학 졸업자의 취업률이 다른 나라에 비해 상대적으로 낮은 데도 한국의 대학 진학률이 매년 증가하는 것은 학력 간 임금격차가 크기 때문인 것으로 분석된다(≪경향신문≫, 2010년 9월 7일자).

이와 같이 여전히 학력 차별이 심각한 사회에서 이를 이미 경험한 부모라면 더욱 자녀에게 이를 대물림하지 않으려는 욕망을 가질 것이며 이것은 어쩌면 당연하다고 할 수 있다. 심지어 학력이 경제적 가치뿐 아니라 인간적 차별로 이어질 때에는 이런 욕망이 더욱 절실해질 수 있을 것이다.

이런 의미에서 조기유학을 권유한 사람이자 학력 인플레 사회의 중심에서 노동의 재생산을 통해 가장 역할을 하는 아버지가 영어 때문에 경험한 차별을 자녀에게는 대물림하지 않기 위해 미국이나 캐나다, 호주, 뉴질랜드는 못 가더라도 영어권 동남아시아 국가로의 조기유학을 결정한 이유나 동기 저변에 깔려 있는 그들의 사회적 욕망은 결국 우리 사회의 한 단면으로 비쳐질 수 있다.

그러나 이런 원인이 모여 과거의 도피성 유학처럼 적절한 기준이나 준거 없이 국가의 자본을 외국으로 유출하는 무분별한 유학이라는 부정적이고 비판적인 인식에서 벗어나 이제는 내가 아닌 내 가족의 누구라도 갈 수만 있다면 가라고 권할 정도로 조기유학에 대한 인식이 변하면서 조기유학 가정의 고민 또한 깊어졌다. 왜냐하면 강창동(2004)이 진단한 것처럼 "교육적 욕망을 통한 사회적 '구별 짓기'와 신분 차이가 합법화"되면서 어쩌면 이제는 더욱 가시적이고 치열한 경쟁으로 내몰릴 것 같은 위기감과 불안감이 기러기엄마의 마음과 생각을 더 크게 지배하기 때문이다.

탈주

자녀의 조기유학을 통해 실현할 수 있는 기러기엄마의 또 다른 욕망은 집을 떠나보고자 하는 열망의 실천이다. 전통적으로 '집'은 여성의 공간이며 길은 남성의 공간이다. 즉, 생계부양자인 남편과 가계전담자인 아내, 자녀로 구성된 핵가족 이념이 자리 잡으면서 남성은 바깥(길), 여성은 안(집)에서 각각 생산과 재생산의 역할을 담당해왔기 때문에 안과 밖, 집과 길로 성역할 구분이 명확히 이루어져온 것이다. 이런 의미에서 집은 여성이 바깥세상으로부터 분리되고 소외되는 공간으로 인식되어왔고 이 때문에 여러 작품에서 가출이나 외출은 집을 떠남으로써 여성 자신의 정체성을 탐색하는 주요한 모티브로 작용해왔다(이선옥, 1997). 즉, 여성 문학에서 가출과 외출은 집이라는 공간에서의 탈출 혹은 탈주 욕망에서 비롯된 것이다.

일반적으로 탈주는 기존의 구조와 체제의 구속으로부터 벗어나는 것을 의미한다. 신체적으로 벗어나고 도망가는 것뿐 아니라 인식적으로도 기존의 가치관에서 벗어나 새로운 가치관으로 사고하는 것이다.

이와 같은 탈주의 사상은 질 들뢰즈(Gilles Deleuze)의 이론에 기초한다. 그에 따르면 욕망은 생산이자 능동적인 힘으로서 자유롭게 흘러다니는 흐름이다. 내 안에 존재하는 지배와 복종을 스스로 제거하고 이제까지의 '나'를 넘어 새로운 '나'를 생성하는 주체적 가능성이다. 한편으로는 억압적 질서의 구조화이지만 다른 한편으로는 사회적 지배질서나 억압적 질서를 돌파하는 새로운 가치 창조이기도 하다(최명선, 2006). 이것은 기존에 욕망을 결핍이나 결여로 간주한 것과는 차이가 있다.

그는 욕망을 '욕망하는 생산'으로 정의한다. 즉, 주어진 경계를 벗어나 끊임없이 새로운 환경과 접속하고 새로운 환경을 향해 뻗어나가며 새로운 환경 혹은 영토를 형성하는 영토화 혹은 재영토화(reterritorization)에 의해 보완되는 하나의 운동으로 간주한다(노양미·이찬, 2004).

어떤 행동이나 활동을 하고자 하는 의지로서의 이런 운동, 즉 욕망을 통제하고 조정하고자 할 때 우리는 갈등과 배제를 경험하기도 한다. 한편에서는 권력 구조 내에 기존의 관계나 배치를 유지하고자 하고 다른 한편에서는 기존의 배치를 변화시켜 다른 배치를 생산하고 창조하려 하기 때문에 선택의 기로에 놓이기도 하며 기존의 배치에서 벗어나는 탈주를 지속하기도 한다.

이와 같은 들뢰즈의 탈주 이론을 바탕으로 조기유학 이면에 내재된 '집을 떠남'이라는 욕망을 둘러싼 사회적 의미, 즉 바깥세상과의 분리와 소외로부터 바깥세상으로의 통합과 관심, 세상 속에서 나를 찾고자 하는 열망은 자녀의 조기유학으로 집을 떠나온 기러기엄마의 자유로움과 연관 지어 해석할 수 있다. 자녀교육을 위해, 특히 영어교육을 위해 집을 떠남으로써 국내보다 더 큰 세상에 통합되고 집과 연관된 수많은 관계와 구속으로부터 자유로워질 수 있는 기회를 만든 것으로 이해할 수 있는 것이다.

> 아버님이 병환으로 돌아가시니까 시어머님이 송곳 같아져 힘들고 몸은 하나인데 해야 할 일은 많았어요. 못 가도 많이 힘들고 가면 내 시간이 없고 그랬는데 요즘은 안부전화만 해도 되고 누가 와도 얼굴 안 비쳐도 되는

점이 좋아요. 그런 것으로부터 해방감을 느껴요(B).

뭘 해도 다른 사람 신경 안 쓰고 한국말을 해도 듣는 사람이 없으니까. 친구나 가족관계에 집착하고 의무감으로 해야 하고, 그렇게 하는 것이 힘들었는데 여기는 그렇지 않으니까 자유롭죠. 친정, 시댁, 남편 사업에 모든 것을 맞춰야 하는 점이 컸는데 여기는 그 점에서 특히 자유로워요(D).

게다가 이 기회는 경제적 지원을 받으면서 낯선 곳에서 자녀교육을 위해 희생하고 헌신하는 어머니 역할로 승화되며 기러기엄마 자신보다는 남편이 동기화한 조기유학일 때는 더욱 정당성을 부여할 수 있는 기회가 되기도 한다. 아울러 타국에서 일상을 자녀에게 '올인'함으로써 한국에서 일 때문에 자녀를 돌보거나 교육하는 데 소홀했다는 죄책감과 미안함을 느끼던 어머니에게는 몇 년 후 '집'으로 귀환해 과거를 반추할 때에도 '낯선 곳에서의 어머니노릇', '희생과 헌신', '고마움'으로 평가되고 기억될 수 있다는 점에서 사회적 욕망을 실현하기에 적합한 대안 중 하나임에는 분명한 듯하다.

특히 이런 해석은 고등교육을 받은 어머니이기에 더욱 가능하다. 과거에는 고등교육을 받은 여성이 많지 않아 어머니들은 세대를 재생산하고 자녀를 양육하는 노동만으로 존재를 인정받았다. 하지만 근래에는 세대의 재생산에 대한 관심이 줄어들어 실제 소자녀화 현상이 극에 달했을 정도이며 30대 이상의 여성 대다수가 고졸 혹은 대졸 이상의 학력인데도 능력을 활용할 수 있는 여건은 이전과 크게 다르지 않다. 이런 점에서 자녀교육은 이들이 자신의 정체성을 수립하고 역할 지위를 확고히 하는 데 주요한 무기가 될 수도 있을 것으로 보인다. 즉, 자녀교육이라는 주요한 과제를 재생산해내고 이를 통해 신분지위를 유지하거나 상승시키고자 하는 사회적 욕망을 실현할 수 있기 때문이다. 실제 이런 욕망의 실현에 대한 기대가 비단 어머니에게만 있는 것은 아니다. 인터뷰에서 나타난 바와 같이 자녀교육을 위한 조기유학행을 권하고 독려한 사람이 대부분 아버지이기 때문에 기러기엄마가 아버지의 욕망을 대신 충족해준다고도 볼 수 있으며 이런 점에서 가정의 관심과 칭송을 받아 마땅한 입지에 놓인 것이라고도 할 수 있다. 나아가 일부의 조기유학은 시부모에게까지 인정받은 하나의 위임받은 활동이라는 점에서 가계(家繼)의 욕망을 실현하는 과정으로 해석될 수도 있을 것이다.

　　남편과 의논 많이 했어요. 희생이라고 생각했지만 꼭 그렇지만은 않다 싶기도 하고……(J).

　　시댁에서 잘했다고 하세요. 큰집은 뉴질랜드로 가서 경제적으로 부담이 되는데 우린 이렇게 동남아시아로 와서 아빠한테 크게 부담이 되는 것도 아니고 또 애들도 영어 공부를 할 수 있으니까(K).

이런 의미에서 기러기엄마의 '집을 떠남'을 통한 자유로움에 대한 열망, 즉 탈주의 욕망은 사실 조기유학을 통해 자녀의 교육적 성공을 이룸으로써 가질 수 있는 또 다른 사회적 욕망의 부차적인 것에 불과하다. 여기서 부차적이라 함은 자녀교육을 통해 궁극적으로 이루고자 하는 것, 즉 조기유학을 통한 사회적 욕망의 본질이 기러기엄마의 자유로움과 정체성의 재확립에 있지는 않음을 의미한다.

2. 사회적 욕망의 실현과 좌절

1) 재현되는 한국의 교육 상황

여기서는 한국 어머니가 말레이시아로의 조기유학을 결정하고 정착하는 과정에서 경험하는 일종의 후회를 살펴봄으로써 적응 과정에서 경험한 어려움과 그것에 대한 나름의 평가 혹은 인식, 대처 방법 등을 살펴보고자 한다. 이를 통해 말레이시아에서의 조기유학에 대한 나름의 평가를 내릴 수 있을 것이다.

인터뷰에서 나타난 바와 같이 기러기엄마 중에는 말레이시아로의 조기유학이 본인과 자녀의 첫 해외 경험인 경우도 적지 않았다. 그만큼 호기심과 기대가 컸을 것임은 미루어 짐작할 수 있다. 그러나 그와는 반대로 후회와 불안을 느끼는 경우도 있었다.

이 중 일종의 선택에 대한 후회는 사실 말레이시아라는 나라에 대한 실망이라기보다는 말레이시아에서의 조기유학에 대한 지나친 기대와 미리 철저하게 계획하지 못한 것에 대한 후회, 기러기엄마 간 대인관계에서 오는 고달픔과 관련된 후회라 할 수 있다. 또 한국의 교육 현실에 대한 부정적 평가에 근거해 타국에서의 자녀교육을 감행한 기러기엄마가 가장 많이 언급하는 문제는 한국에서의 사교육비와 자녀가 학령기의 시간 대부분을 학원에서 보내다시피 하는 현실이다.

기러기엄마는 선진국이 아닌 동남아시아 국가, 말레이시아로의 조기유학을 통해서 자녀가 좀 더 시간적 여유를 갖고 학업에 임할 수 있을 것이라는 막연한 기대와 또 한국에서의 사교육비로 조기유학이 가능할 것이라는 현실적인 기대를 갖고 출국하지만 어쩌면 이 기대가 물거품이 되거나 혹은 모두 충족되지 못할 수도 있을 것이라는 불안한 상황에 직면하기도 한다.

한국은 학원비가 많이 드는데, 여기는 학원 안 보내도 된다고 생각했어요. 그런데 한국 애들이 많아서 영수를 다 못하면 안 되니까 수학 학원에 보내요. 수영도 보내고, 애들이 놀리니까 작은 애는 부정적으로 변하고 자신감도 없어지는 것 같아요(A).

또 다른 당혹감은 언어교육에서 나타난다. 인터넷 자료와 유학원의 홍보를 통해 영어에 대한 열망뿐 아니라 중국어까지 교육할 수 있다는 기대와 가능성을 갖고 나왔는데 실상은 일상생활에서 영어를 쓸 기회조차 없을 정도로 한국인이 밀집되어 생활하고, 다시 그 한국인 간 사교육 경쟁의 한가운데에 놓이는 상황이 연출되기 때문이다.

암팡애비뉴에서는 영어를 쓸 기회가 거의 없어요. 영어를 배우려면 암팡애비뉴에서는 살지 않는 것이 나을 것 같아요. 영어를 쓸 기회가 정말 거의 없으니까. 애들 교육 때문에 이곳에 왔는데 그런 점에서 생각해보면 이곳은 아니다 싶어서 빨리 생각을 바꿔 다른 나라로 갈까 하는 생각이 들어요. 말레이시아는 영어 배우는 데 좋은 나라는 아니다 싶어서 빨리 떠나고 싶기도 해요. 엄마들이 더 나은 교육 환경 때문에 왔는데 그 단순한 조건이 잘 안 맞는 것 같아서(P).

처음에는 이곳을 하와이 해변도시로 생각했어요. 공부는 안 해도 되지만 언어는 중국어까지 하면 굶어죽지는 않겠지 하고 생각을 했는데 아닌 것 같아요(A).

인터넷 정보가 허황된 편이에요. 2개 국어한다, 영국식 교육이라고 하는데 와보니 지저분하고 애들 교육도 힘들고, 한국에서 학원 안 보내려고 왔는데 튜이션을 안 할 수 없는 구조고. 이 나라에서 애들을 이 정도 교육시켜서 과연 좋은 대학에 잘 갈 수 있을지 의문이에요. 애들 인권도 생각하지 않으니까(Q).

게다가 교육의 질과 특히 교사의 역량에 대한 불만은 늘 문젯거리다. 미성년자 보호에 대한 인식이 성숙하지 못한 상태인 말레이시아에서 청소년이 발달과업상 표출하는 공격성과 분노 때문에 학교와 기러기엄마 간의 갈등이 반복되고 청소년의 혼란스러움을 해결할 대안도 부재한 실정이다. 간혹 등교한 이후 학교 창문을 통해 학교를 탈출하거나 무단결석을 하는 청소년도 있다. 또 학생끼리 몸싸움을 벌이는 경우도 있는데 이때 그 해결방법이 문제가 된다.

말레이시아의 국제학교 교사는 한국인이 공격적이라고 판단하는 경향이 있다. 이들은 간혹 청소년이 몸싸움을 하면 그 원인이나 학생의 입장을 알아보려 하지 않고 학교를 떠나줄 것을 요구하는데, 이때 기러기엄마는 가장 당혹스러운 상황에 처하고 심지어 간청하기까지 한다. 이런 광경이 학생에게 목격되고 기러기엄마 사이에서 소문으로 확산되면서 어머니들은 학교의 처사에 대한 불편함과 부당함을 논하거나 혹은 교사에 대한 학생의 태도를 문제 삼기도 한다.

여기는 학교에서 부당한 일이 너무 많이 일어나는데 엄마들이 전혀 따지지도 못해요. 여기 엄마들은 자기 생활을 중시하는 것 같아요. 홍콩에는 골프 치러 가는 엄마들 없어요. 애들 교육이 먼저고 골프를 쳐도 주말에 치는데 이렇게 평일에 골프를 치는 경우는 거의 없어요. 다 교육에 매

달리는데 …… (C).

한국 아이들도 문제가 많아요. 교사에 대한 존경심이 없어요. 교사가 뭐라 하면 큰애들은 대들고 창문 넘어 나가버리니까(G).

한국인은 피부색 차별이 심하고 여기서도 흑인이 악수하면 손을 씻는 애들도 있어요. 그러니 참 …… (I).

자녀가 학교에서 부정적인 상황을 직접 경험하지 않았다 할지라도 기러기엄마는 사실 적응 초기에는 아이가 등교를 한 이후 집에 돌아올 때까지 불안해한다. 간혹 국제학교에서 학생이 부정적인 인권 침해를 경험하는 경우가 있기 때문이다. 얼마 전에는 일부 교사가 아이들을 책상에 묶어두거나 입에 테이프를 붙여놓는 일이 발생해 어머니들이 상당한 충격에 휩싸인 적이 있었다. 다시 학교를 물색해보고 학교 입학에 관한 정보를 알아보는 어머니도 있지만 그렇다고 당장 학교를 떠날 수도 없다는 사실에 직면하면서 학교에 하루 종일 머물며 쉬는 시간마다 아이를 살피기도 한다.

기러기엄마들이 선택할 수 있는 학교가 거의 없어요. 새로 생긴 학교도 다 아는데 결국 조건은 마찬가지고 현지 교사도 그 선생이 그 선생이고, 보장만 되면 한번 생각해보겠는데 학교를 옮겨도 의미가 없겠다 싶고(P).

유학원 말만 듣고 왔는데 다 그렇지도 않고, 옮기고 싶은데 비용이나 학비도 많이 들어서 옮기지도 못해요(G).

이런 어려움은 조기유학의 본래 동기에 대한 성찰로 이어진다. 어머니는 '왜 내가 자녀의 조기유학을 원했는가'에 대한 성찰과 자성의 과정을 겪고 또 그 과정에서 '어쩔 수 없는 선택', '두 마리 토끼를 다 잡고자 했던 최선의 선택'이었다는 합리화와 정당화의 과정을 수없이 반복한다.

도피하는 심정이 컸어요. 그러니까 답사 때는 부정적인 것이 보여도 덜 생각하고 그랬던 것 같아요. 실제 나와보니까 어려움이 더 크게 다가오고. 한두 달은 적응하느라 정신없고 석 달째부터는 내 정체성, 내 선택과 아이가 바보 취급 당하는 것 때문에 많이 흔들렸고 학교 교사의 폭력 때문에 힘들었어요. 한 넉 달쯤 지나니까 중심을 잡자는 생각이 들고 여유도 생기고, 이제 나를 돌아보니까 내 모습이 보인다 싶고(A).

조기유학의 배경과 조기유학을 통한 사회적 욕망 실현을 위한 적응 과정에 대한 인터뷰를 하면서 느낀 점 중 하나는 그들이 자신의 특수성을 강조하는 경우가 많았다는 점이다. 이런 독특성, 조기유학 열풍에 휩쓸려 말레이시아를 선택한 것이 아니라 나만의 특별한 사유가 있는 계획된 이탈이었다는 나름의 평가는 자녀와 관련된 위와 같은 당혹스러운 사례에 대한 염려와 긴장을 다시 정리할 수 있는 단초를 제공해준다.

제 경우는 일반 한국인의 조기유학과는 다릅니다. 다른 이들은 아이들이 학교 공부를 못하거나 성적이 낮게 나오거나 학교를 싫어하는 등 학교생활에 적응을 못 해 많이 나온다고들 하던데 제 경우는 아이들이 공부도 잘했고 학교생활에 적응도 잘했지만 좀 더 넓은 세계를 보여줄 기회가 그리 많지 않고 지금이 오히려 그런 것을 해주기에 적기가 아닐까 싶어서 나왔습니다. 제 경우는 좀 특별한 편이지요(M).

이런 식으로 이야기하는 경우가 대표적이지만 사실 이 경우에도 한국인의 타인을 바라보는 '냉소주의'적 시선이 느껴진다. 왜 그런 것일까? 강준만(2006)의 표현대로 한국인의 코드에는 '최악을 준비하는 삶의 자세'라는 냉소주의에 근거를 둔 '6·25멘탈리티' 같은 것이 있으며 정녕 한국 어머니는 이 6·25멘탈리티에 추동되어 말레이시아로의 조기유학을 실행에 옮기는 것일까?

한국의 공교육을 불신하고 사교육 시장에 의존하는 한국 어머니는 말레이시아로의 조기유학을 사교육의 연장선상에서 이해하고 그러한 논리로 자녀를 가르치고 길러낸다. 이는 한국 어머니의 교육열과 무관하지 않으며 말레이시아에서도 예외가 아니다. 한국 어머니의 욕망은 그대로 자녀에게 전이된다.

이곳 말레이시아 암팡에서는 많은 한국인이 암팡애비뉴에 살고 있어요. 암팡애비뉴에 사는 사람 사이에서도 이스트, 노스 포인트, 사우스 뷰 중에서 어디에 사느냐에 따라 약간의 수준 차가 있고, 이것이 거주자 간 경제적 차이를 나타낸다고 생각해요. 하지만 한국의 강남과 강북 같은 구분은 없다고 생각해요. 강남 같은 분위기가 없기 때문에 아이들 교육하기가 한국보다 쉬운 것 같아요. 또 한국에 비해 더 마음 편하게 아이들 교육을 시킬 수 있는 것 같아요. 저 역시 한국에 살 때 강남에 사는 어머니와 함께 어울려 보았는데 자녀교육에 대한 관심이 지나치다 싶을 정도로 이상했어요. 좋은 학원, 좋은 강사에 대한 정보를 갖고 있는 아주머니를 중심으로 움직일 때가 많아요. 그런 정보를 갖고 있는 강남 엄마들은 때로는 으스대기도 하고, 때로는 정보를 공개적으로 알려주지 않으면서 자신만의 노하우를 갖지요. 어떨 때는 그들의 행동이 얄밉기도 하지만 많은 어머니가 어쩔 수 없이 그들에게 정보를 구하기 위해 만나요(M).

위의 사례에서 알 수 있듯이 기러기엄마는 한국 사교육 시장이 강남 어머니에 의해 움직인다는 사실을 인정한다. 학부모의 지나친 교육열을 지칭하는 말인 일명 '치맛바람'의 진원지라 할 수 있는 강남의 사교육이 심지어 집값과 연동되어 시장에 영향을 미칠 정도인 상황을 어느 정도 인정하는 것이다. 그리고 그들은 한국의 이러한 분위기가 싫어 말레이시아를 찾아왔다. 하지만 말레이시아에서도 한인사회의 경우 이러한 사교육에서 자유롭지 못하다. 이는 한국 어머니의 영어와 자녀의 영어교육에 대한 욕망이 교육열과 긴밀히 연계되어 있기 때문이다.

제가 우리 아이에게 영어를 가르치기 위해 말레이시아로 조기유학을 온 이유는 우리 아이가 영어를 잘해서 잘 먹고 잘살 수 있다고 믿어서가 아니에요. 저는 영어를 곧잘 구사하게 되면 나중에 한국에 돌아가서라도 밑바닥 생활은 하지 않을 것이라고 생각해요. 설마 영어를 잘하는데 바닥으로 추락하지는 않을 것이라는 거예요. 누구는 영어가 글로벌시대를 사는 데 필수적인 수단이라고 하지만 저는 그렇게 생각하지 않아요. 영어를 잘하면 최소한의 밥벌이는 할 수 있지 않을까 생각해요. 좀 더 자세하게 말하자면 교수가 되거나 대기업에 취업하지 못하면 최소한 영어 강사라도 해서 자기 밥벌이는 할 수 있다는 거지요. 제게 영어교육은 최소한의 것이지 출세나 취업을 위한 최대의 것이 아니에요. 하지만 이런 생각으로 영어를 가르치는 것도 그렇게 쉽지만은 않더군요(M).

그녀는 국내 대기업에 근무할 때 영어를 잘하지 못해서 차별 당했던 경험이 있다. 그녀는 영어에 대한 열등감이 자신을 외국으로 내몰았고 그 선택에 아무런 후회도 없다고 했다. 그녀에게는 모든 면에서 자신보다 성적이 좋지 않았지만 영어를 잘한다는 이유로 사회적으로 성공한 고등학교 친구가 있다. 그녀는 그런 친구의 성공사례를 접하면서 자녀는 영어를 못해서 불이익을 당하게 하지 않겠다는 생각을 한 적이 있다. 이런 면에서 그녀에게 영어는 사회 이동을 위한 도저히 참을 수 없는 욕망을 재현하는 현실적 장치이기도 하다. 한국 어머니가 자기 자녀에게 영어를 교육시키기 위해 한국보다 나은 환경으로 선택한 말레이시아는 이러한 그들의 욕망을 충족시켜주는 매개물로서 존재하는가? 미국이나 캐나다는 못 가더라도 상대적으로 생활비가 저렴한 말레이시아 같은 동남아시아의 영어권 국가로 조기유학을 오는 이들의 기대와 꿈과 희망은 만족스러운 수준에 도달해 있는가? 이에 대한 대답은 한국 어머니의 교육열, 특히 영어교육열에서 찾아야 할 것이다.

저는 2003년에 두바이에서 살아본 경험이 있어요. 그래서 이번에 말레이시아에서는 두 번째 타향살이라고 할 수 있습니다. 이번에는 아들과 딸, 애들 아빠와 함께하는 생활이에요. 암팡애비뉴에 집을 정하고, 어느 정도 생활이 안정되자 저는 아이들의 공부에 관심을 갖고 자료를 수집했어요. 국제학교에 보내야 하나 혹은 중국계 로컬학교에 보내느냐를 결정하는 문제에서 남편과 의견 차이를 보이기도 했어요. 그런데 남편 의견에 따라 국제학교에 보내기로 했어요. 한국 학생이 너무 많은 것이 문제가 되어 나중에는 최근에 생긴 국제학교로 전학을 보냈어요(J).

2) 타국에서 겪는 부부간 불화와 외로움

말레이시아의 '기러기가족'이 겪는 가장 심각한 문제 중 하나는 가족 간 불화의 심화라고 할 수 있다. 남편과 아내가 서로 떨어져 장기간 생활하다보면 예기치 못한 문제가 많이 발생하기 마련이다. 자녀교육을 위해 별거를 감수하면서까지 많은 기대를 갖고 왔지만 오히려 남편과의 불화가 더욱 심화되는 경우도 기러기엄마의 입을 통해 간혹 흘러나온다. 남편은 남편대로 한국에서 외롭게 지내며 돈을 버는 등의 어려움을 감수하고 아내는 아내대로 타국에서 어려움을 겪는다.[2]

하지만 이런 의견만 있는 것은 아니다. '기러기가족'에 대한 편견에 저항하는 용감한(?) 어머니도 있다. "'기러기가족'이기 때문에 가족 간 불화가 더 심화되는 것은 아닌가" 하는 질문에 다음과 같이 답한 사람도 있다.

> '기러기가족' 생활이 어렵고 힘들다고 해서 나쁜 것만은 아니라고 생각해요. 국내 언론이 기러기가족의 너무 부정적인 면만 부각하는 것은 못마땅해요. 아이들의 유학이 필요할 경우 아이들만 뚝 떨어뜨려 홀로 유학을 보내 여러 가지 탈선의 위험에 노출시키는 것보다는 부모 중 한쪽이라도 함께 지내며 곁에서 보호하는 것이 더 낫지 않나요? 물론 부부간 신뢰와 인내가 필요하고, 고국에서의 남편의 꾸준한 재정적 뒷바라지와 아내의 현지 적응, 적극적인 학업 뒷바라지가 이루어질 수 있도록 가족 모두가 사랑으로 뭉쳐 함께 노력해야 하지만요.

이와 같은 의견은 대부분의 기러기엄마의 생각을 대변하는 것이다. 그리고 이런 의사와 뜻을 바탕으로 기러기가족에 합의했지만 멀리 떨어져 있는 상황에서 벌어지는 일을 통제 혹은 관여하기 어렵다는 점은 누구도 부인하기 어렵다. 따라서 간혹 이런 통제 불능 상황에서 야기되는 파경

---

2) 남편은 한국에서 개인 사업 등을 하며 한 달 반 혹은 두 달에 한 번 꼴로 말레이시아를 오간다. 남편도 동의한 '기러기가족'이지만 화상채팅을 통해 매일 얼굴을 본다고 해도 사랑하는 아이들을 매일 쓰다듬고 안아주지 못하는 아쉬움과 '두 집 살림'이라는 재정적인 어려움은 분명 존재한다고 말한다.

소식이 기러기엄마 사이에 회자될 때에는 외롭고 불안한 분위기로 암팡 애비뉴가 며칠간 술렁이는 것도 사실이다.

> 아이가 잠들면 내가 이 생활을 계속 할 수 있나 하는 외로움이 밀려와요. 날씨가 더워 항상 에어컨을 틀고 있지만 가슴 한구석이 뜨거운 김에 쐰 것처럼 화끈거리는 경우가 많아요. 이럴 때는 어디 가서 맥주라도 한 잔 하면서 수다라도 떨고 싶은데 외출하기도 무섭고, 아이를 재운 상태에서 어디 돌아다니는 것은 아이에게도 위험하고 남 보기에도 안 좋고 해서 그냥 참는 경우가 많아요. 혼자서 술을 마시지 못하고 해본 적도 없기 때문에 동년배 동성 친구는 아니더라도 말벗이라도 있으면 좋겠는데 이곳에서는 서로 친해지기가 한국에서보다 더 어려워요. 아이들 학교나 학원 관련된 이야기가 아니면 말 붙이기가 어색한 그런 분위기가 있어요(B).

B는 '기러기가족'의 가장 큰 어려움을 '함께 말할 수 있는 친구가 귀한 것'이라고 했다. "이곳은 서로 친해지기가 어려운데 사정상 개인 이야기를 하는 것이 무례하게 비칠 것 같아서 뿐 아니라 사회가 작으니까 금방 말이 돌고 그것이 주로 나쁜 이야기로 확대되어 걷잡을 수 없이 빠르게 퍼져나가기 때문"이란다.

이는 암팡 사회의 고립성·폐쇄성과 관련이 있다. 암팡 거주자의 상당수가 모자가정인데 아이를 돌보는 문제나 교우관계, 종교 활동, 경제적 거래, 성 문제 등을 둘러싸고 이런저런 소문에 휩싸이는 경우가 많은 편이다. 이는 한국 사회의 축소판이기 때문이기도 한데 '제한된 욕망'이 사람 사이의 관계를 확장하거나 심화하는 데 장애 요인으로 작용한다.

한국 어머니에게 수다는 효과적인 스트레스 해소 수단이다. 그들의 수다가 허용되는 곳은 한국의 아파트 단지와 달리 매우 제한적이며 그나마 최근 문을 연 찜질방이나 클럽하우스에 있는 사우나 정도다. 그만큼 심리적 스트레스를 해소할 사회문화적 공간이 절대적으로 부족한 실정인 것이다. 해소되지 않은 스트레스는 결국 자녀의 영어교육에 투사된다.

막상 현지생활이 시작되자 사전답사를 통해 결정했던 아이들의 학교가 문제가 되었어요. 학교 근처로 거주지까지 결정한 상태였지만 막상 아이들을 입학시키고 나서야 현실에 한 발짝 다가설 수 있었어요. 답사 당시 홍보지나 브리핑을 통해서 소개받았던 국제학교의 시설은 만족스러웠지만 수업내용은 기대한 것보다 너무 실망스러운 수준이었어요. 심지어 교사가 수업에 참여하지 않고 야외수업으로 대체하는 일까지 벌어졌어요. 할 수 없이 학교를 옮기기로 결정할 수밖에 없었어요. 결국 한 학기를 고스란히 버리고 남은 반 이상의 학기를 집에서 과외를 시키며 겉모습보다는 내실이 있는 학교를 물색해야 했어요. 다행히도 현재 아이들이 다니는 학교는 시설 면에서 '최고'라고 할 수는 없지만 매일 체크하는 아이들의 노트필기 등을 통해 성의 있는 수업을 엿볼 수 있어 다행이라고 생각해요(J).

이 사례는 어머니가 자녀의 학교생활에 간섭하거나 모든 것을 안달하지 않고 학교 측에 의탁하는 경우다. 하지만 한국에서나 이곳에서나 자녀가 저학년일수록 봉사활동이나 예체능 수업 준비 등을 위해 자녀의 학교에서 살다시피 하는 어머니가 많은 것이 사실이다. 또한 방과 후 아이들을 직접 픽업하고 숙제 지도와 취미생활을 함께 하기 위해 노력한다. 한국 어머니가 공통적으로 처하는 어려움은 대체로 비슷하다.

비자를 연장하고자 할 때 말레이시아의 법을 제대로 모르니 스스로 해결할 수도 없고 일이 체계적으로 이루어지지 않아 답답할 때가 많아요. 학

교의 규칙을 적용하는 경우에도 일률적이거나 어떤 기준에 따라 체계적
으로 진행되지 않을 때가 많아 학교 역시 신뢰하지 못할 부분이 많죠. 아
이들을 타국에서 홀로 키우는 만큼 가족이 큰 사고 없이 안전하게 생활할
수 있도록 높은 분들이 노력해주셨으면 좋겠어요(M).

3. 욕망의 사회문화적 배경

지금까지 살펴본 바와 같이 한국 사회에서 자녀교육을 위해 부부가 초
국적인 상황에서 별거를 마다하지 않고 헤어져 사는 소위 '기러기가족'이
급속히 늘어나는 현상은 이미 낯설지 않다. 한국의 이러한 '기러기가족'
은 '신 글로벌가족'으로서 남편은 한국에 남고 부인이 아이들과 함께 외
국으로 떠난다는 점에서 종전의 전통적 이주와 다르다. 남성이 해외로
이주하고 여성이 본국에 남아 가정을 돌보는 일종의 '생계형 글로벌가족'
과는 그 성격과 내용이 현저하게 다르다고 할 수 있는 것이다.

신 글로벌가족으로서 기러기가족이 말레이시아에 속속 입국하면서 한
인이 많이 거주하는 것으로 유명한 암팡에는 최근 몇 년간 어머니와 자
녀가 사는 '모자가정'이 급속히 증가했다. 말레이시아 현지에서는 한국
어머니가 조기유학을 목적으로 말레이시아에 지속적으로 입국할 것이라
고 판단하며 심지어 이를 위한 콘도미니엄 건설도 이루어질 정도다.

여기서 주목할 것은 교육 이주의 성격이다. 교육 이주는 좀 더 잘사는
나라로 유학을 떠나 신지식과 기술을 익히는 것이 일반적이다. 그런데
한국의 조기유학은 그와 반대 현상을 보인다. 한국보다 1인당 국민소득
이 낮은 필리핀, 말레이시아 등의 동남아시아 국가로 교육 이주를 떠나
는 현상이 나타나는 것이다.

그렇다면 그 이유는 과연 무엇이며 그 이면에는 어떤 배경이 있을까? 이는 영어교육을 통해 학력과 학벌을 신장할 기회를 갖고 나아가 좋은 직업을 가짐으로써 사회적 자본을 확대하고 계층 유지 혹은 상승을 이루려는 데 주목적이 있는 것으로 요약할 수 있다. 그러나 이것은 표면화된 동기이자 욕망이며 이면에는 이를 뒷받침하는 사회문화적 배경이 존재할 것으로 보인다.

1) 자녀교육 지원 시스템의 미흡: 전업주부에서 교육 매니저로

일반적으로 '기러기가족'이라 하면 아버지는 한국에 남아 매달 외국에 나가 있는 가족을 위해 생활비를 보내주는 역할을 하고 어머니는 외국에서 자녀와 함께 생활하면서 가사, 자녀의 양육 및 학업을 관리하는 가족 형태를 상정한다. 아버지가 바깥일을 하고 어머니가 자녀 양육을 전담하는 이와 같은 부부의 역할은 사실 현상적으로는 그동안 비판받아온 공사 영역 구분 및 성역할 분업의 문제가 재현되는 듯이 보인다.

〈그림 4-2〉는 한국경제연구원에서 2012년 7월 17일에 제출한 보고서를 가시화한 내용이다. 이 보고서에서는 여성의 학력이 높아지면서 경제활동에도 적극 참여할 것으로 기대되었던 고학력 여성의 경제활동 참여가 실제로는 저조한 실태와 원인을 분석하면서 모든 분야에서 남성과 동등하거나 남성보다 뛰어난 여성을 일컫는 알파걸(alpha girl)이 일과 가정에서 모두 뛰어난 여성으로서의 알파맘(alpha mom)이 되지 못한 이유를 자녀교육에서 찾는다. 즉, '고학력 엄마'일수록 자녀의 연령대가 올라가도 경제활동에 복귀하지 않는 것으로 나타났는데 그 원인이 자녀교육에 있다는 것이다. 좀 더 구체적으로 분석해보면 어머니의 학력이 중졸 이하인 경우 자녀가 유치원생일 때 직장에 다니는 비율은 20.1%이지만 자

〈그림 4-2〉 학력 간 취업률

(단위: %)

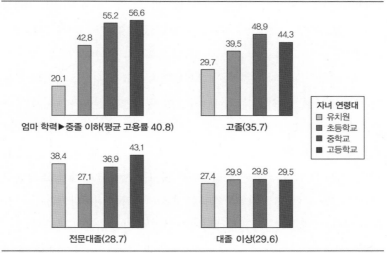

주) 고등학교 졸업자 임금=100
자료: 한국경제연구원(2012).

녀가 초등학교, 중학교, 고등학교로 올라가면 취업 비율은 각각 42.8%, 55.2%, 56.6%로 상승한 것으로 나타났다. 이런 양상은 고졸 여성과 전문 대졸 여성에게도 유사하게 나타난다. 하지만 대졸 이상의 학력을 가진 여성의 경우 자녀가 유치원생일 때나 고등학생일 때나 모두 유사하게 고용률이 30% 이하인 것으로 나타났다.

이와 같은 현상은 여성과 가족에 대한 인식이 변화했음에도 이처럼 수 년 동안 한국 여성의 경제활동 참여율이 50%를 상회하지 못하는 데에는 자녀교육 및 양육 문제가 작용한다는 것을 의미한다. 남녀 간 임금격차 의 현실은 이를 방증하는 또 다른 예다. 2009년도 남녀의 임금격차는 38. 9%로 OECD 회원국 중 가장 높은 비율이며 OECD 평균 15.8%의 2.5배 에 달하는 것으로 나타났다. 게다가 여성이 대다수를 차지하는 비정규직과 비교해보면 이 차이는 더욱 현격해진다. 즉, 2011년 9월 기준 정규직 남성의 임금은 월평균 305만 4,000원인 반면, 비정규직 여성은 106만 1,000원으로 임금 격차가 무려 65.3%에 달했다(≪오마이뉴스≫, 2012년 2월 8일자).

이런 현실을 교육과 연관 지어 살펴보면 비정규직 여성 노동자의 임금이 정규직 남성 노동자 임금의 1/3 수준에 불과한 현실에서 자녀를 양육하고 교육할 시스템이 미흡하다면 고학력 여성의 경우 자녀 양육 및 교육을 위해 집에 머물기를 마다할 이유가 없음을 미루어 짐작할 수 있다. 게다가 OECD 회원국 중 한국 청소년의 사교육 시간이 가장 많고 학벌주의가 만연한 상황에서 자녀의 학업을 지원하기 위한 어머니의 투자 시간과 어머니노릇을 위한 관심과 에너지 또한 많아질 수밖에 없는 것이다.

여기서 한 가지 주목할 점은 자녀의 교육과 관련된 이런 문제 속에 내재된 학력별·계층별 격차다. 사회경제적 활동이 기대되는 고학력계층으로 갈수록 취업률이 저조한 것은 부모 세대로부터 받은 사회문화적 자본이 사회적이기보다는 개인적·가족적 차원의 재생산에 집중되었음을 의미한다. 그리고 이와 같은 학력 재생산을 통한 계급 재생산의 이면에 이를 승인하는 사회경제적 구조가 전제되어 있다(박경환·배일순, 2012). 지금까지는 그 원인으로 자녀교육을 위한 시스템의 미흡 혹은 학력과 학벌 위주의 사회와 지나친 경쟁, 공교육의 문제 등 여러 가지 원인이 지적되었다. 하지만 이것은 결과적으로 중산층의 기러기엄마가 가족 및 어머니 자신의 희생과 헌신의 방식으로 자신이 소유한 사회문화적 자본을 자녀 세대에게 집중함으로써 기존의 성별 분업을 강화하는 사회적 현상으로 표출한다는 점에서 젠더의 문제라고 볼 수 있다. 인터뷰에서 일부 여성은 오랜 기간 직장생활을 해왔고 나름대로 전문성을 확보했었으나 자녀교육 때문에 자신의 커리어와 모국에서의 친구 및 친족관계를 상당 부분

포기한 채 다소 고립적인 상태로 생활하는 것으로 나타났다. 이들은 낯선 언어와 환경, 문화에 적응하고 한쪽을 책임지는 새로운 가장의 역할을 담당해야 하는 데 따르는 많은 스트레스를 감내한다. 활발한 사회경제적 활동가에서 가사와 육아, 교육에 매인 주부로 역할을 변화시켜야 하고 이에 따른 따분함, 고립감, 우울감, 향수병 등에 노출될 수밖에 없는 상황에 놓인다(박경환·배일순, 2012). 비록 아버지 역시 한국에 남아 나름의 어려움을 겪는다 할지라도 낯선 타국에서 겪는 것과는 다를 것이다. 특히 최근 동남아시아 국가로의 조기유학이 아버지의 권유로 시작된다는 점에서 이를 가족 계층의 재생산뿐 아니라 젠더체계의 재생산이라는 관점으로도 볼 수 있을 것이다.

기러기가족 현상을 '계급 이동의 전선이 된 모성'의 개념으로 분석한 조은(2008)의 견해는 이와 맥락을 같이한다. 학자들은 계급의 양극화에 가장 민감하면서도 교육에 가장 열성적인 중산층 계급이 모성 혹은 어머니를 통해 학력 자본을 매개로 한 계층 이동이라는 가족 사업을 관리한다고 해석한다. 또 자녀의 성공을 위해 부부관계를 희생하는 모성을 발휘하며 아울러 가족은 이를 어머니에게 위임한다고 분석한다. 즉, 모성이 전 지구화 속에서 가족주의와 교육열을 매개한다는 것이다. 이는 육아와 교육에 대한 공적 자원 투자가 부족한 우리의 현실과 무관하지 않다(최양숙, 2006; 박소진, 2007; 조은, 2008). 이런 면에서 보면 자녀교육 문제를 둘러싼 입시경쟁과 사교육 문제에 관한 많은 연구와 논란이 있지만 자녀교육을 지원하는 시스템의 부족과 무한경쟁의 분위기가 해소되지 않는 한 교육 매니저로 남을 수밖에 없는 어머니들은 계속해서 증가할 것이며 아울러 일부 계층에서 자녀교육과 연동되는 젠더 문제 또한 심화될 것으로 예견된다.

2) 영어: 사회적 욕망의 출구이자 문화적 자본으로서의 언어

자녀의 조기유학 때문에 부부의 관계 양식이 변화하는 것처럼 부모의 역할과 기능 역시 국내에서와는 다른 양상을 띤다. 특히 아버지와 자식 간의 관계는 더 큰 변화를 경험한다. 자녀의 정체성 혼란과 가족의 해체라는 조기유학에 관한 부정적 인식을 불식하고 실패를 경험하지 않기 위해 부부는 가족 간의 유대를 공고히하고 가족 구성원과의 연락체계를 확립하기 위한 화상채팅, 인터넷전화 등과 같은 다양한 전략을 동원하며 자녀교육이라는 공동의 목적을 달성하기 위해 많은 것을 감수한다. 이런 희생과 노력에는 '부모됨'의 변화, 특히 '어머니됨'의 변화에 대한 가족적·사회적 인정뿐 아니라 부모의 사회적 욕망을 해결할 수 있는 기제와 해법도 담겨 있을 것이라는 신념도 작용할 것으로 이해된다. 이는 자녀의 영어교육을 통한 한국 어머니의 사회적 욕망의 재현과 밀접한 관련이 있다.

1990년대 들어 전 지구화와 영어교육이 국가 정책으로 공식화되기 시작하고 '기러기아빠', '기러기가족'이 등장하면서 영어에 대한 사회적 관심은 증폭했다. 직업과 사회적 위신, 전문 지식의 생산을 위해 유학을 떠났던 과거와 달리 교육 이민과 영어교육에 주안점을 둔 조기유학은 일찌감치 문화 자본으로서의 영어를 통해 언어자본을 축적함으로써 학력 재생산을 넘어 학벌의 재생산을 성취하고자 하는 욕망이 결집된 가족의 선택이다.

문화 자본은 글로벌하게 연결되고 교환되며 유통된다. 즉, 영어는 초국적이고 글로벌한 상호연결이라는 속성을 띠고 다른 영역처럼 불균등하게 연결되고 교환된다(김종영, 2008). 즉, 미국학위가 한국학위, 중국학위, 동남아시아 국가의 학위보다 더 가치 있게 여겨지고 교환되는 것은 이와 같은 원리에 근거한 것이다. 이런 차원에서 말레이시아의 기러기엄마가 기회만 되면 자녀를 미국과 영국, 호주 대학으로 진학할 수 있는 학교로 전학을 보내려고 하고, 또 칼리지에 입학을 시켜도 트위닝 프로그램을 통해 미국과 영국 등으로 이주하려는 욕망을 멈추지 않는 것은 충분히 이해가 된다. 또한 문화적 자본에 사회와 국가의 영역을 뛰어넘어 글로벌하게 활용되는 교환가치가 있다면 한국 어머니에게 문화적 자본으로서의 영어는 자녀에 대한 교육열 및 자신은 물론 자녀의 계층 이동에 대한 참을 수 없는 욕망을 실현할 수 있는 가장 효과적이면서도 확실한 투자 대상임에 틀림없다(조은, 2004: 163~167). 그들에게 영어는 해외 생활에 대한 꿈을 실현하기 위한 기본 도구임과 동시에 타인과의 '구별짓기'를 통해 자신의 욕망을 극대화할 수 있는 문화적·상징적 자본이다(부르디외, 2005).

영어는 한국의 가부장적 가족체계에 억눌린 지위 상승의 욕구와 외국 유수 호텔의 아침 식사의 이미지와 함께 일상에서의 탈출과 자유로움을 대표하는 주요 상징이다. 억눌린 그들의 욕망이 자녀의 자유로운 영어 구사에 대한 희망과 기대 사이에서 꿈틀거린다.

저는 영어에 대한 안 좋은 기억이 많아요. 어릴 적에는 길에서 외국인을 만나면 도망치기 일쑤였고 혹시라도 말을 걸어오지 않을까 겁을 낸 적이 한두 번이 아니었어요. 그런데 대학에 입학하고 나니 너도 나도 영어학원이다 수업이다 해서 영어 공부에 열을 올리는 거예요. 저도 몇 번을 시도 했는데 모두 실패했어요. 우리 아이들은 처음에는 영어를 잘 못했지만 2년 정도 지나면서 곧잘 해요. 이제 슈퍼마켓이나 병원에서 말하는 것은 아이들이 다 알아서 해주기 때문에 참 편해요. 뭐니 뭐니 해도 아이들에게 이런 경험을 하게 해준 것은 잘한 일이라고 생각해요. 남편도 그렇게 생각하고요(C).

하지만 사실상 말레이시아의 한인사회에서 영어의 가치는 여기서 그 치지 않는다. 영어는 단순히 자녀가 글로벌시대를 살아가는 데 필수적인 수단이라든지, 자녀의 사회적 지위를 상승시켜 출세에 도움을 주는 언어 적 도구만이 아니다. 영어는 한국 어머니에게 '탈출'과 한국의 교육체계 및 가부장적 가족 질서로부터의 '해방'을 보장하는 여권이나 보증수표 이 상의 의미를 지닌다. 말레이시아 영어가 발음이나 어휘에 문제가 있다고 는 하나 이러한 한국 어머니의 욕망을 제어하는 데는 역부족인 것이 엄 연한 현실이다.

기러기엄마는 한국으로부터의 탈주를 욕망하고 자녀의 영어교육을 통 해 자신이 느낀 영어에 대한 열등감과 부채 의식을 변제하려는 강한 욕 구를 가지고 한국을 탈출해 말레이시아에 입국하는 데 성공한 사람이다. 이들의 사회적 욕망은 한편으로는 자녀의 영어교육을 위한 국제학교나 현지 학교, 영어 학원과 강사진 등의 선택을 통해 재현되지만 다른 한편 으로는 말레이시아 현지 사회에서의 적응 과정을 통해 재현되기도 한다. 그들에게 영어는 일종의 결핍된 욕망의 복합체다.

이런 의미에서 한국 어머니에게 영어가 과연 무엇인가, 영어와 관련된 사회적 욕망의 특징과 의미란 과연 무엇인가와 같은 질문을 던지고 그에 대한 대답을 해독하는 과정은 한국 가족, '기러기가족', 나아가 '기러기엄 마'의 사회적 욕망을 읽어낼 수 있는 문화 해독의 단초를 제공해주며 그 자체가 하나의 문화적 재현이 된다.

한국 어머니의 '완벽한 미국식 영어 구사'에 대한 욕망과 그러한 욕망 이 충족되지 않을까 하는 불안감은 학생의 현지 문화 이해에 그대로 반 영되는 경우가 허다하다. 그러나 이러한 '여과되지 않은 욕망'이 전승되 어 초래하는 결과를 걱정하는 한국 어머니는 그리 많지 않다.

영어가 세계 각지에 널리 유포된 역사적·지리적 과정을 볼 때 영어에는 태생 이후 수많은 변이가 존재해왔음을 알 수 있다. '영어(English)'보다는 '영어들(Englishes)'이라는 표현이 더 적절할 것이다. 영어에는 전통적인 '구 영어', 즉 영국식 영어와 미국식 영어에서부터 인도식 영어, 싱글리시(Singlish),3) 망글리시 등과 같은 '신 영어'에 이르기까지 매우 다양한 언어 스펙트럼이 존재한다(Pillai, 2006: 61).

영어는 이와 같이 광범위한 지리적·사회문화적 맥락 속에서 사용되었기 때문에 서로 다른 '영어' 사이에 상당한 언어학적 변이가 일어날 수밖에 없다. 말레이시아식 영어는 상이한 발음과 어휘, 문법적·화용적(話用的) 특질의 측면에서 영어의 새로운 변이 중 하나다.4)

이러한 의미에서 망글리시는 영어의 다양성·변이성·가변성 등의 특성을 모두 지닌 변종 영어에 속하며 이것이 말레이시아인의 일상생활에서 영어를 구사하는 데 큰 장애요인이 되지는 않지만 한국 어머니는 간혹 망글리시의 발음과 문법에 지나칠 정도로 민감한 반응을 보이기도 한다.

처음에는 말레이시아인이 영어 하는 것을 한마디도 알아듣지 못하겠더라고요. 문장 끝에 무슨 -라(lah), -마(-ma) 같은 말을 붙이는데 처음에는

---

3) 싱가포르식 영어.

4) '망글리시'라는 용어는 종종 말레이시아 사람이 사용하는 발음과 어휘, 문법 등의 변이만을 가리킬 때 사용되지만 실제로 그것은 말레이시아 사람이 사용하는 영어의 모든 하위 변이를 포괄하는 용어다(Pillai, 2006: 61에서 재인용). 말레이시아식 영어에 관한 이러한 사실은 라젠드란의 다음과 같은 말에서 분명하게 드러난다. "내가 쓰는 영어는 말레이시아식 영어다. 내가 말을 할 때 사용하는 액센트가 무엇이든지 간에, 그리고 내가 사용하는 어휘나 용어가 무엇이든지 간에 그것은 영어이며, 말레이시아식 영어다. 그것은 내가 말레이시아 사람이기 때문이다. 그리고 내가 일하는 시장에서 사용되는 말레이시아식 영어에는 몇 가지 브랜드가 있다. 나의 영어는 많은 형태와 많은 종류와 변이를 지닌 영어로, 가히 다언어적 영어라고 말할 수 있다"(Pillai, 2006: 61에서 재인용).

영어가 아니라 말레이어인 줄 알았어요. 그리고 발음도 문제지만, 더 큰
문제는 문장으로 말하지 않고 단어와 단어로 말하는 것이었어요. 우리 애
가 이런 식으로 영어를 배우면 어떻게 하지라는 생각을 많이 했어요(G).

이와 같이 자녀의 영어와 영어교육에 대한 한국 어머니의 욕망은 무한
하다. 그렇기 때문에 어머니의 망글리시에 대한 이러한 불만과 불안감은
자녀에게 별다른 여과장치가 없으면 자연스럽게 전이된다. 교사가 주로
현지인으로 구성된 학교에 다니는 한 학생은 다음과 같이 말한다.

제가 다니는 학교의 선생님은 거의 말 그대로 로컬 사람이에요. 발음은
말할 것도 없고, 선생님마저 문법 틀리게 말하는데 어디 가서 분풀이할 데
도 없고 진짜 너무 싫었어요. 게다가 수업시간 중간 중간 말레이어로 농담
도 하고, 어법에 안 맞게 말레이 짱깨 발음으로 영어 하는데 진짜 너무 싫
었어요. 한번도 들어보지 못했던 영어 발음은 정말 의욕을 200% 저하시
켰어요. 그 영향을 받아서인지 모르지만 나도 모르게 '-마', '-라' 하면서 문
장을 끝내는 경우가 종종 있었는데 얼마나 싫던지 생각하기도 싫을 정도
에요. 반 전체에 외국인은 저랑 브루나이에서 온 애 딱 둘이어서 선생님마
저 로컬 위주의 수업을 해주셨어요. 이런 작은 것이 많이 짜증나게 했던
기억이 나요(청소년 F).

그들의 욕망 속에는 한국의 기존 질서에 대한 저항이나 반항은 아닐지
라도 탈출과 일탈의 흔적이 고스란히 잔존해 있다. 어떤 측면에서 조기
유학은 불행한 현실을 탈출하기 위한 구실이나 수단이었는지 모른다. 말
레이시아에서 그들의 '탈주의 욕망'은 가족 간 불화라는 장애물을 안고
시작된 것이며 아이의 미래를 담보하는 '위험한 상상'일 수 있다. 하지만

말레이시아의 일상에서 때로는 자녀의 유학 생활을 주도적으로 관리하고, 때로는 보조적인 역할을 수행하면서 그들의 욕망은 재현된다. 무릇 문화적 재현은 매우 이질적이고 모순적이며 정치적·경제적 세력의 이해 관계의 역학에 따라 중층적이면서 다면적 성격을 지니는 법이다.

한국의 가부장적인 가족 시스템, 남편과의 문화적 차이에서 오는 갈등, 시댁과의 심리적·정서적 갈등, 교육열이라 표현되는 아이들의 영어 교육에 대한 과도하리만치 집요한 열망, 주부로서의 자경심(self-esteem) 과 콤플렉스의 이중적 변주 속에 숨겨진 자유를 향한 갈망 등은 자녀가 학교생활을 성공적으로 마쳐주길 바라는 기대와 희망 사이에서 줄타기를 하듯 진자 운동을 계속한다.

영어를 통한 의사소통이 막혔을 때의 막막함과 어디 숨을 곳이라도 있으면 쥐구멍이라도 찾고 싶을 정도의 모멸감에 가까운 창피함, 하고 싶은 말이 목까지 치밀어오르는데 영어를 잘 못해서 꾹꾹 눌러 참아야 했던 잊지 못할 경험은 한국 사회로부터 벗어났다는 해방감이나 자유로움을 향한 비상구를 발견했다는 즐거움과 함께 말레이시아에서의 소외감이나 정처 없이 떠도는 집시 같은 신세로 전락했다는 느낌, 그리고 새로운 정체성을 찾기 위한 지난한 추구의 형태로 나타난다. 이런 점을 볼 때 최근 전 세계적으로 경제위기가 불어닥치긴 했으나 새로운 조기유학 대상지로서의 말레이시아에 대한 한국 어머니의 관심과 욕망이 급속히 위축되거나 소멸되지는 않을 것으로 전망된다.

3) 전 지구화 속의 글로벌형 인재 양성

오늘날 점점 많은 사람, 예컨대 이민자, 상인, 청소년, 학자, 예술가 또는 인터넷 이용자에게 지리적 공간은 정체성과 일상생활의 가장 중요한 거점으로서의 의미를 상실해가고 있다. 그들은 대신 사회적·직업적·이념적 공통점으로 연결된 '초국적 가족'과 같은 '탈지역화된 공동체'로 진입한다.

여기서 탈지역화된 공동체는 새로운 것이 아니다. 나라가 망한 뒤 세계 각지에 흩어져 살던 유대인이 그런 초국적 공동체의 고전적인 예가될 것이다. 동기는 다르지만 현재의 전 지구화를 통해 진행되는 정신적 분산은 수많은 사람의 일상적 체험이 되었으며 새로운 민족국가 개념에 근거한 '초국적 가족'과 '신 글로벌가족'이 생겨났다. 일정한 경계선 내의 영토, 고유의 국민, 고유의 문화를 가진 고전적 유럽식 모델과는 달리, 이 신종 민족국가는 지역보다는 구성원에 의존하며 이들의 생활터전이 어딘지는 무관하다. 탈지역화된 민족국가는 전형적인 포스트식민주의시대의 현상이다. 그것은 일상생활 속에서 나타난 결과이며 지금까지 이민자나 고국의 정부가 새로운 정체성의 형식이나 정치적 모델로서 논의해본 적 없는 개념이다(브라이덴바흐·추크리글, 2003: 151~152).

초국적인 이민자의 정체성이 아직까지는 민족 개념에 종속되어 있지만 전 지구화 현상을 넘어 자연스럽게 세계시민주의를 표방할 날도 멀지 않은 듯하다. 울리히 벡(Ulrich Beck)은 기존의 지역적·구체적·특수성·이질성과 일상생활의 미시적인 측면에 초점을 둔 전 지구화이론이 새로운 전환을 모색할 것이라고 예견한다. 그는 이를 코스모폴리타니즘(Cosmo-politanism)으로 명명한다. 이것은 도덕적·사회적·문화적 유형으로 대별될 수 있는데 지금까지는 국제결혼이나 외국인 근로자의 심리사회적 문제를 대상으로 한 대상중심적 차원의 문화적 코스모폴리타니즘이 가장 주목을 받아왔다(김문조, 2009에서 재인용). 그러나 전 지구화를 일률적으로 정의하기 어려운 것처럼 코스모폴리타니즘 역시 하나의 개념 혹은 차원으로 정의하기 어렵다.

물론 기러기엄마가 이런 코스모폴리타니즘의 개념을 명확히 인식하고 자녀가 장차 코스모폴리탄(cosmopolitan)으로 살아가도 무방하다고 말하는 것은 아니다. 그들이 말하는 글로벌형 인재, 그리고 글로벌시대를 살아가기에 적합한 적응형 인간이 코스모폴리타니즘을 바탕으로 공동체의식을 함양한 인재형에 가까운 것은 아니다. 코스모폴리타니즘은 세계(cosmo)와 지역(polis)이라는 양대 공간을 동시에 아우르는 이중적 사회의식을 핵심으로 하는데(김문조, 2009에서 재인용), 기러기엄마가 물리적이동과 삶의 반경 확대에 주안점을 두고 세계와 지역의 구분을 거부하고세계 속의 지역, 지역 속의 세계를 상정하는 지구 공동체주의(global communitarianism)에 근거해 적극적으로 복수의 생활양식 및 복수의 생활전략을 다양하게 교합해 적용하는 것을 의식한다고 보기는 어렵다. 전형적인 다문화사회라고 볼 수 있는 말레이시아의 국제학교에서 한국 어머니뿐 아니라 학생까지도 한국 학생 간의 교류에 머물고 자녀에게 국적이나피부색, 문화의 차이를 넘어선 유대관계를 조성하거나 유지하도록 하는예는 찾아보기 힘든 것에서도 이를 알 수 있다.

그러나 한국 어머니의 조기유학을 위한 이주 경험은 가족 내 이주전략의 성별 구도 변화를 초래했을 뿐 아니라 자녀 돌봄을 포함한 가사노동의 다양화를 가져옴으로써 소위 '이주의 여성화(feminization of migration)'현상에도 심대한 영향을 미쳤다고 볼 수 있다. 또한 이러한 이주 경험은한국 어머니의 시간감각을 실질적으로 변화시켰다.[5] 종종 한국 어머니는 말레이시아에서 살다보면 시간이 어떻게 흘러가고 계절이 어떻게 바

---

5) 브라이덴바흐와 추크리글(2003: 153)에 따르면 "시간은 직선적인 것이 아니라 '싱커페이션(Syncopation)'적으로 체험된다. 싱커페이션은 당김음이란 뜻으로 선율이 진행 중에 센박이 여린박, 여린박이 센박이 되어 셈여림의 위치가 바뀌는 것을 의미한다. 이주의 체험, 다시 말해 '여기'와 '저기' 사이에서 이리저리 전략적으로 이동하는체험을 통해 직선적 역사는 파괴된다. 현재는 항상 과거의 그림자로 뒤덮이며 이것은 미래에도 영향을 미친다"라고 말한다.

뛰고, 나이를 어떻게 먹는지를 잊는다고 한다. '가족'을 떠나 '기러기가족'을 만들면서 살아가는 이주자로서 한국 어머니에게 시간은 직선이나 선형이 아니라 나선이나 방사선형으로 체험된다. 그래서 한국에서의 시간과는 다른 성격과 의미를 지닌 시간을 체험하며 이러한 체험은 그들의 욕망과 결합해 한국 생활에 대한 향수와 망각하고 싶은 욕망, 금의환향하고 싶은 욕망과 귀국에 대한 불확실성에서 오는 불안감, 즉 '욕망과 불안의 이중주' 속에서 '춤추는' 것이다.

이런 의미에서 말레이시아를 조기유학 대상지로 선택해 자녀와 함께 조기유학의 길을 찾아 나선 한국 어머니에게는 자신을 스스로 중산층이라고 의식하면서 '외국생활'이라는 꿈을 이루기 위해 '기러기가족'이 되는 것을 감수한다는 점에서 '고향을 상실하고 새로운 고향을 창조하길 욕망하는 특권층'이라는 수식어를 붙일 수 있다(브라이덴바흐·추크리글, 2003: 154 참조). 이들에게 삶의 거점으로서의 국가 개념은 그 중요성을 상실해 간다. 삼성과 같은 글로벌 기업의 주재원이나 직원은 인생의 대부분을 길에서 보내며 공항, 초고속열차, 그리고 국제 호텔, 방갈로, 고급 콘도미니엄 등에서 체류한다. 고급 콘도미니엄에서 눈을 떴을 때 자신이 어디에 와 있는지 모르는 경우도 많다. 이들은 일상적으로 지역 초월성을 경험하는 것이다.

중학생 딸과 초등학생 아들을 데리고 한국을 떠나 말레이시아로 조기유학을 온 한국의 한 어머니는 이렇게 말했다.

나는 우리 아이들이 미국에서 살든, 영국에서 살든, 호주에서 살든, 말레이시아에서 살든 전혀 상관없다. 말레이시아는 세계를 경험할 수 있는 좋은 조건을 지녔다. 이곳에서 공부해 내 아이가 코스모폴리탄이 되길 바란다. 우리 아이가 나중에 한국으로 돌아오지 않더라도 나는 별로 상관 하

지 않을 것이다. 세계를 무대로 살아가는 사람으로 자랐으면 한다. 사는
곳은 이제 더는 중요하지 않다(P).

물론 말레이시아의 한국 어머니 중 이런 경우는 극히 예외적인 경우에
속한다. 대부분의 한국 어머니에게 이러한 지역 초월성 또는 탈지역성은
욕망일 뿐이다. 실현될 수 있으면 좋지만 실현될 것 같지 않은 정서적 친
밀감을 그들은 자녀의 유학 생활과 그 뒷바라지를 통해 재현할 뿐이다.
한국 어머니에게 '국제인', 즉 코스모폴리탄으로 살아간다는 것은 아직
현실과 거리가 먼 추상적인 개념일 뿐이다.

그들 중에는 남편의 퇴직 후 말레이시아로의 은퇴 이민을 계획하는 기
러기엄마도 있으며 자녀가 외국에서 직장을 다니며 한국과 외국을 오가
도 무방하다고 말하는 이들도 있다. 어차피 국가의 경계는 모호해지고
한국에서 이름난 대학을 나와도 취업하기 어려울 바에는 자녀의 생활만
안정된다면 해외에서 취직을 해도 부모로서의 도리와 의무는 다한 것이
라고 생각한다. 이런 인식은 과거에 자녀가 유학 후 한국으로 돌아와 직
장을 구하고 정착하는 것을 당연한 코스로 생각했던 것과는 많이 달라진
것이다.

한국 사회는 이와 같이 가족 내에서 나름의 출구 모색과 정체성 추구,
자녀의 조기유학을 통한 스펙과 경쟁력 확보에 대한 안도감, 그리고 글
로벌 인재에 대한 기대 등이 복합적으로 작용하는 상황에 놓여 있다고
할 수 있다. 이런 의미에서 동남아시아 국가로의 조기유학을 선택한 가
정은 어쩌면 중산층으로서 경험하는 현 사회에 대한 긴장과 불안, 미래
에 대한 기대의 일면을 보여주는 한 예라 할 수 있을 것이다.

제5장 결론

　제2의 경제위기를 맞으면서 조기유학이 감소하는 듯했으나 동남아시아 국가로의 조기유학은 여전히 수그러들지 않는 분위기다. 2008년 당시 한국의 '기러기가족'은 1만 명을 넘어 2만 명에 육박하는 수치로 집계되었다. 이 가운데 말레이시아는 기러기엄마가 주목하는 대표적인 동남아시아 국가 중 하나다. 즉, 말레이시아는 선진국에 비해 상대적으로 저렴한 생활비 및 학비, 그리고 영어와 중국어를 동시에 습득할 수 있다는 언어적·문화적 환경의 장점, 지리적으로 한국과 상대적으로 가까운 '영어권'에 속한 나라라는 점, 치안이 동남아시아의 다른 지역에 비해 상대적으로 안정되어 있고, 이슬람을 신봉하는 말레이시아인이 총인구의 다수를 차지해 세속적인 문화로부터 일정 정도 거리가 있는 '깨끗하고 건전한' 사회라는 인식, 인종차별이 덜하고, 한국인이 상대적으로 우위에 설 수 있다는 장점 등이 작용해 새로운 조기유학 대상지로 부상했다. 물론 망글리시의 발음 문제, 말레이시아 자체에 대한 인식 부재 또는 부족, 후진국 이미지 등이 말레이시아행을 꺼리게 한 것이 사실이지만 친지나 지인의 소개 또는 회사 동료의 권유, 인터넷 정보, 말레이시아와의 개인적 인연 등의 이유로 점점 많은 가정에서 말레이시아를 선택한다.

　그러나 자녀의 조기유학 결정 이전에 말레이시아의 교육체계에 대한 정보와 관심은 매우 일천한 편이다. 말레이시아 정부는 교육 분야를 다문화사회로서의 목표 달성과 국가 통합을 위한 효과적인 교과내용 전수의 측면에서 매우 중요한 사업 또는 산업 중 하나로 인식하지만, 이에 대한 한국 어머니의 관심은 부족한 편이며 체계적인 정보 습득으로 이어지지 못했을 뿐 아니라 막연한 기대와 무지의 상황이 서로 결합된 상태에서 말레이시아를 유학 대상국으로 인식했던 것이 사실이다. 하지만 말레이시아의 신중산층의 출현이 영어 사용의 강화를 필두로 한 영어교육의 새로운 변화를 예고하는 것이기 때문에 한국 어머니의 관심을 끌기에 충분하다. 특히 말레이시아의 국립대학이나 사립 전문대학은 자체적인 프로그램을 통해 미국과 영국, 호주 등지의 대학과 교류 협정이나 양해각서를 체결한 경우가 많고, 더욱이 이러한 유명 대학의 분교를 설립한 경우가 많아 미국이나 영국으로 가는 '길목'으로서 말레이시아 대학의 위상은 매우 견고하며 튼실한 편이다.

경제위기 이후 유학 수요가 많은 캐나다, 호주, 뉴질랜드 등의 3국이나 싱가포르와 마찬가지로 말레이시아의 원화 대비 통화가치가 급등하면서 말레이시아 생활도 예전 같지 않고,[1] 저렴한 물가라는 장점도 사라져 가계 부담이 많이 증가한 것은 사실이지만 현재까지 조기유학 대상지로서 말레이시아의 인기는 지속되고 있다.

이런 조기유학 현상을 두고 학자들은 무엇보다 교과내용과 시설, 체류기간이나 가족 관계, 문화적응 등 사전에 체계적이고 충분한 준비를 해야 하지만 실제로는 그렇지 못한 경우가 많아 실패의 가능성이 크다고 지적한다. 또한 가족의 현지 부적응과 아동·청소년의 귀국 후 적응 문제, 자아정체성의 혼란에 대한 우려가 있을 뿐 아니라 교육으로 인한 사회적 불평등이 심화되는 결과를 초래한다는 점에서 부정적인 견해를 내놓았다(김은진·김현우, 2010). 교육이 졸업장을 바탕으로 자격화 혹은 물상화되고, 사회문화적 자본에 따라 교육 기회가 통제됨으로써 일종의 교육 카스트화 현상이 나타난다는 우려도 있다. 김소희(2010)는 대학의 서열

---

1) 같은 기간 싱가포르 달러는 12.4%, 캐나다 달러는 17%, 호주 달러는 12.7%, 뉴질랜드 달러는 14% 인상되었다. 외환시장 전문가는 이처럼 이종통화 가치가 급등하는 원인으로 한국의 경우 2008년 초 미국 서브프라임 모기지 사태와 정부의 적극적인 수출 확대 정책으로 보유한 외환을 시중에 풀지 않은 것을 지적하고, 고유가도 하나의 주된 원인으로 지적했다. 현재 조기유학으로 한국에서 해외로 빠져나가는 돈은 한 해 15조 원에 달한다. 이에 관한 언론 보도는 한국의 조기유학 인구가 얼마나 많은지를 실감하게 해준다(≪한나프레스≫, 2008년 5월 20일자).

화·등급화·위계화로 인한 차별의 재생산이 깊어지는 문제점과 함께 글로벌 명품 학벌이 한국의 취업 구조에 미칠 부정적 결과로서 사회적 분열을 초래할 가능성 또한 제기한다. 그는 결국 전 지구화에 걸맞은 글로벌 인재의 양성을 위한 교육을 필두로 내세웠다 할지라도 조기유학은 국가의 이중 낭비와 학부모의 과도한 사교육비 부담, 학력 세탁을 향한 전 지구적 이동으로 표면화된다고 단언한다.

물론 이와 같은 부정적 의견만 있는 것은 아니다. 공교육의 위기와 과도한 교육열에 따른 사교육 문제라는 비판적 시각도 있지만 미래를 대비해 실질적인 경쟁력을 갖추기 위한 전략으로 풀이되기도 한다. 학력 위주의 사회를 넘어 이제는 학벌이 지배하는 사회라는 인식을 바탕으로 글로벌시대의 필수 요건인 영어와 다양한 문화의 체험, 폭넓은 인간관계를 미리 준비한다는 측면으로 이해하는 것이다.

그러나 조기유학을 긍정적으로 보든 부정적으로 보든 학자들은 한결같이 이 문제의 대안으로 학교 교육의 정상화를 제안한다. 즉, 서열화와 차별화에 매몰되어버린 입시 위주의 교육제도 대신 개성과 창의성을 살리고 다양성을 인정하는 상호존중이 기본인 공동체를 형성할 수 있는 교육 풍토가 시급하다고 말한다. 또 교육 기회의 차단이 희망의 차단으로 이어지지 않도록 해야 한다고 말한다. 바꾸어 말하면 이것은 미시적 수준에서 거시적 수준까지를 망라하는 개인적·가족적·시대적·사회적 관심사인 교육이 자유롭고 자연스러워져야 할 필요가 있음을 의미한다.

이와 같은 제안은 가치로서의 교육의 본질을 되살리고 이를 위해 제도로서의 교육과 풍토로서의 사회적 분위기 쇄신의 필요성을 모두 포함한다. 또한 교육 당사자인 아동과 청소년의 전인 발달에 초점을 두어야 한다고 강조한다.

하지만 조기유학 현상에는 비단 교육 문제만 내재되어 있는 것이 아니다. 이 안에 여성으로서의 어머니와 아내로서의 여성 문제, 그리고 이들의 보금자리인 가족 문제와 이들이 역량을 발휘하는 장이 되어야 할 사회 문제가 모두 담겨져 있다. 과거보다 많은 교육을 받았고 실제 전문적 역량을 갖춘 많은 어머니가 개인적·사회적 욕망을 억눌림 당한 채 어머니노릇에 대한 새로운 기대에 부응하고 좀 더 경쟁력 있는 교육 매니저로 거듭나기 위해 하나의 출구로서 조기유학을 선택하는 데에는 개인적 희생과 교육 매니저로서 지구를 전전해야 하는 것과 같은 기회비용이 있는 것이다. 그것은 아마도 시대가 바뀌고 사회가 바뀌었다고 해도 여전히 비판받는 가부장적인 가족 문화와 차별적인 사회 풍토, 일과 가정을 양립하기 어려운 현실, 여전히 만연한 학력 및 학벌 주의 때문일 것이다.

국내에서는 이러한 현상을 놓고 공교육의 정상화를 외치지만 아직까지는 대답 없는 메아리인 듯하다. 이 대안이 현실화되기까지는 오랜 시간이 걸릴 듯하며 따라서 어머니의 교육 이주는 지속될 가능성이 크다. 이와 같은 동기와 과정이 담겨 있는 연구결과를 요약하면 다음과 같다.

첫째, 조기유학 중인 어머니는 대부분 남편의 권유와 자신의 다양한 욕구, 즉 자녀 교육의 지원에 '올인' 하고 싶은 욕망, 한국 안에서의 복잡한 관계로부터 벗어나고 싶은 욕구, 자녀의 학업 성취를 통해 자신의 공부 한을 풀고 싶은 욕구, 그리고 직장이 있었던 어머니의 경우 자녀교육에 소홀했던 부분에 대한 미안함과 죄책감을 덜고 싶은 욕구 때문에 조기유학을 선택한 것으로 나타났다.

둘째, 조기유학 중인 어머니들은 자녀의 학업 지원에 충실하고 정보를 충분히 수집, 관리하는 어머니를 '능력 있는 어머니'이자 '좋은 어머니'라고 인식했다. 실제 자녀교육을 지원하기 위해서는 자녀의 학업 및 일상생활을 관리하고 자신의 생활을 철저히 자녀의 시간에 맞추며 자녀의 학업에 관한 정보를 확보하기 위해 교회에 다니거나 성인반 학원에 등록해 학부모와 연계를 맺고 공부를 잘하는 학생의 어머니와의 연계를 통해 정보를 공유하는 한편 공부를 못하는 아이의 어머니와는 본인뿐 아니라 자녀까지도 거리를 두게 하는 '구별 짓기' 전략을 활용하는 것으로 나타났다. 하지만 조기유학을 통해 기대했던 자녀의 학업 성취 및 좋은 어머니, 능력 있는 어머니로서의 정체성 확립이라는 과제가 때로 흔들리는 경우도 있었고 사교육비나 대인관계로 갈등에 놓이는 상황도 나타났다.

셋째, 외국 대학 진학을 목적으로 유학을 선택한 고학년 자녀의 어머니는 입시정보의 부족과 정보 접근의 어려움, 기대에 미치지 못하는 자녀의 학업 성적, 그리고 외국 대학에 진학할 경우의 경제적 비용 등 때문에 심리적·정서적 문제를 경험하거나 '신체화 증상'을 경험했으며 일부는 자녀의 인맥 형성이라는 이유로 한국 대학에 입학하기를 희망하는 것으로 나타났다.

넷째, 말레이시아에서 유학하던 중 호주나 뉴질랜드와 같은 다른 나라로 이주하는 어머니 때문에 상실감과 불안감을 경험하는 경우도 있었다. 즉, 더 나은 교육을 위해 본인이 희망했던 나라로 떠나는 기러기가족을 다시 확인하는 데서 오는 불안감과 남겨지는 것에 대한 상실감 등이 복합적으로 작용한 것이다. 이런 문제는 떠날 사람, 즉 단기유학을 계획하는 사람과는 처음부터 거리를 둠으로써 정을 주지 않고 다시 '구별 짓기'를 하는 방식으로 표출되었다.

이와 같은 결과를 통해 말레이시아에서 자녀의 조기유학으로 분거생활 중인 한국 어머니가 조기유학을 선택한 이유는 영어와 관련해서 겪은 사회적 경험, 공부에 대한 한, 복잡한 관계로부터의 해방, 일과 가사를 양립함으로써 자녀 양육 및 교육시간의 부족에서 온 죄책감과 미안함이라는 것을 알 수 있었다. 또한 자녀가 국제사회에 적합한 인재가 되도록 다양성을 경험하게 하고자 하는 열망까지 더해져 매우 복합적이라는 것을 알 수 있었다.

이들 중에는 경제적 한계로 미국과 캐나다, 호주 등지로 떠나지 못해 말레이시아에서의 조기유학 중에도 끊임없이 호주, 뉴질랜드와 비교하는 사람도 있지만 외국에서의 교육으로 자녀에게 좀 더 많은 경쟁력을 확보하고 기회를 넓혀주기 위해 조기유학을 선택했다는 점에서는 다른 나라를 선택한 여느 기러기엄마와 다르지 않다.

조기유학을 통해 자녀에게 '날개를 달아주고 싶다'라는 인식에 근거해 직장을 그만두고 자녀를 위해 시간 관리와 정보망 관리, 주변 인물에 대한 '구별 짓기' 전략을 시도하는 어머니노릇은 자녀를 중시하고 자녀의 인생을 마치 부모 자신의 인생과 동일시하는 데서 비롯된다고 할 수 있다. 즉, 자녀를 위해 모든 것을 지원하는 것이 곧 부모의 역할이며 그것을 통해 자신의 인생도 완성된다고 믿는 것이다. 자신이 못다 이룬 꿈을 자녀가 이룰 수 있다고 판단한 어머니의 경우 이런 동일시 현상은 더욱 뚜렷하게 나타난다.

반대로 기대에 미치지 못할 때 부정적인 현상으로서 '신체화 증상'이나 불안, 우울감, 미래에 대한 걱정 등이 더욱 커진다는 사실은 자녀교육을 통한 어머니 자신의 정체성 형성이나 세칭 '길 찾기'라는 선행 연구(나윤경·태희원·장인지, 2007)의 결과와는 사뭇 다른 경향을 보인다. 즉, 자녀교육을 통해 어머니 자신을 되돌아보기보다는 오히려 새로운 출발선에 선 자녀를 통해 새롭게 시작해보고자 하는 일종의 투영이자 전폭적인 투자라는 점에서 기대만큼 위험도 크다고 할 수 있다.

2007년도에 동아시아연구원에서 조기유학을 보낼 의향이 있는지를 알아본 조사에서는 그럴 의향이 있다고 응답한 사람의 반 이상이 한국에서 명문대에 진학할 수 있어도 보내겠다고 응답했다. 이것은 조기유학 및 해외유학은 공교육 실패의 부산물이 아니라는 조기유학에 대한 인식

의 변화를 반영하는 것이다(임천순·정일준, 2007). 즉, 지금까지 지적되어
온 공교육·사교육비 부담의 문제를 넘어 더 나은 교육 기회와 경쟁력의
확보를 향한 부모의 선택으로 인식되는 것이다. 이것은 더 좋은 교육이
부모와 자녀 세대의 사회문화적·경제적 가치를 실현시켜줄 수 있다는 믿
음에 근거한다. 하지만 인터뷰에서 나타난 바와 같이 이와 같은 믿음은
정확한 근거를 바탕으로 확인되거나 확정된 것이 아니다. 아직까지는 기
대 수준에 머물러 있는 것이다. 이는 자녀에게 좀 더 나은 조건을 제공하
는 것이 '어머니노릇'에서 매우 중요한 위치를 차지한다고 믿기 때문이
다. 한국 어머니는 여건만 허락되면 조기유학은 영어를 습득할 수 있는
좋은 조건을 제공하는 것이며 자녀가 좀 더 나은 미래에 더 좋은 조건을
갖춘 인생을 누릴 수 있을 것이라는 기대를 충족시켜주는 좋은 기회가
된다고 믿는다.

영어만 제대로 구사할 수 있다면 세상이 아무리 험난하고 어렵다고 해
도 무난히 헤쳐나가서 이른바 성공이나 출세, 또는 '먹고 사는 데 지장을
주지 않는 삶'을 누릴 수 있으리라 확신에 가까운 믿음을 갖는다. 사실상
영어를 중심에 두고 철저히 기획되고 계산된 삶의 구도를 자녀에게 주
문, 나아가 강요한다고 할 수 있다.

한편 자녀와 함께 조기유학길에 오른 어머니가 한국에서와 마찬가지
의 일상과 사교육 지원에 대한 부담감, 혼자 감당해야 한다는 중압감에
서 벗어나지 못하는데도 한국으로 되돌아가지 않거나 가기를 희망하지
않는 것은 무엇을 의미하는가?

외국에서 어머니가 해줄 수 있는 것은 시간 관리, 정보 수집, '구별 짓
기', 자녀의 어려움을 들어주고, 전적으로 자녀만 생각하며 하루, 1달, 1
년을 보내주는 것, 다시 말해 자녀교육에 '올인' 하는 것인데 이것이 어머
니에게 어떤 의미를 부여하는가? 이 문제는 두 가지로 해석해볼 수 있다.

첫째는 한국의 주입식 교육과 입시지옥으로부터 자녀를 벗어나게 하고 좀 더 자유롭고 다양하게 공부할 수 있는 기회를 주기 위해 조기유학을 선택했다 할지라도 실제로는 그와 같은 여건이나 교육방식을 선택하기가 매우 어렵다는 것이다. 말레이시아에서 조기유학 중인 자녀는 여전히 세계를 향해 경쟁하기보다는 한국인끼리 경쟁하고 또 조기유학의 기간 또한 잠정적이며 자녀의 최종 경쟁은 대부분 한국에서 이루어진다. 따라서 외국에서 공부를 해도 한국의 공부 방식을 간과할 수 없고 그렇기 때문에 오히려 한국식 공부와 외국의 국제학교 공부, 영어 학습이라는 과중된 부담을 느끼는 것이다.

다른 하나는 어머니의 교육에 대한 주관적 경험 때문이다. 고등교육의 수혜를 받은 중년의 어머니, 특히 취업을 경험했던 어머니는 장년기라는 샌드위치 세대이기도 하지만 시대적으로도 과도기에 있는 세대다. 교육의 혜택을 받지 못한 전업주부와 현모양처 이데올로기 세대, 치맛바람 세대에 이어 현재의 교육 받은 세대는 자신의 교육적 성과에 따른 차별적 경험, 즉 사회적 성공에서의 성패의 차이를 경험한 세대다.

이들은 학력 때문에 차별 당했던 경험을 자녀에게 물려주지 않기 위해 자신이 경험한 교육 노하우를 덧붙여 오히려 자녀교육의 양상을 더욱 정교화하는 경향을 보인다. 자신을 향한 조부모 세대의 교육 지원에 대한 간접적 경험과 자신의 교육 자산, 고등교육을 받은 성인으로서의 역할과 기능을 사회적으로 발현하기 어렵게 구조화되어 있는 사회체계, 학벌 위주의 사회에 대한 경험, 자녀와 부모를 동일시하는 현상 등이 중첩되어 자녀교육을 향한 '어머니노릇'이라는 역할로 재생산되는 것이다. 이는 성공만 하면 확고한 역할과 지위를 재생산하고 또 시간이 갈수록 빛을 발할 수 있다는 점에서 더욱 유인효과가 크다고 볼 수 있다. 어쩌면 한국 어머니의 자녀교육과 '어머니노릇'에 대한 인식에는 그들의 사회를 향한,

특히 한국 사회를 향한 과시욕이 중요한 변수로 작용했을 수도 있다.

조기유학의 대상 국가 또는 지역은 일류대와 강남에 대한 열망을 따라 잡을 수 있는 '상상의 공간'이라는 의미를 지닌다. 명예와 돈, 권력을 모두 가져다줄 수 있는 교육, 학벌이라는 세속적 욕망에 기인한 한국 어머니의 과시욕은 자녀의 교육, 나아가 삶 자체에 투사되어 현실화되는 것처럼 보인다.

하지만 실제 현실에서 한국 어머니의 욕망과 그 실현 내용은 상당한 차이가 있을 수 있다. 이에 대한 좀 더 상세한 논의는 조기유학을 경험한 학생의 이후의 교육과 삶에 대한 지속적인 추적 조사를 요한다. 즉, 조기유학을 경험한 학생이 대학을 졸업한 후 어떤 일을 하면서 어떻게 삶을 꾸려가는지에 대한 조사가 함께 이루어져야 하는 만큼 앞으로 지속적인 관심을 갖고 관련 자료를 수집해야 할 것으로 보인다.

가족의 구조와 기능이 다양해진 가운데 조기유학으로 인한 잠정적 한부모가족도 증가하는 실정이다. 일명 '기러기가족'이라 명명되는 잠정적 한부모가족의 등장은 가족 구조의 일시적 변화뿐 아니라 부부관계, 부모와 자녀관계, 세대 간 관계의 변화를 초래하고 나아가 가족에 대한 인식과 고정관념을 변화시키는 데 일조한다. 즉, 부부관계에서 남편은 바깥일, 여성은 집안일이라는 전통적인 성역할 고정관념을 재현하는 것으로 나타난다.

이런 점에서 일시적으로는 전통적인 성역할로의 회귀를 의미할 뿐 아니라 일정 기간 동안 여성의 자기계발 및 경력을 포기하는 희생을 감수해야 하는 조기유학의 실체에 대한 연구는 가족과 여성, 사회적 변화에 대한 함의를 유추하는 학술적·교육적 시도라는 의미를 지닌다.

이 글은 기러기가족의 부모가 조기유학을 결정하는 과정을 탐색함으로써 중산층 중년 여성의 한국 사회 교육정책에 대한 인식과 자녀교육에 대한 인식, 그리고 교육 받은 세대로서의 정체성을 함께 탐색하고 가족적·여성학적·발달론적 쟁점을 확인할 수 있다는 점에서 학문적 의미를 지닌다. 나아가 혼인 및 가족관계의 의미를 자녀교육이라는 요소를 중심으로 고찰한다는 차원에서 매우 중요한 의미를 지닌다.

지금까지 사회복지는 대부분 경제적으로 가난하고 심리사회적으로 어려움을 경험하는 대상에 치우친 경향이 있었다. 최근에는 중산층이 밀집해 있는 지역에 종합사회복지관이 설립되어 그들을 대상으로 한 새로운 프로그램의 개발이 절실한 실정이다. 하지만 여전히 기존의 빈곤층을 대상으로 한 사회복지 프로그램과 차별성을 갖추지 못했다는 한계점이 있다. 이제는 중산층의 중년기 가족이 지향하는 바와 자녀교육에 대한 가치관의 문제에도 대응할 수 있는 사회복지 프로그램의 개발이 시급한 실정이다.

이런 점에서 조기유학 가정은 사회복지의 실현이 매우 필요한 대상이라고 볼 수 있다. 즉, 일시적 한부모가족이 갖는 공통적인 특징과 차이점, 그리고 귀국 후 청소년의 적응 문제 등을 고려한 다양한 복지서비스가 필요하기 때문이다. 구체적으로 원거리가족의 부부, 부모·자녀 간 가족관계를 유지하는 데 필요한 실천기술 및 전략을 개발하고 나아가 조기유학 청소년이 당면한 어려움 등을 확인하고 귀국 후의 적응을 돕는 실천 프로그램을 모색해야 할 것으로 보인다. 또한 중년기 부부의 발달 과업인 '부부관계 재조정하기'를 원거리에서 별거하는 부부에게 어떻게 적용할 수 있는지 그 방법과 실천전략을 모색해봄으로써 사회복지 실천의 영역을 확대할 수 있을 것으로 기대된다.

이 글은 가족학, 청소년학, 여성학, 사회복지학의 교육 커리큘럼을 개발하는 데 적극 활용될 수 있는 요건을 갖추었다. 우선 가족학에서는 '가족과 사회변동', '가족과 이민', '가족과 인구(이동)', '가족과 부모 역할

(parenting)', '가족과 세계화' 등의 과목을 개발해 최근 변화한 혼인, 가족의 특징을 인구사회학적 변화, 전 지구화 등과 비교, 분석할 수 있을 것이다. 이러한 주제와 관련된 강좌를 개설함으로써 학생에게 가족과 인구의 변화, 전 지구화, 이민 등의 주제가 부모 역할, 어머니됨 등과 어떻게 연결될 수 있는가를 교육할 수 있는 기회를 제공할 수 있다.

또한 이 글은 '조기유학 가정과 사회복지', '조기유학 청소년을 위한 사회복지 실천', '조기유학 가정을 위한 교회 사회복지' 등과 같은 사회복지 관련 강좌의 폭과 범위를 확장시킴으로써 사회복지 이론과 실천의 주제와 영역을 확대, 심화할 수 있는 기회가 될 수 있다. 이는 조기유학 관련 사회복지 분야의 영역 확대 및 심화를 통해 기존 사회복지의 영역과 범위를 확대하고, 한국 사회복지의 특성화를 꾀할 수 있는 기회로 활용될 수도 있을 것으로 기대된다.

아울러 새로운 조기유학 대상지로 부상한 말레이시아에 대한 한국 '기러기엄마'의 관심은 한국인의 말레이시아에 대한 이미지 개선 및 경제, 문화 교류의 확대, 동남아시아 네트워크의 구축이라는 측면에서 일종의 사회문화적 사건 또는 현상으로 이해할 수 있다. 국제 무대에서 한국인의 활동 범위가 넓어졌다는 측면에서도 말레이시아 지역 전문가가 인문학적 상상력과 사회과학적 통찰력을 갖고 '응시해야' 제대로 이해될 수 있는 오늘날의 동남아시아 연구의 활성화를 위한 비등점으로서의 의미를 지닌다고도 볼 수 있다.

1990년대 중·후반 이후 본격적으로 형성되기 시작한 말레이시아 한인 사회의 규모가 점차 커지고 일시적 체류자보다 장기 거주자가 늘어나는 사실에 주목할 때 한인사회 및 한인 디아스포라에 관한 연구가 향후 지속적으로 개발되어야 할 것이다. 이는 한국과 말레이시아 양국 간 무역 및 투자, 기술 등을 포괄하는 경제적 교류가 확대되는 상황에서 앞으로 한인사회와 재마대한민국 대사관, 말레이시아 코트라 등의 역할에 대한 기대가 증가할 것임을 의미한다.[2] 이들의 지원은 한국과 말레이시아 양국의 문화 교류를 확대하기 위한 선린 우호관계를 정립, 강화하는 이론적 탐색의 의미를 지닌다고 볼 수 있다.

하지만 아쉽게도 현재 한인사회에 대한 현지인의 인식은 단순한 '한인타운'의 범주를 벗어나지 못했다. 한국정부와 관련 기업, 단체는 말레이시아 정부는 물론 현지 국민과 좀 더 밀접한 우호관계를 가질 수 있도록 다양한 경제 및 문화행사 개최, 고위인사 방문, 언론인 초청 등의 교류 확대를 위해 노력해야 할 것으로 보인다. 현지 교민도 말레이시아 사회에서 더욱 긍정적 평가를 받을 수 있도록 문화 및 봉사활동을 다양하게 벌이고 올바른 처신으로 긍정적 평가를 받도록 노력할 필요가 있다.

---

2) 한 예로 재마한인학교가 주최하고 재마한인회가 후원해 열린 '말레이시아 한인학교 설립을 위한 기금 모임의 밤' 행사를 들 수 있다. 말레이시아 한인학교에서는 2007년 12월 15일 토요일 밤 정규 한인학교 건립 기금 마련을 위한 자선 콘서트를 준비했다. 한국의 예전 유명 가수를 초청해 말레이시아에 사는 한인의 향수를 달래는 행사를 마련해 자녀교육을 위해 말레이시아에서 체류 중인 '기러기엄마'의 이국 생활의 고단함을 달래고 한인학교 건립에 대한 홍보를 위해 이들을 초대하는 행사를 개최한 것이다. 이 행사는 특별히 글로벌시대에 자녀의 교육이라는 과제를 가지고 말레이시아 땅에서 애쓰며 살아가는 여러 한인에게 위로와 기쁨을 준 것으로 평가되었다. 많은 한인의 쉽지 않은 현지 적응화가 '나의 것을 버리고'에서 출발하는 것이 아니라 '나의 것을 잘 보전하며, 그것과의 조화'를 이루는 것임을 알고 먼저 우리의 전통과 정체성을 찾기로 다짐하고 행사를 마쳤다. 기성세대에게는 전 지구화를, 민족적 정체성을 잃어가는 아이들에게는 한인의 얼을 심어주고자 한인학교 건립에 동참해줄 것을 호소한 이 행사는 한국 학생에게 한국인으로서의 정체성을 확인할 수 있는 기회가 되었다. 이 행사는 말레이시아 지역 사회에서의 정규 한인학교를 꿈꾸며 한국의 역사, 문화, 전통이 살아 숨 쉴 수 있는 공간을 만들기 위한 행사로 자리매김한 것으로 평가된다. 이러한 행사를 통해 한인의 결속과 유대감을 확립하고 한국인으로서의 정체성을 확보해가는 것은 말레이시아 현지인과의 관계 개선에도 도움을 줄 것으로 기대된다. 앞으로 재마한인회와 재마한인학교의 지속적인 활동이 기대된다.

부록 1
어떻게 조사했는가

1. 기존 연구의 검토

이 글은 조기유학을 선택한 가족, 특히 한국 어머니의 사회적 욕망을 이해함으로써 궁극적으로 조기유학이 가족과 여성, 사회에 미치는 영향을 추적해보는 데 그 목적이 있다. 따라서 먼저 조기유학의 실태 및 원인, 교육정책의 과거와 현재에 대한 폭넓은 문헌에 대한 리뷰를 바탕으로 조기유학이 왜 한국의 중산층에 매력적인 선택으로 부상했는지를 고찰했다.

또한 21세기에 요구되는 어머니 역할 혹은 어머니노릇에 대한 기대와 실제적인 수행을 알아보기 위해 어머니노릇에 대한 문헌을 리뷰했다. 최근 들어 교육을 통한 사회적 자본의 축적과 이를 활용한 계층의 유지 및 자본의 세대적 전이 문제에 대한 학계의 관심이 높아진 만큼 이에 대한 연구자의 관점도 살펴보았다. 또한 자녀교육에서 '어머니됨'이 어떻게 변화되었고 그것이 갖는 가족적·여성학적·사회문화적 의미는 무엇인지 알아보기 위해 지금까지 논의되어온 가족학·여성학·교육학 등의 학문적 성과를 살펴보고 모성 이데올로기와 모성의 역할 및 기능 변화를 탐구했다.

아울러 실제 어머니노릇을 수행하는 당사자의 상황을 파악하기 위해 30~40대 연령층의 특징을 파악하고자 했다. 이를 바탕으로 교육 받은 세대로서 소자녀화 현상 등과 같은 인구학적 변화를 주도하는 30~40대의 여성에게 동남아시아 교육 환경이 어떠한 영향을 미치고, 그 효과는 어떻게 전달되는지에 관한 분석을 시도하고자 했다.

동남아시아 국가 중 특히 말레이시아의 조기유학 유인요인과 교육체계에 대한 문헌 고찰도 포함되었다. 많은 가정에서 말레이시아로 조기유학을 보내기는 하지만 여전히 일반인에게는 '덥고 못사는 나라' 정도로 인식되는 말레이시아의 교육체계와 제도를 소개하는 것은 한국 어머니

가 말레이시아로 조기유학을 가는 이유와 그 특징을 이해하는 데 도움이
될 것으로 판단된다.

이러한 선행 연구 검토 작업은 최근의 자녀교육 및 가족과 여성의 역
할에 대한 인식, 자녀의 조기유학을 통해 증가하는 한국인의 디아스포라
현상을 이해하는 데도 큰 도움이 될 것으로 사료된다.

2. 질적 연구방법의 활용

이 글에서는 연구 참가자가 사용한 언어, 관찰행동, 문서에 기초해 기
술적인 자료를 수집하고 사물이나 사실의 존재 여부를 확인해 단어로 기
술하는 연구방법인 질적 연구방법을 활용했다. 이 연구방법은 참가자의
반응에서 나타나는 의미의 차이를 추구하므로 응답자의 사회적 욕망과
동기를 알아보고자 하는 데 매우 적합하다.

주요 연구방법으로는 개방적인 인터뷰(open-ended interviews), 직접 관
찰(direct observation), 문서자료 활용방법(written documents) 등이 있는데
이 글에서는 문서자료 활용방법이나 직접 관찰보다는 개방적인 인터뷰
와 반구조화된 질문지(semi-structured interview schedule) 등의 연구방법을
더 적극적으로 활용했다.

인터뷰 참가자들을 만나기 위해 말레이시아에 6개월 이상 거주하면서
어머니 18명과 청소년 6명을 만났다. 인터뷰 참가자의 거주기간을 6개월
이상으로 제한한 것은 "조기유학이란 초·중·고등학교 단계의 학생이 국
내 학교에 입학 혹은 재학하지 아니하고 외국으로 나가 현지 외국의 교
육기관에서 6개월 이상의 기간에 걸쳐 수학하는 행위"(김홍원, 2005)라는
정의에 근거했기 때문이다.

인터뷰에 참가한 사람들은 말레이시아의 수도 쿠알라룸푸르의 암팡에 거주하는 사람이다. 조기유학을 둘러싼 긍정적 혹은 부정적 인식뿐 아니라 조기유학으로 발생할 수 있는 가족 간 문제에 대한 우려나 오해 등의 다양한 문제 인식이 녹아 있기 때문에 간혹 조기유학을 떠나면서 한국의 지인에게조차 알리지 않는 가정도 있다. 특히 미국, 캐나다, 호주와 같은 전통적인 조기유학 국가가 아닌 동남아시아 국가로 떠나는 경우 더욱 그러한 경향이 있었다. 이 또한 흥미로운 사실임에 분명하지만 동남아시아 국가 중 특히 말레이시아를 선택하는 가정의 특징이기도 하다. 이런 특징 때문에 인터뷰 참가자를 찾는 일은 쉬운 일이 아니었다.

이에 '한인타운'의 지인을 통해 인터뷰 참가자를 소개받는 형식의 눈덩이 표집방법(snowball sampling method)을 활용했다. 물론 인터뷰 참가자를 소개해준 사람과도 인터뷰를 진행했다. 처음에 인터뷰를 의뢰할 때는 대부분 소극적인 태도를 보이지만 어린 자녀를 데리고 외국에서 기러기가족으로 생활하면서 속내를 터놓을 수 있는 사람을 찾기 어렵기 때문에 인터뷰가 진행되면서는 계획된 시간보다 오랫동안 더 많은 이야기를 할 수 있었다. 이렇게 되기까지는 물론 본 인터뷰와 필자에 대한 신뢰가 밑바탕이 되었다는 점은 분명한 사실이다. 즉, 필자가 대학 교수로 재직 중이고 본 인터뷰가 단지 연구의 목적으로만 진행된다는 점을 명확히 하고 먼저 전화로 승인을 받은 후 인터뷰 일정을 잡아 진행한 점이 인터뷰 참가자들의 신뢰를 이끈 것 같다. 그러나 이 과정이 한 번에 이루어진 것은 아니었다. 전화와 소개자를 통해 명확히 알렸지만 실제 인터뷰를 시작하면 다시 필자의 소속과 목적을 문의하는 경우가 대부분이다. 그때마다 재확인을 해주고 아울러 이 인터뷰가 태평양학술문화재단의 지원하에 이루어지는 것을 명확히 했으며 이는 참가자에게 신뢰감을 제공하는데 많은 도움이 되었다.

〈표 1〉 인터뷰 계획서의 내용

범주		조사내용	연구문제와의 관련성
인구 사회학적 특성		· 연령, 가족 구성, 학력, 직업, 거주지, 연소득, 한국에서의 자녀 성적, 여행 경험 등	· 개인과 가족에 대한 인구 사회학적 정보와 조기유학 결정 간의 관계 유추
조기 유학 동기	어머니	· 조기유학 동기 및 과정 · 유학지 선정에 영향을 미친 요인 · 조기유학의 장단점 · 조기유학을 통해 기대하는 점 · 어머니 역할에 대한 인식과 평가 · 한국 가족, 배우자와의 관계 및 소통방식 · 현재의 어려움과 장래 계획	· 조기유학에 대한 인식과 결정 과정에 영향을 미친 요인 · 어머니노릇에 대한 인식과 기대
	청소년	· 조기유학 결정 동기와 과정 · 조기유학 대상 국가의 결정 과정 및 영향 요인 · 친구들과의 관계 · 한국 학교와 국제학교에 대한 인식 · 조기유학의 장단점 · 조기유학을 통해 기대하는 점 · 장래 계획	· 조기유학에 대한 인식과 결정 과정에 영향을 미친 요인 · 학업에 대한 인식과 어머니 역할에 대한 기대 및 인식
조기유학 생활		· 일상생활 · 자녀교육 방법 · 자녀교육을 위한 자체 노력 방법 · 조기유학에 대한 잠정 평가 등	· 조기유학에 내재된 사회적 욕망 확인

필자 역시 자녀와 함께 말레이시아에서 1년간 생활하면서 국제학교와 종교 단체, 커뮤니티 참여 등의 경험이 있으며 이런 경험을 바탕으로 이 인터뷰의 필요성을 인식했기 때문에 이에 기초한 인터뷰 계획서(interview schedule)를 개발했다.

〈표 1〉은 특정한 인구학적 자료를 수집하기 위한 구조화된 질문과 조기유학을 선택한 동기와 과정, 부모의 열망과 갈등, '어머니됨', 가족, 영어교육, 조기유학을 통해 기대하는 자녀의 미래상 등에 관한 인식을 파악하는 데 주안점을 둔 개방적인 질문으로 구성되었다.

인터뷰는 2010년 1월과 2월에 주로 진행되었다. 약 2시간 동안 진행되었으며, 자녀의 하교 때문에 지속적인 인터뷰가 곤란한 경우는 2회에 걸쳐 진행했다. 혼자 인터뷰 하는 것을 부담스러워 하는 소극적인 참가자는 소개해준 지인이 동석하도록 해 인터뷰 환경에 대한 안정감과 신뢰감을 갖도록 했다.

인터뷰 참가자는 미리 한국에서 확보했으며 말레이시아에 도착한 직후 전화로 일정을 정했다. 그 과정에서 방학이 겹쳐 잠시 한국으로 귀국하거나 혹은 호주로 다시 이주를 한 가정도 있었는데 이 경우는 소개해준 사람과 다시 연락해 다른 사람을 소개받기도 했다. 간혹 인터뷰를 원하지 않는 경우도 있었다. 이때는 말레이시아에서 출국하기 전 다시 전화를 해 의사를 묻고 허락한 경우에만 인터뷰를 실시했다. 인터뷰를 의뢰하는 과정에서 개인사를 얼마나 솔직하고 깊이 있게 말해줄 것인지 염려되기도 했지만 인터뷰를 진행하고 또 끝내면서 '이분들도 누군가 말할 사람이 필요했구나'라는 생각을 했을 정도로 허심탄회하고 솔직한 모습을 확인할 수 있었다.

인터뷰 자료를 정리, 분석하는 과정에서 미흡하거나 보완이 필요한 부분, 좀 더 확인이 필요한 내용은 메모를 했다가 인터넷전화로 문의를 하거나 2010년 8월에 말레이시아를 재방문해 보충 인터뷰를 실시했다. 6개월 만에 다시 만난 참가자 중에는 자녀가 학교를 바꾸었거나 혹은 상급학교로 진학한 경우도 있었고 혹은 이미 O레벨 시험을 치른 경우도 있었다. 이 경우 대학 진학에 대한 좀 더 깊은 고민을 해 진로와 관련된 보충 인터뷰도 진행했다.

인터뷰에는 참가자를 직접 대면하는 방법 이외에 인터넷전화 혹은 이메일도 활용되었다. 인터뷰 자료는 녹음과 메모를 통해 수집되었으며 자료는 인터뷰 참가자별로 2회 이상 정독하고 조기유학 결정 과정과 경험, 어머니 역할과 기대 등을 중심으로 분석했다. 이런 분석 기준은 이 글의 인터뷰 계획서에 이미 반영되어 있기 때문에 그 내용을 중심으로 하위 주제를 범주화한 것이다.

이 외에도 조기유학 가정의 실태와 조기유학에 대한 당사자의 관점,

준비, 노력, 평가 등을 파악하기 위해 말레이시아 내 한인 사회에서 정기적으로 발행하는 신문 중 조기유학 가정의 어머니나 청소년을 직접 인터뷰한 내용을 일부 인용했다. 이런 자료 중에는 참가자와의 인터뷰 내용 가운데 사례로 언급된 것도 있어 공감대를 형성하고 또 공통의 관심사를 확인하는 데 매우 유용한 자료로 활용되었다. 아울러 말레이시아 조기유학의 성공사례에 대한 인터뷰 참가자의 인식과 평가를 확인할 수 있다는 점에서도 이 글에 도움이 되었다고 할 수 있다.

3. 현지조사 대상 선정 이유

조기유학 대상지인 해외에 거주하는 한국 어머니를 인터뷰하기 위해서는 해외 현지조사가 필수적이다. 현지조사를 위해 말레이시아를 선택한 이유는 다음과 같다.

첫째, 말레이시아, 싱가포르, 필리핀, 베트남 등은 영어권 국가로 분류되고 물가가 상대적으로 낮다는 이유로 조기유학 선호대상 국가 1호로 뽑히고, 이 중 특히 말레이시아는 화교의 사회경제적 영향력이 지대한 나라다. 따라서 영어와 중국어를 동시에 학습할 수 있는 천혜의 조건을 갖췄기 때문에 최근 한국 조기유학생이 급증했다. 이는 인터뷰 참가자를 확보하는 것뿐 아니라 조기유학을 선택하는 최근의 이유나 배경을 확인하는 데에도 매우 도움이 되는 요인이다.

둘째, 말레이시아에는 최근 몇 년 동안 꾸준히 조기유학 가정이 증가하면서 암팡에 한인타운이 형성되었다. 암팡애비뉴와 파워나코트, 스리암팡, 암팡 우타마 등과 같은 대형 콘도미니엄에 거주하는 한국인의 비율이 매우 높아 이 지역을 한인타운이라 명명할 정도다. 이런 조건은 이 글의 목적에 적합한 정보 제공자를 찾고 조기유학의 다양한 배경과 동기, 한국 교육에 대한 인식 등에 관한 자료를 좀 더 다양하고 풍부하게 수집하는 데 매우 적합하다고 할 수 있다.

셋째, 필자는 2007년도에 안식년을 맞아 말레이시아의 암팡에서 1년 동안 체류한 경험이 있다. 연구자이자 학부모로서 조기유학 가정의 삶을 참여 관찰하고 어머니와 자녀 문제를 논의하고 청소년이 조기유학을 떠나온 배경과 동기를 탐구하면서 조기유학의 배경에 한국에서의 자녀공부, 학교생활 등과 관련된 배출요인 이외에도 부모의 사회적 욕망과 관련된 요인이 매우 크게 자리 잡고 있다는 사실을 간파할 수 있었다. 특히 어머니의 사회적 욕망에는 교육 받은 여성이지만 그 역량을 충분히 발휘하지 못한 안타까움을 자녀 세대에게 물려주고 싶지 않다는 열망에서부터 사회경제적 부의 축적뿐 아니라 나아가 문화적 자산을 축적하고자 하는 기대, 그리고 안전하고 완벽한 이유로 시댁으로부터 자유로워지고자 하는 열망 등 다양한 요인이 내재되어 있는 것을 알 수 있었다. 아버지는 외로운 기러기아빠로서 단지 경제적 지원만 하는 존재가 아니라 부인과 자식을 통해 언어, 학벌 등으로 인한 사회적 차별 경험을 극복하고자 하는 열망과 자녀에게 좀 더 넓은 사회를 열어주고자 하는 열망을 갖고 부인과 자식에게 조기유학을 권유하는 존재임을 알 수 있었다. 이런 새로운 사실은 단지 조기유학의 실태와 원인을 파악하는 데 치중해온 기존의 연구 동향에 새로운 지식을 부가할 것이며 한국의 교육정책, 가족 및 여성정책에 대한 대안을 모색하는 데에도 일조할 것으로 판단된다.

마지막으로 조기유학에 관한 실태조사에 머물지 않고 조기유학을 둘러싼 다양한 요인의 상호작용에 관한 심층조사를 하기 위해서는 신뢰관계가 무엇보다 중요하다. 이에 참여 관찰자이자 학부모로서의 경험을 가진 필자는 인터뷰 참가자의 생활양식에 대한 풍부한 정보를 이미 소지한

상태에서 기존의 연계망을 활용해 인터뷰를 수행할 수 있는 적합한 조건
을 가졌기 때문에 말레이시아 현지조사를 좀 더 정확하고 현실성 있게
진행할 수 있었다.

부록 2
조기유학생과 그 어머니는 누구인가

1. 참가자

1) 어머니

동남아시아 국가로의 조기유학을 결정한 부모, 특히 말레이시아로의 조기유학 현상에 내재된 어머니의 사회적 욕망에 관심을 두고 인터뷰 참가자를 찾기 위해 다양한 방법을 활용했다. 먼저 인터뷰에 참가한 조기유학생의 어머니는 총 15명으로, 이들은 10개월 이상 자녀와 함께 말레이시아에 체류한 경험이 있다. 이들의 인구사회학적 특성을 요약하면 〈표 1〉과 같다.

〈표 1〉에 나타난 바와 같이 본 인터뷰에 참가한 어머니는 대부분 30~40대로 초등학생과 중학생 자녀를 두었다. E와 같이 고령의 조모가 손주를 돌보는 사례도 있지만 그보다는 주로 어머니 당사자가 조기유학생인 자녀를 돌보는 경우가 대부분이었다. 한국에서의 거주 지역은 서울을 포함한 수도권이나 지방 대도시이며 남편은 정규직으로 근무하거나 혹은 전문직인 경우가 많았다.

구체적으로 인터뷰 참가자의 상황을 살펴보면 먼저 A는 부산에서 10년 이상 미용일을 해왔다. 1~2년 전부터 남편이 조기유학을 떠나는 직장 동료 이야기를 몇 차례 하기는 했지만 하던 일을 그만두기 어려워 모른 척했었다. 그러나 일을 하느라 아이들을 돌보지 못한 탓에 아이들의 성적이 떨어지고 사교육을 시켜도 효과가 없자 남편의 말을 귀담아듣기 시작했다. 미용일이 동네의 어머니들을 대하는 서비스직인 만큼 어머니들과의 관계에서도 많은 부분 감수해야 할 일이 생기면서 지쳐갔고 일도 오랫동안 해왔기 때문에 겸사겸사 그만두고 자녀를 위해 말레이시아로의 조기유학을 결정했다. 여름방학 때 미리 학교와 집을 알아보기 위해 말레

〈표 1〉 심층인터뷰 대상자

대상자		A	B	C	D	E	F	G	H	I	J	K	L	M	N	O	P	Q	R
본인 연령 (남편 연령)		38세 (44세)	39세 (40세)	41세 (49세)	37세 (41세)	71세 (72세)	45세 (51세)	42세 (45세)	40세 (42세)	51세	39세 (42세)	48세 (52세)	36세 (45세)	41세 (47세)	43세	37세 (40세)	44세 (44세)	40대	41세 (42세)
조기유학 중인 하생의 연령		아들 2명 (12살, 11살)	딸 (12살), 아들 (11살)	딸 (16살), 아들 (12살)	딸(9세)	손주 6명	아들 (19살), 딸 (17살)	쌍둥이 아들 2명 (19살), 딸 (9세)	딸(8세)	아들 (13세)	아들 (3학년), 딸 (2학년)	딸 (8학년), 아들 (5학년)	딸 2명 (6학년, 5학년), 아들 (5살)	딸 2명 (8학년, 7학년), 아들 (1학년)	딸 2명 (8학년, 6학년), 아들 1명, 조카 1명	딸 (1학년), 아들 (유치원)	아들 (8학년), 딸 (3학년)	딸 2명 (7학년, 4학년)	아들 2명 (4학년, 2학년)
유학 기간		10개월	2년 7개월	1년	10개월	싱가포르 3년, 말레이시아 2년 4개월	1년	3년 4개월	1년 6개월	2년 (본인 1년)	1년	6개월	2년	6개월	1년	6개월	싱가포르로 1년 반	-	1년
한국 거주지		부산	중동	광진구	노원구	마산	용인	광명	분당	경주	-	용인	서울 노원구	신도림	용인	김포	분당	강남	부천
권유자		남편	남편	남편	남편	딸, 사위	남편	남편	함께	시누, 본인	남편	부, 모	남편	본인	본인	본인	본인	본인	남편
직업 (학력)	남편	공무원 (전문대졸)	공사 기관 (대졸)	개인 사업 (대졸)	회사 (대졸)	퇴직 (대졸)	회사 (대졸)	사업 (대졸)	변호사 (대졸)	자영업 (고졸)	대기업 퇴사 (대졸)	사무직 (대졸)	선장 (대졸)	한의사 (대졸)	사무직 (대졸)	사무직 (대졸)	사업 (대졸)	(대졸)	컴퓨터 관련 사무직
	본인	미용 (고졸)	아동교 재화사 (대졸)	직장 (전문 대졸)	컴퓨터 강사 (대졸)	전업 주부 (고졸)	전업 주부 (전문 대졸)	전업 주부 (대졸)	전업 주부 (대졸)	자영업 (고졸)	간호사 (전문 대졸)	전업 주부 (고졸)	전업 주부 (고졸)	전업 주부 (대졸)	사무직 (고졸)	학원 (대졸)	교지 (대졸)	(대졸)	-

이시아에 와보고 실망을 하기도 했지만 주변 사람에게 이미 말레이시아로 조기유학을 떠날 것이라 공언하고 미용실도 정리를 한 상태라 조기유학 결정을 철회하기가 어려웠다. 일단 남편과 함께 출국해 자녀를 입학시키고 집도 구매했지만 여기서도 학력과 지역의 문제 때문에 어머니들과의 관계에서 많은 어려움이 있다. 이러한 일들로 회의가 들기도 하지만 일단 자녀를 위해 최선을 다해보려고 하는 중이다.

B는 10년 이상 아동학습지 관련 회사에 근무했으며 두 자녀와 함께 말레이시아에서 약 2년 7개월째 거주 중이다. 첫째 아이만 있을 때와는 달리 둘째 아이가 태어나면서부터 일과 가정을 양립하는 것이 매우 어려워졌다. 특히 둘째 아들이 학교에 진학하게 되면서 학업에 신경을 써줘야 할 시점을 놓치면 안 되겠다는 생각에 조기유학을 결정했다. 남편은 자녀의 조기유학을 반대했지만 B는 오랫동안 직장생활을 해왔고, 그것도 아동학습 관련 일을 해오면서 정작 내 아이에게는 신경을 써주지 못하는 것이 문제라 생각되어 조기유학을 감행했다. 처음에는 막막하고 아이들 영어 때문에 걱정도 많았지만 큰아이가 잘 적응해 좀 더 머물 계획이다. 말레이시아에 처음 올 때는 자신의 두 자녀 외에 직장 동료의 자녀를 함께 데리고 왔다. 직장 동료의 부탁으로 함께 왔지만 아무래도 어머니가 없는 상황에서 아이가 열심히 공부를 하지 못하는 것을 보니 걱정이 되어 동료에게 얘기하고 다른 가정에서 홈스테이를 하도록 한 후, 현재는 두 자녀만 돌본다.

서울에서 거주하던 C는 개인 사업을 하는 남편의 권유로 홍콩으로 조기유학을 떠났다가 말레이시아로 옮긴 지 1년이 되었다. 홍콩 조기유학을 결정할 때까지도 한국에서는 줄곧 가계 경제에 보탬이 되기 위해 직장에 다녔다. 당시에는 자녀가 학업에 충실하지 못해도 가정 형편 때문에 맞벌이를 해야 하는 상황이라 남편도 뭐라 하지 못했었다. 하지만 남편의 개인 사업이 자리를 잡으면서 중국어와 영어를 동시에 배울 수 있는 홍콩으로 조기유학을 떠나기로 결심해 그곳에서 약 1년 정도 머물렀다. 그러나 경제위기 때문에 환율이 너무 올라 홍콩에서 더는 자녀를 교육하기 어려웠고 그렇다고 중도에 한국으로 돌아갈 수도 없어 학비와 생활비가 상대적으로 저렴한 말레이시아로 옮겼다. 홍콩과 비교할 때 말레이시아는 많은 부분이 부족하고 불합리한 것 같아 현재 상태는 그다지 만족스럽지 못한 상황이다. C는 남편의 사업이 잘 풀리지 않는 상황이라 말레이시아에서도 한국인이 경영하는 사업장에서 일을 한다.

D는 한국에서 컴퓨터 관련 업무에 종사하다가 딸이 학교에 들어갈 시기가 되어 조기유학을 선택했다. 일을 하면서도 아이가 학교에 들어갈 때가 되면 그만두려고 생각했기 때문에 오래 다닌 직장이라 해도 미련은 별로 없었다.

조기유학을 결정하면서 다른 나라도 생각해봤지만 남편이 다녀갈 수 있는 여건을 고려해 말레이시아를 선택했다. 주거지는 쿠알라룸푸르에서 현지인에게 '한인타운'으로 널리 알려진 암팡애비뉴에서 조금 떨어진 곳을 선택했다. 본인도 오랫동안 직장생활을 했기 때문에 말레이시아에서만큼은 편하고 여유 있게 생활하고 싶고 또 한인이 너무 많은 곳은 피하고 싶어 주거비가 비싼 콘도미니엄을 선택했다.

현재는 자녀 교육, 한국 어머니들과의 관계, 환경 등에 만족하는 상태다. 하지만 말레이시아에서 유망 지역으로 불리는 곳에 콘도미니엄을 사놓은 상태라 이사와 전학 계획이 있다. 아직 자녀의 연령이 낮은 편이어서 고학년 자녀를 둔 다른 한국 어머니의 고민을 본격적으로 해본 적이 없고 또 실제로 경험해보지도 않은 상태지만 앞으로 자녀가 성장하면서 자신도 겪어야 할 일이라는 생각 때문에 시간이 허락하는 선에서는 어머니 모임에 참석해 그들의 이야기를 주의 깊게 듣는 편이다.

E는 조기유학 중인 손주 6명을 돌보는 할머니다. E와 남편은 유명 대학을 나온 고학력의 엘리트 출신이다. 남편이 퇴직한 후 딸들과 함께 동남아시아 국가를 여행하다가 딸들이 아이들에게 영어교육을 시키고 싶다고 한 적이 있는데 그 의견을 받아들여 싱가포르에 약 4년 머물렀던 경험이 있다. 딸과 사위, 며느리가 모두 직업이 있는 상태라 자신과 남편이 손주들을 돌보기로 했다.

싱가포르에서 말레이시아를 왕복하는 버스로 다른 한국 할머니들과 함께 버스 여행을 왔다가 말레이시아에서 조기유학을 하는 한국인이 많다는 사실을 알고 많은 고민을 했다. 할아버지가 반대를 했지만 E 혼자 8번이나 말레이시아를 방문했고 국제학교 앞에서 한국인이 경영하는 레스토랑의 주인을 만나 자문을 구하기도 했다.

이런 결정을 하면서 고려했던 요인 중 하나는 교육비와 생활비다. 같은 영어권이고 버스로 왕복을 할 수 있을 정도로 매우 가까운 인접 국가인데도 싱가포르는 매우 높은 비용을 지불해야 하는 반면, 말레이시아는 싱가포르에서 지불해야 하는 비용의 약 1/2이면 충분했다. 물론 교통이나 생활 여건, 특히 교육체계 면에서 싱가포르가 더 우수하기는 하지만 손주 중 한국에서보다 학년을 낮춰 들어가면서 위축된 아이가 있는 터라 이런 점도 고려했다.

할아버지도 처음에는 싫어했지만 막상 말레이시아로 옮긴 후에는 만족해하는 편이다. 싱가포르에서는 손주들을 학교에 데려다주고 데려오는 일 외에는 별반 모임이나 행사가 없었지만 말레이시아에서는 은퇴 이민을 선택한 한국 노인과 어울릴 수 있어 만족스러워 한다. 아이들도 자신감이 높아진 상태다. 현재 말레이시아로 이주한 지 1년째 되어간다.

F는 아들의 학업 문제로 여러 해 동안 유학을 고민했었다. 당시에는 주변에서 남편과 떨어져 지내면 좋지 않다고 말려 포기했었다. 하지만

아들이 고2에 접어들면서 학업에 대한 고민이 많아졌고 그 와중에 남편이 주변 동료로부터 말레이시아에서 조기유학을 하는 것도 괜찮다는 얘기를 듣고 와 아내에게 권유하면서 부부가 함께 결정했다.

처음에는 아들이 말레이시아에서 나이에 맞는 학년에 들어가지 못했기 때문에 2살 차이가 나는 여동생과 같은 학년에서 공부하게 되어 신경이 쓰였지만 고학년인 만큼 현재는 별 문제 없이 적응도 잘하고 있다.

G는 쌍둥이 아들 2명과 9살 딸을 데리고 말레이시아에 거주한 지 3년 4개월째에 접어들었다. 고학년 자녀와 저학년 자녀가 모두 있기 때문에 여러 명의 학부모와 교류를 하며 지낸다. 한국에서 비평준화 지역에 거주했던 G는 아들들이 중학생인데도 늦게 들어오고 학교 성적 때문에 힘들어 하는 것을 보면서 이건 아니다 싶어 고등학교 입학을 결정할 즈음 조기유학을 결정했다.

전반적으로 적응을 잘했지만 쌍둥이 아들들의 성적이 조금 차이가 나고, 특히 대학입학을 위한 자격시험을 앞둬 고민이 많다. 고학년 자녀의 어머니끼리 모임도 갖고 정보를 교류하며 가슴앓이도 한다.

말레이시아에서 아들들의 공부를 마쳐야 하기 때문에 작년에 집을 구매해 새집으로 이사를 했지만 한인이 많이 거주하는 지역을 벗어나고 보니 아이들을 학원에 보내고 관리하기가 어려워 다시 월세를 놓고 학원이 밀집해 있는 '한인타운'으로 이사를 준비 중이다. 큰아들은 칼리지에 입학했고 둘째 아들은 준비 중이다.

H는 8세 된 딸과 약 1년 6개월째 말레이시아에 체류 중이다. 남편의 직업상 여러 나라를 경험했고, 그중 말레이시아가 최소 비용으로 최대 효과를 누릴 수 있으며 이미 수년 전에 남편의 직장 일로 말레이시아에서 생활한 적이 있는 데다 남편 직장에서 교육 관련 비용을 지원해주기 때문에 별 부담 없이 말레이시아를 선택했다. 아직 자녀가 어리기 때문

에 대다수의 한국 어머니가 걱정하는 발음 문제도 나중에 얼마든지 교정할 수 있다고 확신했다.

현재 자녀가 다니는 국제학교는 한국인 학생이 입학할 수 있는 자리가 몇 안 되는 학교다. H의 자녀가 학교에 입학하기 위해 시험을 치렀을 때는 여석이 없었기 때문에 입학을 하기 위해 오랫동안 기다려야 했다. 하지만 H가 매일 학교에 나가 청소하고 학교 직원과 관계를 형성해 학교에서 알려질 정도로 적극성을 보였기 때문에 교장으로부터 면담 요청을 받은 후 자녀가 바로 입학 허가를 받을 수 있었다.

현재 H는 학교의 모든 행사에 참여할 정도로 매우 적극적이다. 자녀가 학교에 입학한 지 두 학기 만에 학교에서 전교 일등을 했다. 주말에는 유명한 공연이나 음악회에 관한 정보를 수집해 저렴한 가격으로 관람하면서 자녀에게 문화, 예술 등 다방면에 걸쳐 교육을 시킨다. 자녀와 함께 말레이시아에 머무는 한국 어머니 모두 자녀교육에 많은 관심과 열의를 보이지만 타국에서 문화, 예술 등 다방면의 정보를 찾아 적극적으로 활용하기란 쉬운 일이 아니다. 따라서 H의 이런 열성은 다른 학교에 다니는 조기유학생의 어머니에게까지도 알려질 정도다. H는 명문대를 나왔고, 자신을 교육시키기 위해 자신의 어머니가 얼마나 많은 노력을 했는지 안다. 따라서 어머니의 노하우와 자신의 학력 및 지식을 바탕으로 자녀를 양육하고 교육하면 좋은 시너지 효과를 낼 수 있으리라는 기대를 갖고 자녀를 철저히 관리하고 교육하면서 이런 노하우를 다른 어머니에게도 나누어주고 싶은 마음이다.

I는 시누이가 먼저 휴직 기간 중 친인척에게 아무 말도 없이 자녀를 데리고 말레이시아로 조기유학을 떠났다. 이후 I에게 I의 자녀도 함께 조기유학을 시키자고 권유해 자녀를 말레이시아로 보냈다. I는 한국에서 자영업을 했기 때문에 직접 갈 수 없어 늦둥이 막내아들만 보냈는데 나중

에 시누이가 귀국하면서 I가 대신 말레이시아로 와 아들과 시누이의 아들을 돌보며 교육시켰다. 아들의 유학 기간을 연장하기 위해 남편의 반대를 무릅쓰고 말레이시아에 왔지만 초기에는 소극적이고 위축된 아들 모습에 마음이 상하고 힘들었다. 하지만 아들이 어머니 품에서 생활하면서 차차 용기를 갖고 영어로 다른 사람에게 질문하고 대화를 시도하는 모습을 보면서 처음에 느낀 실망과 시누이에게 가졌던 좋지 않았던 감정은 사라졌고 요즘은 잘했다는 생각을 한다. 50대이기 때문에 다른 조기유학생의 어머니에 비해 연령이 높은 편이기도 하지만 그보다는 어머니 간에 관계 형성이 어렵고 소문이 많아 가능하면 집에서 아들과 함께 시간을 보낸다. 조카는 자신의 어머니가 한국으로 돌아간 후 PC방을 다니고 적응하지 못해 한국으로 되돌려 보냈다. 요즘에는 아들이 중학교에 들어갈 때가 되어 한국으로 돌아갈 준비 중이다.

지금까지의 사례는 대부분 남편이 먼저 자녀의 조기유학을 권유한 경우다. 그 가운데 J는 외국생활에 대한 남편의 기대와 욕구가 매우 커서 오랫동안 해외 각국에서 생활했다. J의 남편은 대기업에서 해외 업무를 주로 담당했고 향후 나이가 들어서도 외국에 정착하기를 원한다. 퇴사후 남편이 답사 차원에서 말레이시아로 출국해 집을 사놓고 가족에게 들어오라고 해 그때부터 해외 생활이 시작되었다.

J는 사교성이 많아 어머니들과 매우 잘 지내는 편이다. 하지만 남편이 직장을 그만둔 상태이기 때문에 향후의 경제적 문제에 대한 고민과 하루종일 남편과 함께 지내면서 겪는 어려움 때문에 남편과 분거상태에서 남편이 보내주는 생활비로 지내는 다른 어머니들과 공감대를 형성하는 데 어려움을 겪기도 한다.

J가 남편과 함께 거주한다는 면에서 본 인터뷰 참가자 기준에 적합하지 않다고 할 수도 있다. 하지만 J는 조기유학생과 한국 어머니의 전반적

인 상황을 잘 알고 객관적인 상황에서 다양한 정보를 제공해줄 수 있기 때문에 인터뷰를 실시했다. 때로 한국 어머니의 인터뷰 중 말의 문맥이나 맥락을 제대로 파악하지 못해 쉽게 이해할 수 없는 내용은 J에게 문의해 한국 어머니 간의 상호관계, 최근 이슈 등을 파악할 수 있었다. J는 초등학교 3학년 아들과 2학년 딸을 데리고 말레이시아에 거주하기 시작한 지 약 1년이 넘었으며 다른 가족보다 체류 기간을 길게 계획했기 때문에 자녀교육도 다소 여유를 갖고 진행하는 편이다.

K는 48세지만 결혼을 조금 늦게 했기 때문에 또래보다 자녀가 어린 편이다. 중학교 2학년 딸과 초등학교 5학년 아들을 데리고 말레이시아로 온 지 6개월 정도 되었다. K의 자녀는 한국에서 중학교 친구들과 잘 어울리지 못해 어려움을 겪었다. 또 K는 자녀가 늦은 시간까지 학원에 다녀야 하는 상황도 마음에 들지 않았으며 자녀에게 좀 더 자유로운 환경을 만들어주고 싶었다. 게다가 K의 친인척 중에는 이미 뉴질랜드나 캐나다로 조기유학을 떠난 아이들이 있어 유학에 대한 거부감도 별로 없었다.

다만 뉴질랜드나 캐나다, 미국은 비용이 너무 많이 들고 아는 사람이 없는 반면 말레이시아는 오빠의 친구가 있어 유학 준비 기간 동안 많은 도움을 받을 수 있었다. 현지답사를 위해 말레이시아에 왔을 때도 날씨가 잘 맞아 긍정적인 느낌을 갖고 돌아갔었다. 앞으로 2~3년 후에는 남편이 퇴직할 예정인데 그때는 남편과 함께 말레이시아에 거주하는 은퇴이민도 생각 중이다.

L은 6학년, 5학년 딸과 5세 아들이 있었다. 남편의 직업이 거의 해외에 머물러야 하는 직종이라 한국에서도 대부분 집을 비우기 때문에 한국에 머무는 것과 외국에서 사는 것이 큰 차이가 없었고, 또 남편이 워낙 영어의 중요성을 강조하는 편이라 조기유학을 결정했다. 처음에는 싱가포르에서 1년을 살다가 말레이시아로 이주했다. L은 싱가포르에 대한 기

억이 별로 좋지 않은 편이다. 물가가 비싸기 때문에 좋은 집과 좋은 동네에서 살기 어려워 한국인이 주로 거주하는 곳에 살았는데 그곳은 그다지 부유한 곳이 아니었고 집도 좁았으며 무엇보다 한국인 간의 교류가 거의 없어 우울증에 걸릴 정도로 힘들었다. 그러다가 말레이시아로 이주한 후 '한인타운'에서 생활하면서 현재의 생활에 매우 만족한다.

L은 학부모 간 교류와 싼 물가, 자녀가 아파트 내의 수영장에서 매일 수영을 할 수 있는 여건 등을 만족스러워 하고 무엇보다 둘째 딸이 학교에서 우수한 성적을 받아와 말레이시아로 이주하기를 잘했다고 생각한다.

다른 참가자들과 달리 M은 자신이 조기유학을 고집한 경우다. M의 가족은 의료전문직에 종사하는 남편과 딸 둘, 아들 한 명이다. 시부모님과 같은 아파트에 살면서 생활비는 시부모님으로부터 지급받으며 살았다. 딸 둘을 낳아 살면서 시집살이가 고되었다. 시부모님이 성별 고정관념이 강해서 딸들에게 사교육을 시키는 것도 힘들었고, 한 번은 힘들다는 내색을 했더니 딸들 다 데리고 나가라고 하는 바람에 아들 낳아 버텨보기로 결심을 한 적도 있다. 공부를 잘하는 딸들과 아들을 데리고 딱 1년만 외국으로 나와 살고 싶어 몇 년을 조르다가 친정어머니에게 1년만 경제적 지원을 해달라고 부탁해 말레이시아로 나왔다.

사실 M에게 어느 나라로 갈 것인지는 중요하지 않았다. 남편이 오고 가야 하는 상황을 고려해 동남아시아 국가를 생각했고 말레이시아로 최종 결정했다. M은 영어를 가르쳤던 경험이 있기 때문에 사람들이 '영어를 가르쳤다는 사람이 저 정도밖에 못 하나' 하는 생각을 할까봐 정작 자신은 외국인과 잘 대화하지 않지만 아이들은 잘하는 편이라고 생각한다. 종교는 없지만 말레이시아에서의 생활이 단조롭고 무료해서 요즘에는 교회에 나간다. 아파트 주민과 어울리는 것이 흥미롭고 재미있다고 느낀다.

N은 쌍둥이 딸과 아들, 조카를 데리고 유학길에 올랐다. 한국에서도

남편과 분거생활 중이기 때문에 조기유학을 결정하는 데에는 어려움이 없었다. 조기유학에 대한 말이 나온 지 한 달 만에 모든 것을 정리하고 말레이시아로 왔을 정도로 일사천리로 진행되었다. 집안에서 맏딸인 N은 동생들의 신뢰를 많이 받는 편이기 때문에 동생들에게도 조카들의 조기유학을 제안했다. 현재 N의 제안대로 N과 여동생 2명이 3~4개월씩 돌아가면서 말레이시아에 거주한다. 생활비도 함께 나누기 때문에 다른 집보다는 훨씬 유리한 상황에서 자녀의 조기유학을 감행할 수 있었다.

방학 때는 아이들과 함께 외국 여행을 떠난다. 말레이시아는 산유국이기 때문에 주유비나 항공료가 싼 편이다. 게다가 세일 기간을 잘 알아보면 1인당 10만 원 정도로 외국 여행을 할 수 있어 자녀와 조카들을 데리고 여러 곳을 경험한다.

N은 자녀를 말레이시아 대학에 보낼 예정이다. 말레이시아의 대학은 대부분 칼리지이며 미국과 영국, 호주의 분교이기 때문에 2~3년 후에는 트위닝 프로그램을 통해 본 대학으로 진학할 수 있다. 따라서 N은 다른 어머니처럼 굳이 바로 미국이나 영국, 호주로 대학을 보내려고 고생하기보다는 2년 정도의 유예기간을 더 가져가도 무방하다고 생각한다. 여동생들과 3~4개월씩 나누어가며 말레이시아에 체류하기 때문에 한국 어머니와의 교류는 거의 없는 편이고 이곳의 교육과 생활에는 만족하는 편이다.

O는 김포에서 거주하다 남편이 자녀의 영어교육을 위한 조기유학을 원해 말레이시아에 왔다. 남편은 영어를 전공했고 현재 영어 관련 업무에 종사한다. O는 한국에서 오랫동안 피아노 학원을 운영해 경제적으로는 여유가 있는 편이어서 미국으로 가기를 원했지만 비자 문제가 수월치 않아 말레이시아에서 1~2년 더 머물기로 했다. 아이들은 유치원 연령이라 매우 어리지만 O가 워낙 사교성이 많아 자녀 또래의 어머니보다 고연령인 어머니와도 자주 만나며 즐겁게 생활한다. 또래 어머니에 비해 자

녀가 어리기 때문에 학업 관련 스트레스는 별로 없는 편이다. 다시 귀국해 한국에서 잠시 머문 뒤 미국으로 출국할 예정이다.

P는 싱가포르에 살았던 경험이 있으며 3년의 조건을 채우면 한국의 국제학교에 입학시킬 수 있을 것이라는 계획을 갖고 1년 반만 있을 생각으로 말레이시아에 왔다. 하지만 영어권이라고 해도 한국 학생이 너무 많아 학교에서도 수업시간 이외에는 영어를 쓸 기회가 별로 없고 현재 거주 중인 콘도미니엄에서도 거의 영어를 쓰지 않기 때문에 미국으로 갈 생각이다. 조기유학을 결정할 당시는 아이들에게 더 나은 환경을 주고 싶다는 생각 하나로 출국했는데 그 단순한 조건도 잘 안 맞아 고민이다. 싱가포르에서 주거 렌트비로 지출하는 정도만 가지고도 어느 정도는 생활이 해결되고 메이드도 쓸 수 있어 말레이시아를 선택했지만 선진 교육도 아니고 한국 학생이 많은 학교를 군이 보내야 하나 싶은 생각에 현재의 생활에 부정적인 느낌을 갖고 있다.

Q는 한국 교육에 별로 비전이 없다고 생각해 아이들의 조기유학을 결심했다. 자녀가 학원에 몇 년을 다녀도 영어 한마디 못 하는 것을 보면서 한국 교육에 회의를 느꼈고 더는 학원에 의존하지 않으려고 조기유학을 고민했다. 하지만 미국은 비자 문제가 있고 캐나다나 호주는 남편 없이 지내기 힘들 것 같아 차선으로 말레이시아를 선택했다. 남편은 조기유학을 반대했고 자녀는 미국으로 가기를 희망했지만 Q의 주장으로 말레이시아로 결정했다. 말레이시아에서의 현실은 기대했던 것보다 실망스러운 편이지만 아이들은 우려했던 것보다 오히려 적응을 잘하는 편이다. 또 인터넷전화로 통화하면서 남편이 가까이 있는 것 같아 불편함을 느끼지 못하기 때문에 고등학교를 마칠 때까지 있을 생각도 한다. 현재는 제주도나 인천에 국제학교가 하루 빨리 자리 잡기를 바라고 있다. Q는 선진국으로의 조기유학은 아니지만 동남아시아 조기유학 경험을 통해 부

를 축적한 소수자만 해볼 수 있는 경험을 자신도 하는 것 같고, 또 필리핀이나 말레이시아라는 나라가 있으니까 중산층도 조기유학을 할 수 있다고 생각한다. 또 이 나라의 특징인 다문화사회, 다양한 인종을 경험하는 것도 자녀에게는 큰 공부라고 생각한다.

R은 자녀를 영어유치원에 보냈지만 입을 잘 안 떼어 1년만 나갔다 오겠다고 시댁에 말하고 나왔다. 사실 R이 원한 것은 아니며 남편이 R에게 직장생활을 10년 정도 했으면 그만하고 아이들 공부를 시키는 것이 어떻겠냐고 권유해 이때다 싶어 직장을 그만두고 자녀교육에 매진하기로 했다. 한인타운에서는 소문이 너무 많고 또 서로 비교를 많이 하며 사람 말을 그대로 신뢰할 수 없어 한국 사람을 많이 사귀지 않는다. R은 말레이시아의 생활이나 교육도 좋지만 이곳에서 외국인과 인종에 대한 차별을 스스로 없앨 수 있고 또 아이들도 글로벌한 환경에서 생활하는 것이 큰 장점이라고 생각한다. 그러나 최근에는 조기유학을 먼저 권했던 남편이 더는 혼자 못 살겠다고 들어오라고 해 아이들의 성과가 보이기 시작하는 상황에서 한국으로 들어가야 할지 고민 중이다.

2) 청소년

자녀의 조기유학을 통해 어머니노릇이 어떻게 현상화되며 그 안에 내재된 부모의 열망은 무엇인지 알아보기 위해서는 조기유학 당사자인 청소년이 바라보는 기러기엄마의 희생과 역할에 관한 인식과 경험을 알아보는 것도 중요하다. 따라서 조기유학생의 어머니뿐 아니라 현재 말레이시아에서 조기유학 중인 청소년 6명과도 인터뷰를 실시했다. 인터뷰 참가자들은 당시 한국 학년으로 중학교 2학년에 해당하는 8학년에 재학 중이었다. 보완이 필요한 부분은 2009년도에 어머니를 대상으로 보충 인터

<표 2> 인터뷰에 참가한 청소년

참가자	성별	학년	거주 상태	유학 기간	한국 내 거주지	부모의 연령	부의 직업
청소년 A	여	16세	홈스테이	1년(필리핀 6개월)	일산	모 43세	사업
청소년 B	여	15세	부모, 동생	1년	강남	-	휴직
청소년 C	여	15세	이모, 사촌들	1년	용인	모 45세	사무직
청소년 D	여	15세	이모, 사촌들	1년	용인	모 45세	사무직
청소년 E	남	15세	부모	1년	충청도	부 47세 모 43세	군인
청소년 F	남	15세	모, 동생	1년 3개월	부천	-	사무직

뷰를 실시함으로써 해결할 수 있었다. 따라서 이 인터뷰 내용에는 약 2
년에 걸쳐 정보를 추적한 사례가 포함되어 있다. 먼저 청소년의 상황을
살펴보면 다음과 같다.

인터뷰에 참가한 청소년은 모두 1년 이상 말레이시아에 거주한 상태
였다. 청소년 A를 제외한 다른 청소년은 모두 어머니 혹은 이모나 사촌
과 함께 생활한다. 청소년 A는 한국에서 성적이 좋지 않아 아버지가 먼
저 조기유학을 권유했다. 그래서 말레이시아에서 유학하기 전에 필리핀
에서 6개월간 국제학교를 다녔다. 하지만 필리핀은 학비가 상대적으로
비싸고 물가도 높으며 치안 문제 때문에 말레이시아로 이주했다. 말레이
시아로 옮길 때는 당시 아버지의 어릴 적 친구가 거주해 그 가정에서 홈
스테이를 하기로 하고 옮겼다. 그러나 홈스테이 가정에서 그들과 어울려
생활하지 못했고 습기 있는 작은 방에 홀로 머물면서 피부병을 앓았으며
식사를 같이 한 적이 없고 심지어 방에 머리카락이 남는다는 이유로 긴
머리카락을 잘리기까지 했다. 이런 사정을 알고 A의 어머니가 학기 말에
말레이시아를 방문해 홈스테이 가정을 다시 물색해주었으며 조기유학 가
정이 많은 콘도미니엄으로 거처를 마련해준 뒤 돌아갔다.

청소년 A는 필리핀에서 영어공부를 했지만 말레이시아에서 국제학교 영어 특별반으로 입학했다. 게다가 1년 유급을 해 다른 참가자보다 1살이 더 많다. 청소년 A는 학교를 졸업한 후 호텔업에 종사하기를 희망한다. 따라서 대학도 스페인의 호텔 관련 대학에 진학할 계획을 가지고 있다. 하지만 학업성과가 기대에 미치지 못해 계속 유급을 하면서 다른 국제학교로 전학했지만 종국에는 다시 한국으로 귀국해 고등학교 졸업 검정고시를 준비 중이다.

청소년 B는 어머니와 먼저 유학을 떠났다가 최근에 아버지가 퇴직하고 합류한 상태다. 청소년 B의 아버지는 말레이시아에서는 직업이 없으며 한국을 왕래하며 생활을 관리한다. 청소년 B보다는 아버지가 한국을 떠나기를 희망했고 아버지도 말레이시아에서 주로 한인과 어울려 골프를 치며 여가를 보낸다.

청소년 B를 처음 만났을 당시에 그는 한국 학생이 가장 많이 다니는 세이폴 국제학교에서 영국식 교육을 받았으나 1년 뒤에 미국식 교육을 하는 국제학교(International School of Kuala Lumpur: I.S.K.L)로 옮겼다. 세이폴 국제학교는 영국이나 미국 대학으로의 진학률이 높지 않지만 I.S.K.L 국제학교는 미국 대학으로 바로 진학하는 데 목적을 둔 학교다. 따라서 대학 진학에 대한 계획이나 목표가 뚜렷한 경우는 B처럼 중간에 전학을 하는 경우가 많다. 현재 청소년 B는 미술을 전공하고 싶어 하지만 부모님의 반대로 갈등을 겪는 중이다. I.S.K.L 국제학교로 전학한 이후 학교생활에 매우 만족해했다. 하지만 대학입학을 앞두고는 외국 대학으로 진학하지 않았으며 국내의 고등학교로 전학해 대학 입시를 준비 중이다.

청소년 C와 청소년 D는 이종사촌과 함께 생활한다. 어머니와 이모가 각각 3개월씩 차례대로 말레이시아에 머물면서 아이들을 돌본다. 청소년 C와 청소년 D는 용인에서 학교를 다니다가 어머니가 조기유학을 권한 지 한 달 만에 모든 것을 정리하고 출국했다. 쌍둥이인 데다 조카들과 함께 있고, 세이폴 국제학교의 영어 특별반에서 한국 학생을 많이 만나기 때문에 특별히 어려움을 느끼지는 않는다.

청소년 C와 청소년 D는 말레이시아에 있는 칼리지에 입학한 후 미국 혹은 영국 대학으로 진학할 계획이다. 말레이시아에서 조기유학을 한 지 3년쯤 되었으며, 사촌들은 중학교 입학을 하기 위해 한국으로 되돌아갔고 청소년 C와 D만 남아서 콘도미니엄에서 생활한다.

청소년 E는 직업군인인 아버지 때문에 지방 여러 곳을 다니며 학교생활을 했다. 충청도에서 학교생활을 하다가 형이 조기유학을 강력히 원해 홈스테이 형식으로 말레이시아에서 조기유학을 하던 중 청소년 E도 합류했다. 현재는 아버지도 퇴직을 하고 말레이시아에 체류 중이다. 부모님의 경제적 여건이 넉넉한 편은 아니어서 늘 가정의 경제상황을 생각하고 용돈도 매우 아껴 쓰는 편이다. 대학은 한국에서 다니고 싶어 하고 만약 한국에서 공부하게 된다면 한의사 혹은 교사가 되기를 희망한다.

청소년 F는 어머니, 동생과 함께 말레이시아에 온 지 1년 3개월이 되었다. 아버지는 한국에서 사무직에 종사하며 자녀의 조기유학을 반대했다. 그러나 어머니가 워낙 강경하게 조기유학을 원해 말레이시아로 왔다. 아버지가 반대한 만큼 조기유학비를 전적으로 지원해주지 않아 어머니가 생활비를 충당하기 위해 유학생을 위한 홈스테이를 운영한다.

청소년 F는 간혹 영어가 안 들리고 학교에서 적응하기 힘들 때가 있지만 힘들다는 얘기를 하면 어머니가 울기 때문에 말을 하지 않으며 어머니가 고생하는 것을 생각하면 부담스럽고 빨리 성공해야 한다는 생각을 많이 한다. 요즘은 홈스테이 가정이 많이 생겨 어머니가 고민이 많으며 최근 한 명이 다른 집으로 옮기겠다고 해 걱정이다. 하루 용돈은 학교 왕복에 필요한 차비만 가지고 다니며 다른 용도의 용돈도 최소한도로 지출

할 정도로 아껴 생활한다.

2. 참가자의 이모저모

1) 어머니

총 15명의 조기유학생 어머니는 기술한 바와 같이 대부분 30대 후반~40대이며 전문대졸 이상의 학력을 가졌다. 이들의 배우자는 대부분 사무직에 종사하며 학력은 대졸인 것으로 나타났다. 각기 다른 생활배경을 가졌고 자녀의 연령도 다양하다. M을 제외하고 이들 모두 조기유학의 목적을 자녀의 영어교육에 두었다는 점에서 공통점이 있다.

한국에서의 거주지를 보면 A는 부산, E는 마산, I는 경주로 지방 대도시이며 나머지 어머니는 모두 서울 강북이나 수도권에 거주하는 특징이 있다. 서울의 경우 강남과 목동 등 학군이나 입시학원으로 유명한 지역의 거주자는 없었지만 학부모의 교육열이나 학원가로 유명한 서울 강북 지역의 광진구, 노원구, 신도림 지역 거주자와 용인, 김포, 분당, 중동, 부천 등 수도권 혹은 신도시 지역 거주자로 조사되었다.

이와 같이 인터뷰 참가자의 한국에서의 거주지가 강남 이외의 지역인 것은 선행 연구에서 나타난 거주 지역의 특성과는 차별성을 보인다. 미국이나 캐나다 등에서의 조기유학의 배경에는 한국에서의 자녀의 학업 성취도, 학교생활 등과 관련된 배출요인 이외에도 부모의 사회경제적 자산과 경험, 학력 등의 요인이 작용하는 것으로 나타났다(조혜영 외, 2007). 즉, 부모의 해외유학 혹은 연수 경험, 방문 경험을 바탕으로 자녀 진로의 대안을 모색하거나 혹은 가족 및 친지의 해외 거주, 가족의 단기체류가 유인요인으로 작용하는 것이다. 그러나 본 인터뷰에서는 조기유학생의 부모 대부분이 일반 사무직에 종사하며 해외유학이나 체류의 경험은 없는 것으로 나타났다.

다만 몇몇 어머니의 경우 현지답사 차원에서 자녀들의 입학 몇 달 전에 미리 유학원을 통해 말레이시아를 방문하기도 했는데 이것이 그들의 첫 외국 경험이었다고 했으며, 또 몇몇 어머니는 말레이시아를 동남아시아 여행국 중 하나로 기억했다. 이 중 후자의 경우 1998년도에 해외여행이 자유화되면서 해외여행을 한 후 자녀의 학업과 진로를 결정해야 할 시점에 이르렀을 때 영어권 국가인 말레이시아를 떠올린 것으로 보인다.

한편 인터뷰에 참가한 어머니 중 6명은 조기유학 이전에 한국에서 장기간 직장생활을 했던 것으로 나타났다. 이들은 모두 남편의 권유로 자녀의 조기유학을 결정함으로써 직장을 그만두고 분거생활을 시작했다. 평균 10년 정도 해온 일을 자녀의 조기유학으로 중단한 데에는 무엇보다 자녀가 성장하면서 일과 가정을 양립하기가 어려워지고 또 자녀의 학업 성적이 기대에 미치지 못한 점이 주요한 원인으로 작용했다.

인터뷰 참가자 중 6명은 이민 계획이 없는데도 말레이시아에서 집을 구매한 사람들이다. A, B, D, J는 조기유학 결정 시점에 바로 집을 구매했고, G와 L은 일정 기간 말레이시아에 거주하다가 집을 구매했다. 전세가 많은 한국과 달리 말레이시아를 비롯한 대부분의 외국에서는 월세가 발달되어 있다. 따라서 매달 약 80~100만 원 정도의 월세를 지불해야 하는데 대부분의 어머니는 이것을 상당히 불편하고 아까운 일로 생각한다.

이런 이유로 최소한 2~3년의 기간을 말레이시아에 머물기로 한 경우 집 구매를 고려하는 가정이 많다. 또 말레이시아가 한국에 비해 주택 구입 비용이 많이 들지 않으며 모기지론을 이용할 경우 약 1%의 이율로 70~80%를 대출받을 수 있는 점도 구입 요인으로 작용한다. 실제 대부분의 '기러기엄마'가 사는 30~40평 정도의 콘도미니엄은 약 30만~40만 링깃(약 1억 2,000만~1억 5,000만 원) 정도다.

2~3년의 조기유학을 마치고 되돌아갈 경우 자신이 구입한 주택을 다시 한국 조기유학 가정에 임대할 수 있다는 생각 때문에 주택 구매가 지속된다. 이와 함께 2006년도 이후 한국인의 해외 주택 구입 경향이 증가한 것도 원인으로 작용한다. 특히 MM2H와 같이 은퇴 이민자를 적극적으로 유치하기 위해 고안된 말레이시아의 여러 제도 또한 은퇴를 앞둔 한국인 수요를 자극해 말레이시아 주택을 구입한 외국인 중 한국인이 상당수에 이를 정도다.[3)]

이 외에도 인터뷰 참가자에게는 기존의 조기유학 가정과 비교되는 몇 가지 특징을 찾을 수 있다. 그것은 조기유학을 떠나는 가정의 동기가 매우 다양하고 복잡해졌다는 것이다. 과거에는 자녀의 학업을 목적으로 고학력, 중산층의 전업주부가 주도해 조기유학을 선택했던 것으로 인식되었지만 최근에는 자녀의 학업이라는 동기 이외에 부모의 퇴직 이후 사업이나 일자리를 모색하고자 하는 동기도 작용하는 것 같다. 이런 현상에는 지금의 부모가 과거 세대의 부모보다 좀 더 많은 교육을 받았고, 또 다양한 정보와 지식에 노출되어 있으며 무엇보다 글로벌시대를 살아가는 세대라는 점이 작용했을 것으로 보인다. 특히 자녀 세대의 경우 급속히 진행되는 전 지구화 속에서 살아가야 하기 때문에 조기유학을 통해 좀 더 넓은 사회에서 좀 더 많은 기회를 접할 수 있을 것이라는 기대도 영향을 미쳤을 것으로 보인다.

이런 차원에서 과거에는 조기유학에 소극적이었던 아버지가 최근에는

---

3) 현재 말레이시아에는 약 2만 명의 한국인이 있으며 15%는 암팡과 클랑밸리(Kelang Valley) 지역에, 나머지는 국가 전체에 걸쳐 거주한다. 한국인에게 말레이시아는 미국에 이어 두 번째로 인기가 높은 투자 대상국이다(김현호, 2008).

좀 더 적극적인 권유자로 등장하는 경향도 찾아볼 수 있다(성정현·홍석준, 2009a). 여기에는 물론 조기유학 대상 국가가 북미 지역보다는 지리적으로 근접한 동아시아 지역이라는 특징, 그리고 경제적으로 중산층에서도 어느 정도 감당할 만한 수준이라는 점, 한국보다 경제 수준이 낮은 나라라는 심리적 편안함, 여행 경험 등이 복합적으로 작용한다고 할 수 있다.

또한 동남아시아 국가로의 조기유학이 증가하면서 취업을 중단하고 조기유학을 결정한 어머니 혹은 그들을 지원하기 위해 조부모까지도 손자의 조기유학에 참여하는 경우도 생기는 점을 확인할 수 있었다. 이런 현상은 비단 본 인터뷰에 참가한 조기유학 가정에 국한된 것은 아니다. 자녀의 조기유학을 위해 말레이시아에 머무는 가정 중에는 기러기엄마가 친정 부모님을 모시고 함께 거주하는 경우도 찾아볼 수 있다. 이 중 취업상태였던 어머니가 자녀와 함께 조기유학을 떠나기로 결정했다는 사실은 중년의 나이에 다시 한국으로 되돌아왔을 때 재취업이 매우 어려울 것이라는 사실을 알면서도 기존의 경제활동을 중단했음을 의미하는 것이다. 이것은 자녀의 조기유학 결정에는 한국의 교육 문제뿐 아니라 어머니이자 취업여성으로서 경험하는 자녀교육의 어려움, 직업적 특성 등이 모두 반영되었을 가능성을 시사하는 것이다.

따라서 이들의 경험을 알아보는 것은 조기유학을 통한 자녀교육에 대한 어머니의 열망뿐 아니라 일과 가정을 양립하는 과정에서 겪는 어려움과 자녀의 조기유학을 결정하기까지의 한국 교육 및 자녀교육에 대한 나름의 평가, 일을 중단하는 것에 대한 비용 대비 효과에 대한 인식을 좀 더 명확하게 확인하는 데 도움이 될 것으로 기대된다.

2) 청소년

인터뷰에 참가한 청소년은 모두 8학년이며 한국 학년으로는 중학교 2
학년이다. 이들 중 청소년 A를 제외하고는 모두 조기유학을 시작한 지
약 1년 정도 되었고 부모 혹은 어머니를 포함한 가족과 함께 생활한다.
말레이시아의 세이폴 국제학교 영어 특별반에 재학 중이기 때문에 본 인
터뷰에 참가한 청소년들은 이미 서로를 알고 있는 상태였다.

청소년들은 한국에서 일산, 용인, 부천, 충청도 등 수도권이나 지방에
거주했으며 모두 부모의 제안으로 조기유학을 결정했다. 부모의 직업을
보면 청소년 A의 아버지는 사업을 하고, 청소년 B와 청소년 E의 아버지
는 40대에 은퇴를 했으며, 청소년 C와 청소년 D의 아버지는 사무직에 종
사한다. 어머니의 경우 학력은 대부분 고졸이며 조기유학 이전에 동남아
시아 국가를 여행하거나 방문한 적은 거의 없는 것으로 나타났다. 이와
같은 결과는 선행 연구에서 대부분의 응답자가 전문직에 종사하거나 혹
은 유학이나 체류의 경험이 있었던 점과는 다르다고 할 수 있다.

한국에서 중학교에 다닐 때 이들의 학업 성취 정도는 차이가 있었다.
지방의 중학교에서 성적이 상위권이었던 경우도 있지만 반면 중학교 때
까지의 성적은 잊고 다시 새로운 출발선 앞에 있다고 생각하는 청소년도
있었다. 이렇게 한국에서의 학업 결과는 서로 다르지만 말레이시아에서
영어 때문에 힘들어하는 상황은 마찬가지인 듯하다. 습득한 단어 수에서
는 차이가 있지만 영어를 듣고 말하는 것은 모두 어려워했다. 따라서 학
교에서는 서로 한국어로 소통을 하고 가정에서는 영어로 말하기, TV 안
보기 등과 같은 규칙을 세워 영어 익히기에 여념이 없다는 공통점을 보
였다.

한편 청소년 중 2명은 어머니뿐 아니라 아버지도 함께 생활하고 있어

사실상 기러기가족이라 보기 어려운 특징도 있다. 이들은 말레이시아에서 조기유학을 하던 중 아버지의 은퇴 혹은 휴직으로 말레이시아에서 함께 생활함으로써 분거가족에서 다시 모든 가족이 함께 생활하는 상태가 되었다. 이들의 아버지는 말레이시아에서 사업거리 혹은 일자리를 찾고 있는 중이다. 다른 가정과 달리 아버지가 직업을 찾거나 사업을 모색하는 상황은 가족의 미래에 대한 우려를 낳는다. 이들은 용돈을 아끼고 부모를 위해 더 열심히 공부하고 어머니가 걱정하지 않도록 해야 한다는 생각을 하고 실천에 옮기려고 애를 쓴다. 버스로 다섯 정거장 정도의 거리를 걸어서 학교에 다니거나 혹은 학원에 다니지 않고 스스로 공부하려고 하는 등 좀 더 일찍 철이 든 모습을 보이기도 했다.

참고문헌

강만철. 2008. 「조기유학 한국 학생의 적응에 관한 연구: 호주 브리즈번을 중심으로」. ≪아동교육≫, 17권 1호, 15~27쪽.

강준만. 2006. 『한국인 코드』. 인물과 사상사.

강지연. 2002. 「학부모의 교육의식과 자녀 조기유학 선택: 서울 강남지역 학부모를 중심으로」. 이화여자대학교 대학원 석사학위논문.

강창동. 2004. 「한국의 교육문화와 사회적 신분 욕망의 관계에 대한 연구」. ≪교육문제연구≫, 21권, 143~164쪽.

_____. 2008. 「한국의 편집증적 교육열과 신분 욕망에 대한 사회사적 고찰」. ≪한국교육학연구≫, 14권 2호, 5~32쪽.

≪경향신문≫. 2010. 9. 7. "학력 간 임금격차 OECD평균 '훌쩍'… 한국, 공교육비 민간부담도 최고".

교육과학기술부. 2006. 『2005학년도 초·중·고 유학생 출국 및 귀국 통계』.

_____. 2009. 『2008학년도 초·중·고 유학생 출국 및 귀국 통계』.

_____. 2010. 『2010 초·중등교육 유학생 현황』.

_____. 2011. 『2010학년도 초중고 유학생출국현황』.

「국외유학에 관한 규정」, 제2조 제1호.

권오율. 2005. 9. 9. 「조기유학의 성공비결」. ≪호주동아≫.

김동훈. 2004. 「학벌 차별실태와 정책과제」. ≪보건복지포럼≫, 95호.

김명혜. 2005. 「어머니노릇하기와 이동전화」. 『한국언론학회 학술대회 발표논문집』.

김문조. 2009. 「코스모폴리탄 사회학: 세계화 시대의 사회학적 대응」. ≪한국사회학≫, 제43집 1호, 1~22쪽.

김미경. 1999. 「해외 귀국아동의 학교생활 적응에 관한 연구: 초등학교 학생을 중심으로」. 숙명여자대학교 교육대학원 석사학위논문.

김소희. 2005. 「수학적 문제해결을 위한 중재전략에 관한 고찰 : 학습장애 학생들을 중심으로」. ≪학습장애연구≫, 2권 1호.

_____. 2010. 「세계화의 흐름에서 학부모의 초국가적 교육열: 교육노마니즘의

가능성과 한계를 중심으로」. ≪문화예술교육연구≫, 5권 1호, 97~147쪽.

김신일. 2005. 「평생학습사회의 교육학 패러다임」. ≪평생학습사회≫, 1권 1호.

김신주. 1995. 「사교육비 지출에 대한 중산층 학부모의 의식구조」. 경북대학교 석사학위논문.

김양희·장온정. 2004. 「장기 분거 가족에 관한 탐색적 연구」. ≪한국가족관계학회지≫, 9권 2호, 1~23쪽.

김유진제작소. 2007. 『말레이시아에서 사는 법』. 웅진리빙하우스.

김은진·김현우. 2010. 「사교육으로서의 조기유학의 문제 인식에 관한 소고」. ≪고황논집≫, 47권, 67~78쪽.

김종영. 2008. 「글로벌 문화 자본의 추구: 미국 유학동기에 대한 심층 면접 분석」. ≪한국사회학≫. 42권 6호, 8~105쪽.

김현호. 2008. 3. 21. "말레이시아 부동산시장 동향". http://cafe.daum.net/ worldrealty/

김홍원. 2005. 「조기유학에 관한 국민의식과 실태」. 한국교육개발원

김홍주. 2001. 「자비유학규제 완화와 조기유학에 대한 논란」. 『한국교육평론 2000』. 한국교육개발원.

나윤경·태희원·장인지. 2007. 「자녀 사교육을 통한 모성 구성과정: 평생학습자로서의 성인 여성에 대한 이해의 한 방식」. ≪평생교육학연구≫, 13권 4호, 55~87쪽.

노양미·이찬, 2004. 「질 들뢰즈(G. Delleuze)의 탈주 이론과 공간적 표현특성」. 『한국디자인학회 2004 가을 학술발표대회 논문집』, 2004년 10월, 68~69쪽.

딴수끼(Tan Soo Kee). 2007. 「말레이지아에서의 한국학: 발전과정과 연구과제」. ≪한국학연구≫, 16권, 63~76쪽.

박소진. 2007. 「공간적 위계수사와 구별짓기: 강북 어머니들의 자녀교육 내러티브」. ≪韓國文化人類學≫, 40권 1호.

박경환·배일순. 2012. 「조기유학을 매개로 한 '분절가구 초국적 가족'의 부상: 동아시아 개발국가 중상류층 가족으 초국가적 재생산에 관한 논의 고찰」. ≪한국도시지리학회지≫, 15권 1호, 17~31쪽.

박종현. 2007. 『이슬람 경제의 새로운 메카 말레이시아』(미래에셋 글로벌경제총서 05). 도서출판 김&정.

박현진·김영화. 2010. 「가정의 문화자본과 사회자본이 영어학업성취에 미치는

영향에 대한 잠재성장모형 분석」. ≪교육사회학연구≫, 20권 4호.

박혜경. 2009. 「한국 중산층의 자녀교육 경쟁과 '전업 어머니' 정체성」. ≪한국 여성학≫, 25권 3호, 5~33쪽.

부르디외, 피에르(Pierre Bourdieu). 2005. 『구별 짓기: 문화와 취향의 사회학 (상)』. 최종철 옮김. 새물결.

브라이덴바흐·추크리글(Joana Breidenbach and Ina Zukrigl). 2003. 『춤추는 문화: 글로벌시대의 문화적 다원화』. 인성기 옮김. 영림카디널.

≪서울신문≫. 2010. 6. 23. "로컬도 세계화도 아닌 초국주의가 대안이다".

성정현·홍석준. 2009a. 「동남아시아 조기유학 청소년의 유학 결정과정과 유학경 험 :말레이시아에서 유학 중인 청소년을 대상으로」. ≪청소년학연구≫, 16권 6호, 71~102쪽.

_____. 2009b. 「조기유학 대상지로 동남아시아를 선택하는 한국인 부모의 동 기 및 사회문화적 배경에 관한 연구」. ≪사회과학연구≫, 20권 4호, 239~ 262쪽.

_____. 2009c. 「조기유학 청소년의 유학 결정 과정과 유학 경험: 말레이시아에서 유학 중인 청소년을 대상으로」. ≪청소년학연구≫, 26권 6호, 71~102쪽.

손승영. 2005. 「한국사회 저출산 원인과 가족친화적 정책대안」 ≪가족과문화≫, 17권 2호.

송승철 .1998. 「통합은 인문학의 대안인가? : 문화연구의 교훈」. ≪지역학논집≫, 2집.

신기현. 2007. 「교육열 개념의 재검토」. 『한국교육인류학회 학술대회논문집』.

_____. 2009. 「교육을 보는 다섯 가지 관점」, 『교육원리연구』, 14권 2호.

신명호. 2004. 「교육과 빈곤탈출: 저소득층 청소년의 학력(學力)저하 현상을 중심으로」. ≪도시연구≫, 통권 제9호.

≪아시아투데이≫. 2009. 11. 18. "[기획초단기 특강 …… 지방학생 논술전쟁 열기".

안광복. 2003. 「조기유학과 기러기가족: 그 원인적 치료를 위해」. ≪철학과현 실≫, 60권, 124~130쪽.

안병철. 1996. 「조기유학의 현황과 과제: 북가주 조기유학생을 중심으로」. ≪민 족과문화≫, 4권.

안우환·김경식. 2005. 「가족 내 사회적 자본을 통한 학부모의 교육열 탐구」. ≪중등교육연구≫, 53권 1호, 29~50쪽.

≪오마이뉴스≫. 2009년 8월 14일자. "위기의 우리교육: 부모의 욕망은 끝이 없다".

＿＿＿. 2012년 2월 8일자. "남녀 임금 격차 38.9% OECD 최고 기록".

오욱환. 2000. 『한국 사회의 교육열: 기원과 심화』. 교육과학사.

오지수·이규민·강진구. 2009. 「초등학생 자녀를 둔 어머니의 사교육 실태와 자녀 양육 스트레스」. ≪아동교육≫, 18권 1호, 183~193쪽.

우석훈·박권일. 2007. 『88만 원 세대: 절망의 시대에 쓰는 희망의 경제학』. 도서출판 레디앙.

우남희·김현신. 2004. 「한국 조기교육의 과거와 현재」. ≪생활과학연구≫, 9권, 169~180쪽.

윤택림. 2001. 『한국의 모성』. 미래인력연구원.

윤현선. 2006. 「사회경제적 배경이 청소년의 학업성취에 영향을 미치는 과정 사회적 자본이론과 가족매개모델의 비교 검증」. ≪청소년학연구≫, 13권 3호.

윤혜준. 2005. 「조기유학을 고려하는 학부모의 특성에 관한 연구」. 고려대학교 대학원 석사학위논문.

이기홍. 2005. 「미국으로의 조기유학 청소년의 적응과 열망」. ≪사회과학연구≫, 44권.

이두휴. 2008. 「기러기아빠의 교육적 희망과 갈등 연구」. ≪교육문제연구≫, 32권, 21~46쪽.

이미나. 2001. 「우리교육 현실에서 본 조기유학의 의미」. ≪서울교육≫, 여름호.

이민경. 2007. 「중산층 어머니가 자녀교육 담론: 자녀교육 지원태도에 대한 의미분석」. ≪교육사회학연구≫, 17권 3호, 159~181쪽.

＿＿＿. 2008. 「우리시대 교육열 읽기: 욕망과 불안의 이중주」. 정병호 외 지음. 『교육개혁은 왜 매번 실패하는가』. 창비.

이선옥. 1997. 「'집'으로부터의 탈출 욕망과 여성의 정체성 탐색-이선희론」. ≪현대소설연구≫, 6권, 199~220쪽.

이지연. 1994. 「어머니의 자녀교육에 대한 기대와 자녀교육 지원활동에 관한 연구: 서울 강남지역 어머니를 중심으로」. 서울대학교 석사학위논문.

이영호. 1998. 「한국인의 교육열과 학력사회의 상관성에 대한 분석」. ≪교육

사회학연구』, 8권 1호.

이재경. 2004. 「노동자계급 여성의 어머니노릇(mothering)의 구성과 갈등: 경인지역을 중심으로」. ≪사회과학연구≫, 12권 1호, 82~117쪽.

이정선 .2001. 「초등학교에 있어서 학업성공과 사회자본의 관계: 문화기술적연구」. ≪교육인류학연구≫, 4권 3호.

이정화. 2004. 「고3 어머니의 모성경험에 관한 현상학적 연구: 중산층 전업주부의 모성경험을 중심으로」. ≪미래교육연구≫, 17권 2호, 95~120쪽.

이종각. 2003. 『교육열 바로보기: 그 정체는 무엇이며 어떻게 다루어야 하나?』. 원미사.

이종각·김기수. 2003. 「'교육열' 개념의 비교와 재정의」. ≪교육학연구≫, 41권 3호.

이주노동자와 연대하는 전일본 네트워크 저. 2006. 『이주민과 함께 살아가기』. 이혜진·이한숙 옮김(이주와인권연구소). 산지니.

이현지·남현주. 2003. 「청소년 유학생의 문화적 적응과 심리적 복지에 관한 연구: 미국 유학생을 중심으로」. ≪청소년학연구≫, 10권 4호, 121~142쪽.

임정희. 1993. 「중산층 고학력 주부의 갈등에 관한 연구: 사회 구조적 접근에 의한 분석을 바탕으로」. ≪여성연구논집≫, 4집.

임천순·정일준. 2007. 「조기유학조사2. 한국 사회 성공등식의 변화, 분화하는 교육소비자의 선택」. 동아시아연구원.

장미혜. 2006. 「한국 중산층의 양극화와 생활양식의 변화」. 한국사회학회 기타 간행물.

전우홍(교육과학기술부 과장). 2008. 인터뷰 기사. ≪뉴스매거진≫, 2월호.

정재옥. 2002. 「해외귀국 중학생의 특성과 학교생활적응에 대한 연구」. 덕성여자대학교 교육대학원 석사학위논문.

조명덕. 2000. 「한국학생들의 영어권 교육체계로의 이동현상과 가족에 미치는 영향」. 『경원대학교논문집』, 22집

_____. 2002. 「조기유학 붐의 원인과 문제점 및 해결방안」. ≪현상과인식≫, 26권 4호, 135~152쪽.

조삼섭·심성욱. 2006. 「조기유학 성공과 실패사례조사 및 학부모 계도를 위한 홍보방안 연구」. 교육인적자원부.

≪조선일보≫. 2006년 1월 12일자.

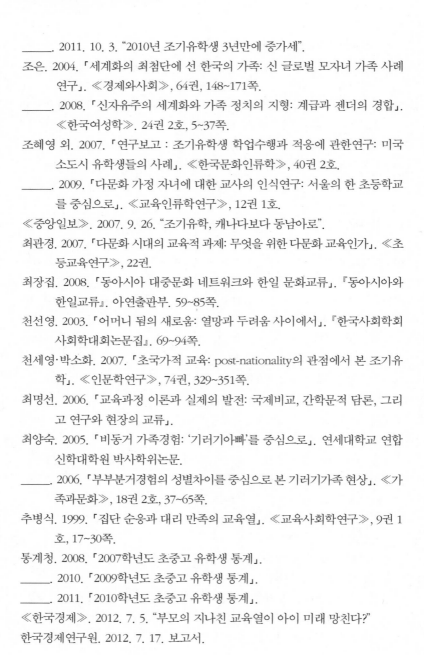

_____. 2011. 10. 3. "2010년 조기유학생 3년만에 증가세".

조은. 2004. 「세계화의 최첨단에 선 한국의 가족: 신 글로벌 모자녀 가족 사례 연구」. ≪경제와사회≫, 64권, 148~171쪽.

_____. 2008. 「신자유주의 세계화와 가족 정치의 지형: 계급과 젠더의 경합」. ≪한국여성학≫. 24권 2호, 5~37쪽.

조혜영 외. 2007. 「연구보고: 조기유학생 학업수행과 적응에 관한연구: 미국 소도시 유학생들의 사례」. ≪한국문화인류학≫, 40권 2호.

_____. 2009. 「다문화 가정 자녀에 대한 교사의 인식연구: 서울의 한 초등학교를 중심으로」. ≪교육인류학연구≫, 12권 1호.

≪중앙일보≫. 2007. 9. 26. "조기유학, 캐나다보다 동남아로".

최관경. 2007. 「다문화 시대의 교육적 과제: 무엇을 위한 다문화 교육인가」. ≪초등교육연구≫, 22권.

최장집. 2008. 「동아시아 대중문화 네트워크와 한일 문화교류」. 『동아시아와 한일교류』. 아연출판부. 59~85쪽.

천선영. 2003. 「어머니 됨의 새로움: 열망과 두려움 사이에서」. 『한국사회학회 사회학대회논문집』. 69~94쪽.

천세영·박소화. 2007. 「초국가적 교육: post-nationality의 관점에서 본 조기유학」. ≪인문학연구≫, 74권, 329~351쪽.

최명선. 2006. 「교육과정 이론과 실제의 발전: 국제비교, 간학문적 담론, 그리고 연구와 현장의 교류」.

최양숙. 2005. 「비동거 가족경험: '기러기아빠'를 중심으로」. 연세대학교 연합 신학대학원 박사학위논문.

_____. 2006. 「부부분거경험의 성별차이를 중심으로 본 기러기가족 현상」. ≪가족과문화≫, 18권 2호, 37~65쪽.

추병식. 1999. 「집단 순응과 대리 만족의 교육열」. ≪교육사회학연구≫, 9권 1호, 17~30쪽.

통계청. 2008. 「2007학년도 초중고 유학생 통계」.

_____. 2010. 「2009학년도 초중고 유학생 통계」.

_____. 2011. 「2010학년도 초중고 유학생 통계」.

≪한국경제≫. 2012. 7. 5. "부모의 지나친 교육열이 아이 미래 망친다?"

한국경제연구원. 2012. 7. 17. 보고서.

≪한국일보≫. 2009. 4. 29. "亞! 조기유학 문전성시".

한국교육개발원. 2005a. 「2004학년도 초·중·고 유학출국 학생 및 귀국학생 통계」.

_____. 2005b. 「기러기가족의 이유 있는 항변」. ≪교육정책포럼≫, 통권 98호.

_____. 2005c. 「기러기아빠의 실상」. ≪교육정책포럼≫, 통권 98호.

_____. 2006. 「2005학년도 초·중·고 유학출국 학생 및 귀국학생 통계」.

≪한겨레≫. 2008. 5. 27. "교육열? 사회적 지위 쟁탈전? …… 자녀에 '올인'하는 부모".

한정신. 1988. 「成功恐怖와 關聯變因에 관한 硏究: 남여 대학생을 中心으로 The University Students Fear of Success and Its Variables」. ≪亞細亞女性硏究≫, 27, 77~102쪽.

한준상 외. 2002. 「조기유학생 적응지도에 관한 연구 : 조기유학제도의 문제 및 개선방안」. ≪청소년학연구≫, 9권 1호.

홍석준·성정현. 2009. 「조기유학 대상지로 동남아시아를 선택하는 한국인 부모의 동기 및 사회문화적 배경: 말레이시아 사례를 중심으로」. ≪사회과학연구≫, 20권 4호, 239~262쪽. 충남대학교 사회과학연구소.

말레이시아 부동산 정보지. 2008. 4. "Property & Education". HM Communication. Kuala Lumpur.

말레이시아 한인 천주교회. 2008. 3. ≪아우름≫, 제2호.

≪코리안프레스≫. 2008. 2. 6. "국내 기러기아빠 약 1만 명, 중산층까지 확대 …… 가정 해체 등 사회문제로 대두", No. 148.

황규준. 2008. 3. 6. "말레이시아에 '한국바람'이 분다", ≪코리안프레스≫, No. 150.

≪코리안프레스≫. 2008. 2. 21. "서울 각급 학교 '영어로' 수업 주1회 이상 실시", No. 149.

_____. 2008. 2. 21. "교육청, 말하기, 듣기평가 비율 상향 조정 …… 영어전용교실 시범학교 운영".

_____. 2008. 2. 21. "원어민 보조교사 학력조회 강화 …… 외국 대학서 직접 성적증명서 접수".

_____. 2008. 3. 6. "기러기가족이요? 잉꼬가족이라고 불러주세요", No. 150.

≪한나프레스≫. 2008. 3. 4. "MJ학원 레이첼 원장과의 인터뷰, 중국어 가르치

는 암팡 MJ(Mandarin Journey)학원 왜 인기인가?", 제235호.

_____. 2008. 4. 1. "'진정한 아시아(Truly Asia!)' 그 매혹의 세계, 말레이시아 (말레이시아 관광청 Tourism Malaysia)".

_____. 2008. 5. 6. "우리 아이들(9)-「우리나라와 다른 교육 시스템 영국계 국제 학교 O레벨? A레벨?", 제239호.

_____. 2008. 5. 6. "말레이시아 한국인학교, 제86회 어린이날 행사 풍성하게 치 러-'대한민국의 꿈나무로 밝고 건강하게 자라다오'", 제239호.

_____. 2008. 5. 20. "'기러기가족' 환율에 운다", 제240호.

Kim, Jeehun. 2010. "'Downed' and Stuck in Singapore: Lower/Middle Class South Korean Wild Geese (Kirogi) Children in Singapore". *Research in Sociology of Education*, Vol.17, pp.271~311.

Musa, M. B. 2003. *An Education System Worthy of Malaysia*. SIRD. Kuala Lumpur. Malaysia.

Park, So Jin. 2007. "Educational Manager Mothers: South Korea's Neoliberal Transformation". *Korea Journal Autumn*, pp.186~213.

Park, So Jin and N. Abelmann. 2004. "Class and Cosmopolitanism: Mother' Management of English Education in South Korea". *Anthropological Quarterly*, Vol.77, No.4, pp.645~672.

Hashim, R. 2002. Balancing Cultural Plurality and National Unity Through Education. Paper presented at the Ninth International Literary and Education Research Network Conference on Learning Beijing, People's Republic of China July 16-20. 2002.

Hong, Ki-Hyung. 1994. "Some Issues and Implications on the Overseas Study of Korean Minors". 『韓國教育問題研究所論文集(THE JOURNAL THE RESEARCH Institute of Korean Education)』, 9, pp. 129~147. 中央大學校 韓國教育問題研究所(The Research Institute of Korean Education CHUNG-ANG UNIVERSITY).

Pillai, S. 2006. "Malaysian English as a First Language". in M. Khemlani David(ed.). *Language Choices and Discourse of Malaysian Families: Case Studies of Families in Kuala Lumpur, Malaysia*. SIRD. Kuala

Lumpur. Malaysia. pp.61~75.

Tan Ai Mei. 2001(2006). *Malaysian Private Higher Education, Globalization, Privatization, Transformation and Marketplace*. Asean Academic Press. Kuala Lumpur. Malaysia.

지은이

성정현(成晶鉉)

서울대학교 대학원에서 사회복지학을 전공했으며 현재 협성대학교 사회과학대학 사회복지학과 교수로 재직 중이다. 저서로『가족복지론』(공저),『인터넷 자료를 통해 본 한국의 이혼문화와 사회복지』(공저)가 있으며, 옮긴 책으로『이혼과 가족조정』(공역) 등이 있다. 그 외「이혼공동체의 현황과 특징: 온·오프라인을 중심으로」,「동남아시아 조기유학 청소년의 유학결정과정과 유학경험」(공저) 등 다수의 논문이 있다.

홍석준(洪錫俊)

서울대학교 대학원에서 인류학을 전공했으며 현재 목포대학교 인문대학 문화인류학과 교수로 재직 중이다. 또 (사)한국동남아연구소 소장, '한국동남아학회' 부회장, '한국문화인류학회' 기획위원장 및 이사를 맡고 있다. 저서로『동아시아의 문화와 문화적 정체성』(공저), *Southeast Asian Perceptions of Korea*(co-author),『동남아시아의 한국에 대한 인식』(공저),『낯선 곳에서 나를 만나다: 문화인류학 맛보기』(공편저),『처음 만나는 문화인류학』(공저),『동남아의 사회와 문화』(공저),『동남아의 종교와 사회』(공저) 등이 있고, 옮긴 책으로『샤먼』(공역),『동남아의 정부와 정치』(공역) 등이 있다. 말레이시아의 사회문화, 동남아시아 지역연구, 동남아시아의 민족과 문화, 동아시아의 문화 정체성, 동아시아의 해양문화, 동아시아의 항구도시문화 등에 관한 다수의 논문이 있다.

한울아카데미 1547

그들은 왜 기러기가족을 선택했는가: 말레이시아 조기유학 현장보고

ⓒ 성정현·홍석준, 2013

지은이 | 성정현·홍석준
펴낸이 | 김종수
펴낸곳 | 도서출판 한울
편집책임 | 염정원
편집 | 신유미

초판 1쇄 인쇄 | 2013년 4월 12일
초판 1쇄 발행 | 2013년 4월 30일

주소 | 413-756 경기도 파주시 파주출판도시 광인사길 153 한울시소빌딩 3층 도서출
        판 한울(문발동 507-14)
전화 | 031-955-0655
팩스 | 031-955-0656
홈페이지 | www.hanulbooks.co.kr
등록번호 | 제406-2003-000051호

Printed in Korea.
ISBN 978-89-460-5547-6 93330

* 책값은 겉표지에 표시되어 있습니다.